EXT

DES

DIFFÉRENS OUVRAGES

PUBLIÉS SUR LA VIE

DES PEINTRES,

Par M. P. D. L. F.

TOME PREMIER.

Pictor, in Tabulis, vivit & eloquitur.

A PARIS,

Chez RUAULT, Libraire, rue de la Harpe.

M. DCCLXXVI.
Avec Approbation & Privilége du Roi.

In the interest of creating a more extensive selection of rare historical book reprints, we have chosen to reproduce this title even though it may possibly have occasional imperfections such as missing and blurred pages, missing text, poor pictures, markings, dark backgrounds and other reproduction issues beyond our control. Because this work is culturally important, we have made it available as a part of our commitment to protecting, preserving and promoting the world's literature. Thank you for your understanding.

Ces détails, quoiqu'agréables, à certains égards, font étrangers à leur Art. L'utilité & la briéveté doivent faire le principal mérite de ce Recueil. D'ailleurs plufieurs Écrivains n'ont rien laiffé à défirer fur ce fujet, & l'on pourra les confulter.

Dans les jugemens qu'on s'eft permis de porter, on n'a fait que réunir les fentimens de ceux qui ont traité cette matiere avec le plus de juftesse & de difcernement.

On n'a point eu le même fecours fur quelques Peintres que la mort nous a ravis depuis peu; mais ce que l'on en dit ici, s'eft trouvé conforme aux avis des juges les plus connus par leurs lumieres & leur impartialité.

FAIRE connoître les Artistes distingués dans la Peinture, indiquer les genres qu'ils ont adoptés, & rendre compte de l'opinion publique sur le rang que leur assigne l'estime universelle, c'est le but qu'on s'est proposé dans cet Ouvrage.

On l'a rendu le plus court qu'il a été possible. On n'a voulu donner qu'un Manuel à l'usage des Amateurs, un Répertoire portatif, contenant un précis de ce que renferment beaucoup de livres plus étendus.

C'est cette considération qui a fait supprimer les particularités de la vie privée des Peintres, & les anecdotes qu'on en rapporte.

Dans la crainte de trop étendre les bornes d'un ouvrage qui n'eſt qu'un Extrait, l'on n'a fait qu'une légere mention des Tableaux qu'on voit chez les Étrangers. On s'eſt contenté de donner la notice des meilleurs morceaux que le Roi poſſéde, & de ceux qui ſont chez les Princes, dans nos Egliſes, & autres lieux publics : car pour ceux qui appartiennent aux particuliers, leur deſtin eſt ſi variable, qu'on ne peut leur fixer un ſéjour permanent.

On n'a pu faire entrer dans cette Biographie des détails ſur la vie & les ouvrages de tous les Peintres connus. Mais comme il peut arriver à un Amateur de rencontrer les Tableaux de ceux dont on n'a pas ici écrit la vie, on trouvera à la fin de chaque École une nomenclature avec de légers détails sur tous les Peintres qui s'y sont fait quelque renom, ou qui ont étudié avec fruit sous des Maîtres célèbres. Par-là du moins l'Ouvrage que nous donnons au Public, aura sur les autres l'avantage de faire mention d'un plus grand nombre de Peintres qu'aucun de ceux qui ont été donnés en France sur le même sujet.

Pour ne point rendre cet écrit trop volumineux, nous avons cru pouvoir nous difpenfer d'indiquer à chaque article les fources dans lefquelles nous avons puifé.

Quelques personnes auroient pu désirer neanmoins de sçavoir quels Écrivains ont cherché à transmettre à la postérité les noms de ceux qui ont cultivé l'Art qui fait l'objet de ce Livre; nous nous contenterons d'indiquer les plus célèbres.

Pline le Naturaliste, qui nous a laissé des détails très-intéressans sur ce sujet, est, en quelque sorte, le seul de l'antiquité chez lequel on trouve de grands secours : car pour Polémon, auteur de la Vie des Peintres de Sicyone, & Juba, Roi de Numidie, qui donna la Vie des Peintres de son tems, leurs ouvrages se sont perdus avec beaucoup d'autres que l'on a tout lieu de regretter.

Parmi les Modernes, Vasari, Ridolfi, Boschini & Soprani, ont donné la Vie des Peintres Italiens; Pacheco, celle des Espagnols; Van-der-Mander & Sandrart, celle des Allemands; Houbraken a fait l'Histoire des Peintres Flamands & Hollandois, ainsi que Descamps qui y a joint celle des Allemands. Félibien, de Pile, Dangerville, & quelqu'autres qui ont écrit la Vie des Peintres en général, se sont principalement étendus sur celle des Peintres François.

PEINTRES
ANCIENS.

PEINTRES ANCIENS.

AVANT de passer à l'objet principal de ce Livre, qui n'embrasse que les Peintres Modernes, nous dirons un mot sur chacun des principaux Peintres de l'Antiquité; c'est-à-dire, sur ceux qui ont mérité l'estime de l'Univers, jusqu'à ces années obscures, où la barriere de l'ignorance a intercepté la chaîne des connoissances qui devoient unir les Artistes des premiers tems à ceux de nos jours.

Ces liens ont été si exactement rompus, qu'il a fallu de nouveau créer l'art. Toutes les découvertes des Anciens étoient perdues pour nous. Il ne nous est resté que quelques détails historiques, qui, après avoir excité nos regrets, doivent animer notre émulation, & nous remplir de l'idée consolante que le talent réel trouve une récompense infaillible dans les jugemens de l'avenir.

Quoique les Tableaux d'APELLES & de PROTOGÈNE aient cédé à la main destructive du tems, leurs noms font échappés à fes outrages, & fe foutiennent encore avec autant d'éclat que ceux de RAPHAEL & du TITIEN, dont les ouvrages, que nous poffédons, confacrent le génie & les talens.

PEINTRES ANCIENS.

Philoclès d'Égypte & Cléanthe de Corinthe passent, l'un & l'autre, pour les premiers inventeurs de la Peinture, ou plutôt du Dessin, mais les détails sur ce qui les concerne, ne sont pas venus jusqu'à nous, non plus que le tems où ils ont vécu. On a prétendu que tout leur art se bornoit à la délinéation d'une figure tracée en suivant le contour de l'ombre d'un corps opaque. Cependant on ne doit recevoir toutes les narrations de ces tems reculés que comme ces hypothèses que la seule vraisemblance fait admettre.

✤

Ardicès de Corinthe & Téléphane de Sicyone, qui vivoient depuis Philoclès & Cléanthe, mais dans des tems qu'on ne sçauroit fixer davantage, firent quelques pas de plus dans la même carriere. Ils représenterent les traits du visage enfermés dans l'intérieur du contour. Comme il y avoit loin de ces premiers essais au secret d'attraper la ressemblance, ils crurent nécessaire d'y ajouter le nom de la personne qu'ils avoient voulu imiter. Tels étoient, avant la guerre de Troye, les premieres tentatives d'un art qui a depuis immortalisé les ZEUXIS & les PROTOGÈNES.

CLÉOPHANTE de Corinthe, qui vivoit vers l'an 840 avant J. C. inventa la Peinture Monochrome, c'est-à-dire, d'une seule couleur. Ce fut avec de la terre cuite & broyée qu'il coloria les traits du visage, & cette terre, à cause de sa couleur rouge, fut employée comme imitant le plus la carnation.

HYGIEMON, DINIAS & CHARMIDAS, Peintres Grecs, vivoient 825 avant J. C.; mais les Historiens ne nous ont transmis à leur égard aucuns détails.

EUMARUS d'Athènes, qui vivoit 800 ans avant J. C. peignit en entier des hommes & des femmes; car avant lui, on n'avoit fait que des têtes & des bustes, & il ébaucha toutes sortes de figures, ce qui, dans ces tems reculés, lui assigne une place assez distinguée.

CIMON, Peintre natif de Cléone, florissoit vers l'an 795 avant J. C. & avoit appris son art sous Eumarus d'Athènes. Il fit de nouvelles tentatives dans la

PEINTRES ANCIENS.

même carriere; car il imagina les racourcis des corps, & leur donna diverses attitudes. Il fit voir les jointures des membres, peignit les veines, & dessina les draperies.

LUDIUS, Peintre de la ville d'Ardea, vivoit vers l'an 765 avant J. C. & fit quelques peintures à Cœré, ville d'Etrurie. Il ne faut pas le confondre avec Ludius, Peintre du siecle d'Auguste.

BULARCHUS, Peintre Grec, vivoit vers l'an 730 avant J. C. Il fit un tableau représentant la bataille des Magnésiens, que Candaule, Roi de Lydie, acheta au poids de l'or.

AGATHARQUE de Samos, Peintre Grec, florissoit vers la soixante-quinzieme Olympiade, 480 ans avant J. C. Il embellit la scêne d'après les études qu'il fit de la perspective, étant sollicité par Eschyle à se livrer à ce genre de travail ; il écrivit même un Traité, qui établissoit des régles, sur cette agréable partie de l'Art de la Peinture.

PANŒUS, Peintre Grec, frere de Phidias, peignit la fameuse journée de Marathon, où les Athéniens défirent, en bataille rangée, toute l'armée des Perses. Les Chefs, de part & d'autre, y étoient parfai-

A iv

tement repréfentés. Comme, de fon temps, l'ufage de concourir pour le prix de peinture fut établi à Corinthe & à Delphes, il fe mit le premier fur les rangs, pour concourir avec TIMAGORE de Chalcide, l'an 474 avant J. C.

TIMAGORAS, de Chalcide, floriffoit dans la quatre-vingt-deuxieme Olympiade. Ayant vaincu Panœus dans un concours aux jeux Pythiens, il compofa un poëme, dans lequel il rapporte le détail de cette lutte & de fa victoire. Pline dit qu'on le lifoit encore de fon temps.

POLYGNOTUS, Thafien, fils d'Agloophôn, étoit un Peintre célébre, chez les anciens, & vivoit vers la quatre-vingt-cinquieme Olympiade, environ 440 ans avant J. C. Il mit le premier de l'expreffion dans les vifages, & quittant l'ancienne maniere de peindre, qui étoit groffiere & pefante, il donna à fes figures plus de liberté, de grace & d'aifance. Il prenoit principalement plaifir à repréfenter les femmes, & ayant trouvé le fecret des couleurs vives, il donna de l'éclat à leurs habits, de la richeffe & de la variété à leur coëfure.

Cette heureufe innovation, dit Félibien, éleva l'Art de la Peinture & donna une grande réputation à Polygnotus, qui, après avoir fait plufieurs ouvrages à Delphes & fous un portique d'Athènes, dont il ne voulut recevoir aucun payement, fut honoré, par le Confeil des Amphyctions, du remerciement folemnel

de toute la Grece. Pour témoignage de fa reconnoiſ-
fance, elle lui ordonna aux dépens du public, des
logemens, dans toutes ſes villes, lui décerna des couronnes d'or, & lui aſſigna des places diſtinguées au
théâtre.

Mycon, Peintre Grec, qui vivoit vers la quatre-
vingt-cinquieme Olympiade, environ 440 ans avant
J. C. étoit contenporain de Polygnote & travailloit
avec lui à un portique d'Athènes. Moins généreux que
Polygnote, Mycon prit de l'argent de ſes ouvrages,
mais il ne reçut pas non plus les mêmes honneurs.

Nesias de Thaſos & Démophile, qui fit des ouvrages avec Gorganus, dans un Temple de Rome,
étoient les contemporains de Mycon.

Aglaophon, Peintre Grec, vivoit vers la qua-
tre-vingtieme-dixieme Olympiade; 421 ans avans J. C.
Céphissodorus,
Phrylus,
Et Evénor, pere &'Maître de Parrhasius, vivoient
dans le même temps qu'Aglaophon, & excelloient
tous dans le même Art.

Vers la même époque doivent être placés Pauson &
Denys de Colophon. Polygnote, diſoit-on, en pei-
gnant les hommes, les rehauſſa, Pauson les avilit,
& Denys les repréſenta tels qu'ils ont coutume d'être.

Vers l'an 415, vécurent NICANOR & ARCÉSILAÜS, tous les deux de Paros & LYSIPPE d'Egine. Ils sont les trois plus anciens Peintres Encauftiques. On voyoit à Rome, du temps de Pline, un des tableaux de Lyfippe, qui portoit pour infcription : *Lyfippe m'a fait avec le feu*.

BRIÉTES, autre Peintre Encauftique, les fuivit de près. Il eut pour fils & pour éleve PAUSIAS, qui fut célébre vers l'an 376.

*

APPOLLODORE, Peintre d'Athènes, vivoit 404 ans avant J. C. Il ouvrit une nouvelle carriere & donna naiffance au beau fiecle de la Peinture, chez les Grecs. Il fit une étude de la belle nature & choifit les plus belles parties des différens modeles pour en compofer des figures agréables. Son coloris furpaffa celui des Peintres qui l'avoient précédé. Mais ce qui lui fait plus d'honneur encore, c'eft qu'il ne fut point taché de la jaloufie, foibleffe fi ordinaire aux Artiftes. Il fit des vers à la louange de ZEUXIS, fon rival, dans dans lefquels il s'avouoit inférieur à ce grand homme.

DÉMON, né à Athènes, vivoit dans la quatre-vingt-treizieme Olympiade; il avoit le grand talent de l'expreffion. Tibere, long-temps à près, acheta 60 feftences un tableau de lui, qui repréfentoit un Prêtre de Cybele.

*

ZEUXIS, Peintre Grec, floriffoit 397 ans avant J. C. Il tira un grand fecours des ouvrages d'Apollodore; mais il réuffit à les furpaffer. Il perfectionna l'Art & devint un admirable colorifte.

» On eftime particulierement, dit Félibien, d'après
» Pline, une Athalante, dont il fit préfent aux Agri-
» gentins, en Sicile; un Dieu Pan, qu'il donna au Roi
» Archélaüs, & cette merveilleufe figure, qu'il peignit
» pour les habitans de Crotone, dans laquelle il fit
» paroître ce qu'il y avoit de plus parfait parmi les
» plus belles filles de la Grece. Néanmoins le tableau,
» où il repréfenta un Athléte étoit, felon fon propre
» jugement, un chef-d'œuvre ». Il ofa le propofer,
comme un défi, aux plus célébres Peintres de fon
temps, ayant écrit au bas:
Tous l'envieront, nul ne l'égalera ?

Il fut cependant furpaffé, par PARRHASIUS, dans une concurrence. ZEUXIS peignit des raifins, les oifeaux les vinrent béqueter. Parrhafius apporta un tableau couvert, en apparence, par un rideau; ZEUXIS, voulant le tirer, pour voir l'ouvrage, qu'il croyoit caché deffous, ne trouva rien que le tableau : « Je fuis vaincu, » dit-il, PARRHASIUS trompe les hommes, & je n'ai » trompé que des animaux. »

Cette illufion, qui frappe le commun des hommes, eft cependant regardée comme un foible mérite chez les Gens de l'Art, qui tous conviennent qu'on y peut parvenir fans génie & par la fimple application au travail.

✳

PARRHASIUS, Peintre Grec, contemporain de ZEUXIS, florissoit, comme lui, 397 ans avant J. C.

» Il fut le premier qui observa la symmétrie & qui
» fit paroître de la vie, du mouvement & de l'action
» dans ses figures. Il trouva le secret de bien repré-
» senter les cheveux. Il étudia les moyens de donner
» de l'expression aux visages, & Pline remarque qu'il
» étoit celui, de tous les Peintres de son temps, qui
» avoit le mieux sçu arrondir les corps, & fait fuir
» les extrémités, pour faire paroître le relief ». (*Fél. v. p. v.*)

Ses grands talens étoient joints à de grands défauts, qui tous avoient leur source dans une vanité toujours insupportable & quelquefois ridicule. Il se loüoit sans cesse, & vouloit qu'on le préférât à tous les autres Peintres. Il étoit toujours vêtu d'une maniere particuliere, & pour être encore plus respecté, il se disoit de la race d'Apollon, & faisoit croire qu'il avoit souvent communication, avec Hercule qui lui apparoissoit en dormant, ajoutant que le tableau qu'il en avoit fait étoit tout semblable à ce demi-Dieu. Ce tableau étoit à Lyndos, ville située dans l'isle de Rhodes.

L'Empereur Tibere donna depuis soixante sesterces, environ mille écus de notre monnoye, d'un de ses tableaux, qui représentoit le Grand Prêtre de Cybelle.

✻

TIMANTHE, Peintre Grec, contemporain de ZEUXIS & de PARRHASIUS; étoit un homme plein d'esprit & de jugement. Son Cyclope & son Sacrifice d'Iphigénie

PEINTRES ANCIENS.

ont été loués par les plus célébres Ecrivains de l'antiquité. On a admiré sur tout le trait de génie de ce dernier tableau, dans lequel désesperant de peindre la douleur d'Agamemnon, qui voit périr sa fille, TIMANTHE imagina de lui voiler la tête. Il excita la jalousie de PARRHASIUS dans un tableau qu'il fit en concurrence avec l'Ajax de ce Peintre; PARRHASIUS se voyant vaincu, dit, avec sa vanité ordinaire, que son plus grand déplaisir étoit de voir que son Ajax fut surmonté par un homme indigne de remporter cette gloire. Mais ce n'étoit pas le sentiment de tous les bons juges de ce tems là.

Dans le même tems vivoient encore ANDROCYDE de Cyzique,

EUXENIDAS,

ARISTIDE,

Et EUPOMPE du Sicyone, de qui PAMPHILE fut Disciple. Il donna la naissance à une troisiéme classe de Peintres, à l'Ecole Sicyonienne, différente de l'Ionienne ou Asiatique & de l'Athénienne ou Helladique.

ARISTOPHON, Peintre assez connu, mais du second rang, vivoit l'an 390, il étoit fils d'AGLAOPHON, célébre l'an 420, avant l'Ere chrétienne.

ARISTOLAÜS ; Peintre Grec, étoit fils & Eléve de PAUSIAS ; il prononçoit beaucoup son dessein.

PAMPHILE, Peintre, natif de Macédoine, vivoit 364 avant J. C. Il se fit une réputation très-brillante dans le siécle même de PARRHASIUS & de ZEUXIS.

Il avoit au-dessus des autres Peintres les avantages que donnent la culture des Belles-Lettres, & l'étude des sciences ; ses Ouvrages se sentoient de son éducation : ils tiroient un double éclat des connoissances dont son esprit étoit orné. Pour donner de la dignité à son Art, il obtint qu'il n'y auroit que les enfans des Nobles qui s'en occuperoient, & il fit défendre par un décret public aux Esclaves de s'y appliquer.

ERIGONUS, Peintre Grec, qui vivoit 365, ans avant J. C. ne tire pas peu de gloire d'avoir eu PAUSIAS pour Eléve.

PAUSIAS, Peintre Grec, qui vivoit dans la cent unième Olympiade, 376 ans avant J. C. étoit Disciple d'ERIGONUS & de PAMPHILE. Il fut le premier qui peignit les lambris, & les voutes des Palais, ce qui jusqu'àlors n'avoit point encore été mis en usage. PAUSIAS rendit célébre la Bouquetiere Glycère, dont il étoit amoureux ; il représenta cette fille composant une guirlande de fleurs. Lucullus donna, dans Athènes, deux cens talens, de la seule copie de ce Tableau ; il fit les plus grands progrès dans la peinture Encaustique.

PEINTRES ANCIENS.

MÉCHOPHANE, Eleve de PAUSIAS, s'est rendu assez célébre; mais sa couleur étoit trop crue, & il a trop donné dans le jaune.

NICOMAQUE, Peintre, un peu plus ancien qu'Apelles, mettoit à l'exécution de ses tableaux la plus grande célérité, ce qui n'empêchoit pas qu'il n'y rassemblât toutes les perfections & toutes les graces possibles. Plutarque les compare aux vers d'Homere, qui, malgré leurs singulieres beautés, semblent n'avoir couté à leur auteur ni peine ni travail.

PHILOXENE, Eleve de NICOMAQUE, étoit natif d'Erythrée, & précédoit un peu les beaux jours d'APELLES : il suivit la manière expéditive de son Maître & trouva des moyens plus faciles pour peindre encore plus promptement.

EUPHRANOR, Peintre Grec, qui florissoit dans la cent quatriéme Olympiade, étoit natif des environs de Corinthe. Il fut en même tems Sculpteur & Peintre Encaustique. PLINE dit de lui qu'il fut docile aux leçons de la nature, autant qu'opiniâtre dans la recherche des véritables beautés de l'Art, excellent en tout genre, & toujours égal à lui-même. Il paroît être le premier qui ait sçu rendre toute la dignité des héros. On reprochoit à ses figures d'avoir le corps trop menu, les jointures & les doigts un peu trop gros ; ce qu'il y a de singulier, c'est qu'avec ces défauts, il ait laiffé plufieurs Traités fur les proportions du corps humain, & qu'il en ait établi les régles.

CYDIAS, de Cytnos, Peintre Encauftique, fut Eléve d'EUPHRANOR, & floriffoit vers la cent cinquiéme Olympiade. Il s'eft rendu célébre par un tableau dont le fujet étoit l'expédition des Argonautes.

CALLICLÈS, Peintre qui vivoit 348 ans avant J. C. étoit Difciple d'EUPHRANOR. Il ne peignit qu'en petit fes tableaux auxquels il ne donnoit pas plus de quatre pouces de hauteur.

CALADES, Peintre Grec, qui vivoit dans la cent fixiéme Olympiade, fe borna à peindre de petits fujets que l'on mettoit fur la fcène, dans les Comédies. Nous ignorons abfolument l'ufage que l'on faifoit de ces tableaux.

ECHION & THÉRIMACHUS, Peintres Grecs, furent célébres dans la cent feptieme Olympiade, 352 ans avant J. C. Quoiqu'ils fuffent excellent ftatuaires ils fe diftinguerent par leur tableaux.

ARISTIDE.

PEINTRES ANCIENS.

ARISTIDE, Peintre Grec, natif de Thebes, étoit un peu plus ancien qu'APELLES; mais son contemporain. Quoiqu'il ait passé pour avoir travaillé d'une manière un peu séche, personne ne l'égaloit dans l'art d'exprimer les passions de l'ame. Ses ouvrages furent mis au plus haut prix, & un de ses tableaux fut payé cent talens par le Roi Attalus.

ASCLÉPIODORE, Peintre Grec, un peu plus ancien qu'APELLES, étoit si parfait dans les belles proportions qu'il donnoit à ses figures, qu'APELLES même avouoit qu'ASCLÉPIODORE le surpassoit en cette partie. Ses Tableaux furent si recherchés, qu'ayant fait douze portraits des Dieux, Mnason, Roi d'Elate, lui paya, pour chaque figure, trois cens mines, c'est-à-dire, vingt-trois mille cinq cens livres.

THÉOMNESTES, excellent Peintre, étoit contemporain d'ASCLÉPIODORE & d'ARISTIDE, & un peu plus ancien qu'APELLES. Mnason, Roi d'Elate, qui étoit très-curieux de Tableaux, payoit cent talens de chacun de ceux de Théomnestes.

MÉLANTHIUS, Peintre célèbre, précéda immédiatement Apelles, qu'il eut parmi ses élèves. Il est, au rapport de Pline, un de ceux dont les chefs-d'œuvres furent faits avec quatre couleurs seulement. Aratus

B

ayant délivré Sicyone des Tyrans qui l'opprimoient, détruisit aussi les monumens qui en consacroient la mémoire. Il ne conserva qu'un Tableau fait par Mélanthius, à la gloire du Tyran Aristrate, dont il fit seulement effacer la figure. Mélanthius a écrit sur son Art, ainsi que nous l'apprend Diogène Laërce.

*

AMPHYON, Peintre fameux, vivoit un peu avant Apelles. Ce grand Peintre avouoit qu'Amphyon le surpassoit dans l'ordonnance d'un Tableau, & cet éloge d'un tel Maître, nous doit faire juger du mérite d'Amphyon.

*

NICOPHANE, Peintre contemporain d'Apelles, peut être mis au rang des disciples de Nicomaque. Tout ce que la Peinture a de plus majestueux, tout ce qu'elle a de force, d'élégance & de grace, se trouvoit réuni dans les Tableaux de Nicophane, soit qu'il copiat, soit qu'il imaginat. On trouvoit chez lui le plus beau choix dans ses modèles, & la plus belle invention dans ses idées.

ÆTION, Peintre célèbre & contemporain d'Apelles, s'est immortalisé par sa brillante composition du Mariage d'Alexandre & de Roxane.

*

APELLES, le plus célèbre Peintre de la Grece, commença à paroître dans la cent douziéme Olympiade, 332 ans avant J. C. Le deffein le plus correct, la force, l'élégance, la grace & le coloris fe trouvoient à un dégré fi éminent dans fes Ouvrages, qu'il eft impoffible de dire dans laquelle de ces parties, il excelloit davantage. Il trouva, outre cela, le fecret d'un vernis, qui, augmentant l'éclat de fes couleurs, eut encore la faculté d'en conferver la durée. Mais il ne fe contenta pas de donner des marques éclatantes de fon profond fçavoir dans fon Art, en peignant fes admirables Tableaux, il en donna encore des preuves par les livres qu'il écrivit à ce fujet & qu'on voyoit encore du tems de Pline. Sa converfation n'avoit pas moins de charmes que fes Ouvrages; Alexandre prenoit le plus grand plaifir à s'entretenir avec lui. Ses Tableaux furent en très-grand nombre, & aucun ne démentoit l'autre. Son Tableau de la Calomnie, & fa Vénus Anadyomene ont mis le comble à fa gloire. Augufte acheta ce dernier cent talens, c'eft-à-dire environ 470 mille livres de notre monnoye actuelle.

CTÉSILOQUE, Difciple d'Apelles, s'eft fait connoître par la liberté audacieufe de fon pinceau; car il fit un Tableau qui repréfentoit le Maître des Dieux accouchant de Bacchus, & coëffé en femme, avec les contorfions de celles qui font en travail, & environné de Déeffes, pour lui fervir d'accoucheufes.

ATHÉNION, de Maronée, Peintre Grec, des beaux siécles de la Peinture. Par la réunion des Sciences & des connoissances littéraires, il étoit parvenu à donner à ses Tableaux ce qui leur manquoit d'ailleurs ; car il étoit un peu sec dans sa couleur ; mais il réparoit ce défaut par l'esprit qu'il mettoit dans ses compositions.

PERSÉE, Peintre Grec, Disciple d'Apelles, ne se contenta pas d'exercer son Art avec autant de vérité & de goût que d'adresse, il écrivit un Traité rempli d'une excellente Doctrine, & le dédia à celui dont il tenoit son admirable éducation pittoresque.

ANTIDOTUS, Peintre Grec, fut Eléve d'Euphranor, & vivoit 348 ans avant J. C. Il fut très-exact observateur de la couleur locale, sans s'écarter jamais de la vérité. Nicias fut son Eléve.

NICIAS, Peintre Encaustique des plus célèbres, natif d'Athènes, vivoit dans la cent douziéme Olympiade, 332 ans avant J. C. Il employa le premier, parmi ses couleurs, la céruse brûlée. Il entendoit parfaitement le clair-obscur, & donnoit à ses figures le plus grand relief. Il réussit merveilleusement à peindre les femmes. On eut de Nicias des Tableaux extrêmement précieux, entr'autres la descente d'Ulysse aux enfers, qu'il repréfenta auffi poëtiquement qu'Homere l'a décrite. Nicias peignoit encore parfaitement les animaux & furtout les chiens.

※

ANTIPHYLE, Peintre célèbre, qui vivoit vers la cent douziéme Olympiade, du tems d'Apelles. Il étoit né en Egypte, & vint en Grece, où il étudia la Peinture avec foin. Il acquit parfaitement la belle entente des reflets, & du clair obfcure, dont il donna une preuve éclatante dans un Tableau précieux, où il avoit repréfenté un jeune garçon qui fouffloit le feu dans un appartement fort orné; la lueur de la flamme en produifant des effets de lumière très-picquans, éclairoit la tête du jeune homme, & en faifoit briller la beauté. Antiphyle fut auffi l'inventeur du Grotefque, & ayant repréfenté Gryllus dans ce genre, on donna le nom de Gryllus à tous les Tableaux dont l'objet étoit ridicule ou plaifant.

✿

PROTOGÈNE, Peintre très-célèbre, né à Caunium, en Carie, floriffoit comme Apelles, dans la cent douziéme Olympiade, 332 ans avant J. C. Rival de ce grand homme, ils ne combattirent jamais qu'au profit de leur Art, & ne le dégradérent point par les baffeffes de la jaloufie.

Cet artifte, né pauvre, avoit commencé par peindre des Navires; enfuite il fit des portraits, & enfin il s'adonna tout entier à l'Hiftoire, genre dans lequel il s'est immortalisé ; mais il ne parvint à la réputation que fort tard. Le plus vanté de tous ses Ouvrages fut Jalysus, Chasseur fameux que l'on a long-tems conservé, à Rome, dans le Temple de la Paix, & qui lui coûta sept ans de travail. PROTOGÈNE le re-peignit à quatre fois, mettant couleurs sur couleurs, afin que la durée du Tableau étendît, dans la suite des années, le souvenir de son Auteur.

CLÉSIDES, Peintre, qui vivoit dans la cent vingt-sixiéme Olympiade, l'an 483 de Rome, se rendit immortel, par la vengeance qu'il prit de Stratonice, femme d'Antiochus I, Roi de Syrie, en la peignant entre les bras d'un Pêcheur.

MÉTRODORE, Peintre Grec, qui florissoit dans la cent cinquantieme Olympiade, fut en même temps grand Philosophe & grand Peintre. Il éleva les enfans de Paul Emile, & peignit son triomphe. Ce Héros avoit demandé deux hommes pour ces deux objets, Metrodore fut regardé comme le plus capable de les remplir avec un égal succès. P. Scipion fut Eleve de Metrodore.

APATURIUS, Peintre célèbre dans la perspective, dont le seul Vitruve nous a conservé la mémoire, sans nous avoir inftruit fur fa patrie, ni fur le temps où il vivoit. Il étoit très-habile dans la perfpective, & il en donna des preuves à Tralles, ville de Lydie, où il fit une décoration de théâtre, dont on a parlé avec admiration.

NEALCÈS, Peintre Grec, s'eft rendu célèbre par un fameux tableau de Vénus. Dans nn autre, qui repréfentoit une bataille navale des Egyptiens contre les Perfes, voulant faire connoître que l'action s'étoit paffée fur le fleuve du Nil, il peignit un crocodile cherchant à dévorer un âne qui buvoit fur le rivage. Je rapporte ce trait pour faire voir l'attention des anciens à obferver le coftume.

TIMOMAQUE de Byzance, fut célèbre du temps de Jules-Céfar. Cet Empereur paya 80 talens, c'eft-à-dire, 16400 Louis, une Médée où Timomaque n'avoit même pas mis la derniere main, mais l'expreffion de fa figure étoit d'un prix ineftimable. A travers la fureur qui la portoit à poignarder fes enfans, on appercevoit les traces de la tendreffe maternelle qui fembloit vouloir retenir fon bras. On avoit encore de lui Ajax, Iphigénie, Orefte, & une Gorgone qui étoit regardée comme fon chef-d'œuvre.

PHILOCHARÈS, Peintre Grec, dont on voyoit à Rome, du temps de Pline, un tableau très-eftimé, repréſentant Glaucion & ſon fils Ariſtippe, perſonnages, dit-il, très-obſcurs; mais que le talent du Peintre a ſcu rendre les objets de l'admiration du Peuple Romain.

PYREÏCUS, Peintre, dont Pline fait mention, mais qui n'étoit recommendable que par la beauté de ſon pinceau, ayant dégradé ſon mérite par les objets bas & ignobles qu'il imitoit.

SÉRAPION, Peintre Grec, dont parle Pline, entendoit ſupérieurement les décorations du théâtre; mais il ne pouvoit peindre la figure.

CRATERUS, d'Athènes, Peintre Grec, qui orna de figures groteſques, le Panthéon d'Athènes.

FEMMES CÉLÈBRES
DANS LA PEINTURE, EN GRÈCE.

Timarette, fille de Micon, & qui a excellé.

Irene, fille & Eléve de Cratinus.

Calypso.

Alcisthene.

Aristarete, qui s'étoit formée sous son pere Néarchus.

Lala, de Cyzique. Personne n'eut le pinceau plus léger. Elle fit beaucoup de portraits de femme, & même le sien, en se servant d'un miroir. Elle grava aussi sur l'yvoire.

Enfin, Olympias, dont Pline fait mention.

PEINTRES ROMAINS
ANCIENS.

FABIUS, surnommé Pictor, Peintre célébre, florissoit l'an 450 de Rome. Il rendit la Peinture si honorable chez les Romains, qu'on a donné le nom de Pictor à la branche de la famille des Fabius qui descendit de lui. Il peignit le Temple de la Déesse Salus, ouvrage qui subsista jusqu'au tems de l'Empereur Claude.

PACUVIUS, qui vivoit vers l'an de Rome 1542 étoit en même temps Peintre & Poëte; mais ses pieces de théâtre donnerent à son pinceau une considération qu'il ne se seroit point acquise sans leur secours.

SOSOPOLIS & DIONYSIUS, qui vivoient 100 ans avant J. C. firent des Tableaux qui remplirent les cabinets des curieux de leur temps.

PHILISCUS, Peintre, florissoit 67 ans avant J. C. Il se fit estimer par un tableau qui représentoit un attelier de Peintre, avec un petit garçon soufflant le feu.

ARELLIUS, Peintre connu environ l'an 44 avant J C. fut célèbre, dit Pline ; mais il dégrada son talent par des impiétés, ayant peint les Déesses sous la figure des courtisannes dont il étoit épris.

LUDIUS, Peintre fameux, vivoit sous le regne d'Auguste. Il s'est rendu célèbre en peignant à Fresque, sur les murailles, des morceaux de Perspective tels que des Paysages, des sujets d'Architecture, &c. On n'avoit encore employé la Peinture à Fresque, que dans les Temples & pour des sujets sérieux.

QUINTUS PÉDIUS, Peintre distingué, sous le regne d'Auguste & destiné à cet Art par le conseil de ce Prince, quoiqu'il fut d'une noble famille, sans doute parce que Pedius étoit muet de naissance.

ANTISTIUS LABEO, Peintre, du temps d'Auguste. Il remplit des charges distinguées & refusa même le Consulat, voulant se livrer tout entier à son Art, ce qui lui donna d'autant plus de ridicule, qu'il ne s'attacha qu'à faire de petits tableaux, dans lesquels il se flattoit d'exceller.

AMULIUS, Peintre, sous le regne de Néron. Il ne peignit jamais qu'à fresque, ce qui a fait dire à

Pline que les Peintures d'Amulius étoient comme en prison dans le palais de cet Empereur. On admiroit une tête de Minerve, peinte de sa main, qui regardoit toujours le spectateur de quelque côté qu'il l'envisageât. Ce jeu d'optique supposoit dans Amulius de la connoissance dans la perspective.

Turpilius, Chevalier Romain, s'adonna à la peinture, vers le regne de Néron. Quoiqu'il fût gaucher, il laissa des ouvrages qui lui firent honneur, & Vérone fut embellie de ses tableaux.

Cornélius Pinus & Accius Priscus, Peintres Romains, sous le regne de Vespasien, vers l'an 70 de J. C. se distinguerent dans la peinture à fresque.

FIN.

PEINTRES
MODERNES.

DES ECOLES.

QUOIQUE chaque Peintre prenne la Nature pour modèle, il imprime encore à fes ouvrages un caractère particulier, qui eft le réfultat de fes qualités individuelles & morales.

Les habitans d'un même pays raffemblant une plus ou moins grande partie de ces qualités, ont paru agités par la même impulfion; leur goût a femblé le même. Il eft devenu comme l'accent national qui les fait reconnoître. C'eft cette marque frappante à laquelle on a donné le nom d'École.

Nous en diftinguerons huit, fçavoir: l'Ecole Romaine, la Florentine, la Vénitienne, la Lombarde, l'Allemande, la Flamande, la Hollandoife & la Françoife. Nous ferons auffi deux Claffes, & non pas deux Écoles des Peintres Napolitains & Génois, & des Peintres Espagnols, parce que les Artistes de ces nations n'ont point contracté une maniere assez respectivement propre aux lieux de leur origine, pour qu'on doive leur assigner le titre d'École.

ECOLE ROMAINE.

LEs Temples, les Statuës, les Bas-reliefs, les Médailles, les Pierres gravées, & tous les autres Monumens que le tems n'a pu dévorer, subsistent encore dans Rome, dans cette ville autrefois si fameuse par son luxe & par ses conquêtes.

Ces objets ont dû nécessairement imprimer, dans l'ame de ses habitans, les idées de ce que les humains appellent magnificence, noblesse, & vrai goût dans les Arts. Il a fallu, sans contredit, que les Artistes de cette Capitale eussent les pensées élevées, l'expression forte, & le dessein correct. Aussi tous les Maîtres de l'Ecole Romaine ont été distingués par ces sublimes qualités. Mais le coloris, cette partie qui fait valoir les autres, y a été trop négligé.

Cependant cette Ecole sera toujours vénérée, indépendamment même de ce qui constitue son mérite particulier, quand on se souviendra qu'elle doit sa naissance à ce Raphaël, dont le nom sacré pour les Artistes, retrace en eux les images du sublime pittoresque.

PEINTRES
DE
L'ÉCOLE ROMAINE.

PIERRE PÉRUGIN,
PIETRO PERUGINO.

Pierre Pérugin donna les premiers principes de la Peinture à Raphaël. L'honneur d'avoir inftruit ce grand homme, a confacré fa mémoire dans les faftes des Arts. Il naquit à Pérouze, dont il tira fon nom, en 1446, & commença, dans cette ville, à deffiner fous un maître affez médiocre, qui le traitoit fort mal. L'efpoir d'acquerir des talens, & de les rendre utiles à fa fortune, qui étoit fort modique, le fit aller à Florence chercher dans l'Ecole d'André *Verocchio* les leçons néceffaires pour fe perfectionner. Il y rencontra Léonard de *Vinci*, avec lequel il étudia. Il travailla, jour & nuit, avec la plus grande application, parvint à prendre une maniere de peindre gracieufe, & s'éloigna du goût Gothique, qui étoit encore en ufage de fon tems.

Il devint affez correct dans l'enfemble de fes figures, quoique fon deffein foit froid & un peu fec ; fes draperies font grandes & bien pliffées, fon coloris affez frais.

Il fe diftingua dans les têtes de femmes ; il en avoit époufé une fort belle, qu'il aimoit paffionnement, & d'après laquelle il faifoit toutes fes vierges.

Ces talens réunis, au commencement de ce beau fiécle de la renaiffance des Arts, montrent qu'il étoit capable d'ouvrir la vafte carriere que le fublime Raphaël a parcouruë avec tant de fuccès.

Il fit beaucoup d'ouvrages, à frefque, pour des églifes & des couvents, tant à Florence qu'à Rome, où il travailla pour Sixte IV, aidé de Raphaël & de fes meilleurs difciples. Il mourut de chagrin d'un vol qui lui fut fait en 1524, dans la foixante-dix-huitieme année de fon âge.

On voit dans la Chapelle Sixte à Rome, de très-grands tableaux peints à frefque, dont le coloris vague, fait un très-bon effet, & dans lefquels on remarque qu'il s'étoit beaucoup perfectionné par les exemples de Raphaël, fon difciple, & qui devint fon maître.

Le Roi poffede, de cet artifte, le portrait de Charles VIII, Roi de France, qu'il fit à Turin, après la bataille de Fornouë, que l'on voit repréfentée dans le fond du tableau.

RAPHAËL D'URBIN,

Raphael Sanzio, Raphael da Urbino.

RAPHAËL est, parmi les Peintres, ce qu'Homere est entre les Poëtes, le premier de tous. L'étendue de son génie, la grandeur de son expression, & la noblesse de son dessein, l'ont mis au-dessus de tous les artistes qui lui ont succédé.

Sa famille étoit très-considérée, à Urbin, où il naquit en 1483. Il reçut de son pere les élémens du dessein; & fut mis ensuite sous le *Perugin*, qui jouissoit alors d'une assez grande réputation. De-là il passa à Florence où il vit les ouvrage de Léonard de Vinci, & de *Michel-Ange*, & se rendit à Rome auprès de son oncle *Bramante*, fameux Architecte, qui le présenta à Jules II; ce Pontife le chargea des ouvrages de peinture qu'il faisoit faire au Vatican. Le premier de ses tableaux fut celui de la Théologie: ce morceau tient un peu de la sécheresse des principes qu'il avoit reçus de *Perugin*. Le Pape fut cependant si content de cet essai, qu'il fit détruire toutes les autres Peintures de ce palais, pour les faire remplacer par ce célèbre Artiste, qui, immédiatement après, développa tous ses talens dans le fameux tableau de l'Ecole d'Athènes, ainsi que dans ceux du Parnasse & d'Attila. La Punition d'Héliodore, le Miracle de la Messe, la Délivrance de S. Pierre, l'Incendie de Rome, mirent le comble à sa réputation. Les autres tableaux distribués dans les quatre grandes sales de ce palais, ont été exécutés sur ses desseins, par ses meilleurs éleves, ainsi que les plafonds des Loges, dont les sujets sont pris dans l'Histoire Sainte. Les Nôces de Psyché, peintes au petit Farnèse, présentent, en plusieurs morceaux, ce que ce grand maître a produit de plus sublime; les Graces, Vénus, & les Amours, y contrastent agréablement, avec la fierté de Mars, de Neptune & de Jupiter.

La réputation de Raphaël parvint à François I, qui voulut avoir un S. Michel de sa main; ce Monarque, à la réception du tableau, lui marqua sa satisfaction, par une somme considérable, & qui parut à ce grand homme trop au-dessus du mérite de son ouvrage. Il fit alors une Sainte Famille qu'il supplia le Roi de vouloir accepter; ce Prince généreux répondit à Raphaël, *que les hommes célébres dans les Arts, partageant l'immortalité avec les grands Rois, pouvoient traiter avec eux.* Il doubla la somme qu'il lui avoit accordée pour le précédent tableau, en l'invitant à passer en France, pour s'attacher à son service; mais Leon X, qui l'avoit chargé, après la mort de *Bramante*, de la réconstruction de la Basilique de S. Pierre, s'y opposa, & le fixa à Rome, en lui accordant une pension considérable.

Raphaël, toujours sensible aux bontés du Monarque François, voulut signaler sa reconnoissance, & se surpasser lui-même dans un grand ouvrage, qu'il destina à lui être présenté, quoiqu'il lui fut demandé d'ailleurs ; ce fut la Transfiguration de Notre Seigneur sur le Mont Thabor, qui a toujours passé pour le premier tableau du monde. La mort ayant prévenu ce grand homme, avant qu'il fût entiérement terminé, ce chef-d'œuvre resta à Rome, & se voit aujourd'hui à *San-Pietro in Montorio*.

La nature sembloit avoir prodigué tous les talens à ce génie heureux. Il fit un nouveau plan pour l'Eglise de S. Pierre. Rome est aussi décorée de plusieurs palais sur ses desseins. Il en avoit fait construire un pour lui, dans le voisinage du Vatican, qu'il a fallu indispensablement détruire, pour édifier la colonade de la place de S. Pierre ; ce palais étoit orné de l'histoire de Psyché, qui avoit fait reconnoître cet artiste, pour le plus gracieux des Peintres.

Raphaël s'exerçoit auſſi quelquefois à la ſculpture, qu'il poſſedoit ſupérieurement.

On montre à Rome, dans une Chapelle à la *Madona del Popolo*, dont il a peint la coupole, un Jonas de marbre de grandeur naturel, que l'on lui attribue, & qui peut paſſer pour un chef-d'œuvre en ce genre.

Les ouvrages que ce grand maître a laiſſés au Vatican, & au petit Farnèſe, ont toujours été la ſource, où tous les Artiſtes célébres, ont puiſé les lumieres & les moyens par leſquels ils ſe ſont diſtingués.

La mort prématurée de ce grand homme arrivée en 1520, le jour du Vendredi Saint, à l'âge de 37 ans, l'a arrêté au milieu de ſa carrière, & l'a fait d'autant plus regretter, qu'il a laiſſé pluſieurs ouvrages imparfaits.

Son corps, après avoir été expoſé trois jours, dans la grande ſale du Vatican, au bas de ſon tableau de la Transfiguration, fut porté à la Rotonde, à la ſuite de ce même tableau que l'on fit ſervir pour honorer ſa pompe funébre. Son buſte fut placé au-deſſus de ſa ſépulture.

Leon X, ce zélé protecteur des Arts, l'eſtima aſſez pour promettre de l'élever au Cardinalat. Cette promeſſe, que la mort trop prompte de

Raphaël l'empêcha de réaliser, avoit déterminé cet Artiste à ne point accepter la niéce du Cardinal Bibiena, que ce Prélat lui offroit pour épouse.

Un heureux génie, une imagination forte & féconde, une composition simple, & en même temps sublime, un beau choix, beaucoup de correction dans le dessein, de grace & de noblesse dans les figures, de finesse dans les pensées, de vérité dans les expressions, & de naturel dans les attitudes. Tels sont les traits auxquels on peut reconnoître la plûpart de ses ouvrages. Pour le coloris, il est fort au-dessous *du Titien*, & le pinceau du *Correge* est sans doute plus moëlleux que celui de *Raphael*.

Indépendamment de l'étude que faisoit *Raphael* d'après les sculptures & les plus beaux morceaux de l'antique, qui étoient sous ses yeux, il entretenoit des gens qui dessinoient pour lui tout ce que l'Italie & la Grèce possédoient de rare & d'exquis.

On remarque qu'il n'a laissé que peu ou point d'ouvrages imparfaits, & qu'il finissoit extrêmement ses tableaux, quoiqu'il les exécutât très-promptement. C'est pour cela qu'on voit de lui au crayon de petites parties, comme des mains, des pieds, des morceaux de draperies qu'il dessinoit trois ou quatre fois pour un même sujet, afin d'en faire un choix convenable.

Raphaël, ne trouvant point que ses modèles rendissent, au gré de son idée, les passions qui étoient l'objet de ses études, prenoit souvent sur lui-même l'image qu'il avoit dans l'esprit, s'étant pénétré du sentiment qu'il vouloit peindre. Il dessinoit avec du crayon noir sur du papier, sa propre figure, à l'aide d'un miroir, il en piquoit tous les traits pour en faire un ponsif, & remettoit ensuite le dessein plus au net.

Plusieurs desseins de lui faits de cette sorte, sont encore conservés.

Ce grand Artiste a eu pour disciples *Jules-Romain*, Jean-François *Penni*, dit *Il Fattore*; Polidore *de Caravage*, *Mathurin*, Perin *del Vega*, Pelegrin de Modene, Jean *da Udine*, Raphaël *dal Colle*, Benevenuto *di Garonfalo*, Timothée *delle Vitte*, Barthelemi Ramenghi *da Bagna-Cavallo*, Vincent *da San-Geminiano*. & autres.

Le Roi possède vingt Tableaux de ce grand Maître.

Sçavoir,

Une Sainte Famille.
Saint Michel.
La Vierge, appellée *la Belle Jardiniere*.

Sainte Marguerite.
Le Portrait de Jeanne d'Arragon.
Saint Jean-Baptiste dans le Désert.
Le Portrait du Comte de *Castiglione*.
Le Portrait du Cardinal Jules de Médicis.
Une Sainte Famille en petit.
Une autre Sainte Famille, où Saint Jean présente une Croix.
Une autre Sainte Famille, où l'Enfant-Jesus caresse S. Jean.
Le Portrait de Raphaël.
Le Portrait de Pontorme.
Saint Jean l'Evangeliste.
Saint Michel terrassant le Démon.
Saint Michel combattant contre les Monstres.
Saint George sur un cheval blanc, combattant un Dragon.
Une Vierge tenant l'Enfant Jesus.
Un Portrait d'Homere ayant le bras appuyé sur une table.
Le Portrait d'un jeune homme avec un bonnet noir.
Une Sainte Famille, appellée *le Silence*.

On voit dans le Cabinet de M. le Duc d'Orleans,

Le Portrait de Jules II, assis dans un Fauteuil.
Le Portrait d'une Vieille.

Une Vierge vêtue de rouge avec une draperie bleue.
Saint Jean au Défert.
Une Sainte Famille.
Deux Vierges avec l'Enfant Jefus.
Une Sainte Famille.
Un Jeune Homme, figure à mi-corps.
La Vierge d'Ezéchiel.
Saint Antoine tenant un Livre.
Saint François en pied.
Un Chrift qu'on va mettre au tombeau.
La Priere au Jardin des Oliviers.
Un Portement de Croix.
Une Vierge tenant l'Enfant Jefus fur fes genoux.

Ses Tableaux de chevalet, qui ont été très-multipliés, font répandus de tous côtés.

JULES ROMAIN,

Giulio Pipi, Giulio Romano.

JULES ROMAIN, un des premiers éléves de Raphaël, dont le vrai nom étoit *Giulio Pipi*, né à Rome en 1492, doit être considéré comme aussi bon Poëte, que grand Peintre; ses idées étoient nobles & élevées, & l'ensemble de ses figures fort correct. Il mettoit plus de feu dans ses tableaux que Raphaël; mais c'étoit souvent aux dépens des graces; on y voit souvent des attitudes forcées. Il suivoit plus l'antique que la nature, dont il consultoit peu les vérités; ses chairs tirent trop sur le brun rouge, & ses demi-teintes sur le noir.

Malgré tous les défauts que l'on reproche à Jules Romain, la fécondité de son génie, toute l'érudition nécessaire à un homme de son art, une connoissance profonde de l'Histoire & de la Fable, d'ingénieuses allégories, une grande manière, le distinguent entre tous les plus fameux Peintres.

Cet habile artiste possédoit parfaitement la perspective & l'architecture civile & militaire. Il embellit & fortifia Mantoue, & fit élever, sur ses desseins, le fameux Palais du T, qu'il orna de ses plus beaux ouvrages, entre lesquels on remarque un fameux combat des Géants. Il enrichit encore le Palais de S. Sébastien, où il peignit l'histoire de David, & la fable de Psyché, avec plusieurs combats de l'Iliade d'Homere. Il fit un grand nombre de Cartons, qui ont été exécutés en tapisserie, & dont les sujets sont tirés de l'histoire de Scipion, lesquels sont fort connus, ayant été multipliés.

Comme il s'étoit particuliérement appliqué à la recherche des statues & des bas-reliefs antiques, personne n'a possédé, mieux que lui, la connoissance des Médailles, des Camées, & des Pierres gravées, dont il avoit fait, dans son cabinet, une ample collection.

Jules mourut à Mantoue en 1546, âgé de 54 ans, lorsqu'il se disposoit à aller remplir la place d'architecte de S. Pierre, vacante par la mort de *San-Gallo* ; il fut l'auteur des vingt estampes obscènes qu'a gravées Marc-Antoine *Raimondi*, & qui sont connues sous le nom des figures de l'Arétin, qui y avoit mis à chacune un sonnet.

Les principaux disciples de Jules Romain ont été *Parerello* de Cortone, Raphaël *dal Colle*, le Primatice, *Benedetto Pagani*, Jean *da Lione*, Jean-Baptiste & *Rinaldo* de Mantoue, *Bar-*

tolomeo-di-Castiglioni, *Teodoro Ghisi*, *Figurino da Faenza*, & *Fermo Guisoni*.

Le Roi possède huit morceaux de Jules Romain.

Son Portrait, peint par lui-même.
L'Adoration des Bergers.
Le Triomphe de Titus & de Vespasien.
La Circoncision de Notre Seigneur.
Vulcain & Venus.
Trois Hommes à cheval, vêtus à la Romaine.
Une Figure de Grisaille.
Deux Boucliers peints en Camayeu; l'un représente l'Enlévement d'Hélène, l'autre un Combat Naval.

M. le Duc d'Orléans a seize Tableaux du même Maître.

La Nourriture d'Hercule.
L'Enfance de Jupiter.
La Naissance de Bacchus.
Le Bain de Vénus.
Six Frises peintes sur bois; sçavoir, l'Enlévement des Sabines, la Paix entre les Romains & les Sabins, la Famille de Coriolan à ses pieds, le

Siége de Carthage la Neuve, la Continence de Scipion, les Récompenses Militaires données par Scipion, un Empereur à cheval.

Cinq Cartons peints en détrempe sur du papier, pour des tapisseries, figures plus grandes que nature ; sçavoir, Jupiter & Danaé, Jupiter & Sémélé, Jupiter & Alcméne, Jupiter & ïo, Jupiter & Junon.

FRÉDÉRIC BAROCHE,

Frederico Barochio.

CE Peintre, fils d'*Ambroise Baroche*, & neveu de Barthelemi *Genga*, Architecte, naquit à Urbin en 1528, il fut disciple de *Baptista Veneziano* ; il vint à Rome à l'âge de vingt ans, où *Michel-Ange*, voyant ses commencemens, l'encouragea à continuer ses études de Peinture, après lesquelles il retourna dans son pays, où il fut fort occupé & très-considéré.

On reconnoît ses ouvrages aux graces, à la fraîcheur du coloris qui y régne, à la correction, & à la finesse des contours. Il ne faisoit rien sans en former auparavant un modèle en cire, surlequel il drapoit les habillemens de ses figures. Il se ser-

voit

voit aussi quelquefois de ses éléves pour les dessiner. *Le Corrége* étoit son maître favori, Baroche chercha, autant qu'il lui fut possible, le caractère doux & gracieux de ce Peintre, qu'il imita mieux qu'aucun autre dans ses têtes de femmes, ainsi que dans celles des enfans; il s'appliqua aussi à égaler son harmonie, la fonte de ses couleurs, & ses contours coulans noyés avec le fond. Il s'atcha à le suivre encore dans l'ajustement & dans le jet des plis de ses draperies, & dans le clair-obscur, où il a parfaitement réussi.

Cet artiste, exact dans les détails qui enrichissent un ouvrage, sçavoit caractériser, non-seulement le pays où se passoit la scène qu'il représentoit, mais encore les saisons qui leur pouvoient servir d'époque.

Il fut recherché par plusieurs souverains qui voulurent se l'attacher; mais préférant sa patrie aux avantages qui lui furent offerts par le Grand Duc de Toscane, l'Empereur Rodolphe, & Philippe II, Roi d'Espagne, il les remercia, s'excusant sur la foiblesse de sa santé, qui étoit depuis long-tems languissante; ce qu'on attribuoit à un breuvage qui lui fut donné, disoit-on, par ses rivaux, jaloux de ses succès.

Il fut honoré, par Clement VIII, d'une chaîne d'or, après qu'il lui eut présenté un tableau de

D

la Cêne de N. S. avec ſes Apôtres, & que l'on voit aujourd'hui dans l'Egliſe de la Minerve à Rome.

Ses talens, ſon caractère doux & honnête, lui avoient acquis l'amitié & la plus grande conſidération de ſon Prince, le Duc d'Urbin, ainſi que celle de ſa famille, dont il fit pluſieurs portraits.

On lui reproche quelques incorrections, entr'autres, d'avoir quelquesfois trop prononcé ſes muſcles, & un peu trop outré ſes attitudes.

Son pinceau étoit ordinairement conſacré aux ſujets de dévotion, Baroche ne s'étant jamais permis d'exprimer des idées libres.

Il termina ſes jours à Urbin, en peignant un *Ecce Homo*, en 1612, à l'âge de 84 ans.

Il eut pour diſciples *Vannius* de Sienne, *le Sordo*, autrement *Antonio Viviani*, & *François Baroche*, ſon neveu.

On a gravé d'après lui, & lui-même a gravé pluſieurs morceaux à l'eau forte, qui pétillent de feu & de génie.

On voit dans le cabinet de M. le Duc d'Orleans, un Tableau de *Baroche*, repréſentant Énée qui ſauve ſon pere ſur ſes épaules, de l'embraſement de Troye; deux différentes Saintes Familles; une Tête de S. Pierre, & une Fuite en Egypte.

TADDÉE ZUCCHERO,
Taddeo Zucchero.

TADDÉE ZUCCHERO naquit à S. Agnolo in Vado, dans le Duché d'Urbin, en 1529. Il fut élève de son pere *Ottavino Zucchero*, & le surpassa; il se perfectionna à Rome, dans les différens séjours qu'il y fit, & fut fort employé.

Le Duc d'Urbin le fit venir pour peindre le principal Dôme de la ville capitale de son Duché. Il retourna à Rome, où les Papes Jules III & Paul IV l'employerent dans plusieurs endroits du Vatican, & particulierement la Salle Royale, où le Pape ayant trouvé qu'il étoit supérieur à tous les autres, lui donna à faire une partie des tableaux de la chapelle Pauline.

Le Cardinal Farnèse le chargea ensuite de la conduite entiere des travaux de son château de *Caprarola*, & lui assigna une pension considérable. Il fut employé pour le catafalque de Charles-Quint, dont il fit toutes les peintures, avec son frere, en vingt-cinq jours.

Il mourut en 1566, âgé de trente-sept ans, laissant plusieurs ouvrages imparfaits, que son frere Frédéric, qui avoit le même goût, acheva.

Taddée étoit grand dans ses compositions, élevé dans ses idées; il avoit un pinceau frais & moëlleux, sçavoit l'Anatomie, disposoit bien son sujet. Il excelloit à peindre des têtes, des cheveux, des mains, des pieds. Son coloris étoit vague, assez correct, quoique manieré.

Il y avoit au Palais Royal un tableau de *Zucchero*, représentant un Christ dans le Tombeau, soutenu par plusieurs Anges qui portent des torches, & dont les figures sont grandes comme nature; il est actuellement dans la Cathédrale de Reims, où on l'a envoyé après la mort de M. le Régent.

ANGE-MICHEL COLONNA.

Angelo-Michele Colonna.

CE Peintre, né à Ravenne en 1600, doit principalement à *Girolamo Curti*, surnommé *Il Dentone*, grand Peintre d'Architecture, une partie de ses talens ; il s'associa avec lui pour l'entreprise de différens ouvrages dans ce genre. Ils se rendirent ensemble à Modène, & y travaillerent beaucoup. Colonna peignit, pour le Duc de Modène, une Chapelle & une Gallerie, & fit plusieurs travaux pour les fêtes que donna ce Prince.

Après la mort *de Curti*, il se mit en société avec Augustin *Métclli*, dont l'habileté se développoit chaque jour, & cette union dura jusqu'à la mort de ce dernier.

Ils furent mandés en Espagne par Philippe IV, qui les chargea de plusieurs ouvrages considérables. *Métclli* y mourut, après avoir été comblé des bienfaits du Monarque Espagnol.

Colonna retourna en Italie, & vint ensuite en France, où il avoit été demandé par M. de Lionne, Ministre d'Etat.

Il peignit plusieurs plafonds à l'hôtel du Contrôleur Général. Il répréfenta dans le Salon une Allégorie analogue au miniftere, dont la compofition eft fort ingénieufe. Dans la piéce fuivante, il a peint Appollon tenant une couronne, & porté fur les aîles du Zéphyre, au milieu des faifons. Plufieurs enfants paroiffent orner de fleurs des vafes dans les compartimens de ce Plafond; celui de la troifiéme piéce fait voir l'union de l'Hymen & de l'Amour. *Colonna* retourna enfuite à Bologne, où il mourut au bout de quelques années, âgé de quatre vingt-fept ans.

On ne connoît point les Eleves de ce Peintre.

FRÉDÉRIC ZUCCHERO,

Frédérico Zucchero.

CE Peintre, frere & difciple de Taddée, naquit à Sant-Agnolo en 1543. Il fut employé aux tableaux du Vatican par Taddée, ainfi qu'à plufieurs autres ouvrages qu'ils firent en commun.

Le Cardinal de Lorraine le fit venir en France; de-là il paffa à Anvers, puis en Hollande, où il fit des cartons pour des tapifferies. & alla après en Angleterre, où il peignit la Reine Elizabeth.

De-là il se rendit à Venise, & travailla en concurrence avec Paul *Veronèse*, le Tintoret, le Palme & le Bassan. Le Sénat fut si content de ce qu'il avoit fait dans la salle du Conseil, qu'il le créa Chevalier. Il retourna à Rome, d'où il étoit sorti furtivement, craignant d'être puni, pour avoir exposé, un jour de fête, un Tableau dans lequel il avoit représenté plusieurs Officiers du Pape, à qui il en vouloit, avec des oreilles d'âne; mais ayant obtenu son pardon, & le Pontife lui ayant rendu sa bienveillance, il revint finir la voute de la chapelle Pauline, & plusieurs tableaux d'histoire qu'il avoit commencés dans le Palais de *Belvedere*.

Sous le Pontificat de Sixte-Quint, Philippe II le manda en Espagne, pour peindre dans le Palais de l'Escurial. Après avoir été comblé de présens par ce Monarque, il retourna à Rome, & donna tous ses soins à l'établissement d'une Académie de Peinture, pour laquelle il obtint un Bref de Grégoire XIII. Cette fondation ayant consommé une partie du bien qu'il avoit amassé, il sorti de Rome, parcourut l'Italie, & fit imprimer à Turin un volume qu'il avoit écrit sur la Peinture. Il peignit une gallerie pour le Duc de Savoye; mais le besoin d'argent la lui fit faire un peu trop vîte. Il passa à Lorette, puis à Ancone, où il termina ses voyages, étant accablé de fatigues, &

épuisé par ses nombreux travaux. Il mourut dans cette ville en 1609, âgé de soixante-six ans.

Frédéric avoit beaucoup de génie, & inventoit toutes sortes de sujets avec une facilité surprenante, dessinoit bien, quoiqu'il fut maniéré, son coloris étoit vigoureux, il ne lui manquoit, ainsi qu'à Taddée, que de consulter plus souvent la nature, & d'être plus gracieux dans les têtes.

Il eut pour élève Dominique *Passignano*, Florentin, qui s'est fort distingué par plusieurs ouvrages à Rome.

Il n'y a aucuns tableaux de lui dans la collection du Roi, ni au Palais Royal.

DOMINIQUE FÉTI,

Domenico Féti.

DOMINIQUE *Feti*, Élève du fameux *Cardi*, surnommé *Civoli*, naquit à Rome en 1589. Il sortit de l'École de ce maître pour accompagner le Cardinal Ferdinand de Gonzague, qui fut depuis Duc de Mantoue : ce fut dans cette ville, que les ouvrages de Jules Romain lui tracerent la route des grands Peintres ; il y puisa la fierté du dessein & de beaux caractères. Le séjour de

Venife contribua à le perfectionner dans le coloris. De retour à Mantoue, le Duc le retint à fa Cour, & l'employa à orner fon Palais. Il fit un grand nombre de tableaux qui font préfentement répandus dans les différents cabinets de l'Europe, où ils font très-eftimés. Il a peu travaillé pour les Eglifes, où fes grands talents l'auroient fait aller de pair avec les plus fameux Artiftes.

On lui reproche de s'être un peu trop livré au plaifir, ce qui le fit périr au milieu de fa carriere, en 1624, à l'âge de trente-cinq ans. Il fut fort regretté du Duc de Mantoue. Ce Prince, en mémoire de fes grands talens, combla de bien toute fa famille, & particulierement fa fœur qui étoit fon élève, & qui parvint à imiter fi bien fa maniere, que fes tableaux ont été quelquefois pris pour ceux de fon frere. Cette habile fille fe fit Religieufe, & mourut à Mantoue.

Le Roi poſſéde de ce Maître,

L'Ange Gardien qui conduit Tobie.

Loth & fes deux filles : ce tableau eft peint fur un morceau de lapis.

La Mélancolie.

L'Homme condamné au travail, autrement nommé l'Adam & Eve.

Une Tête de Soldat.

Un Portrait à la Polonoise.

Deux soldats, l'un à demi-corps, & l'autre buvant dans un bocal.

On voit de lui au Palais Royal,

Une Fileuse assise dans un Païsage, avec deux enfans.

ANDRÉ SACCHI,
Andrea Sacchi.

ANDRÉ SACCHI, autrement *Andriuccio*, naquit à Rome en 1599. Après avoir étudié les élémens de son art sous son pere, il devint un des meilleurs éléves du fameux Albano qui l'aima tendrement, & lui donna tous ses soins; aussi sembloit-il que l'esprit du maître étoit passé dans le disciple.

Les Palais des Grands lui furent ouverts, & il y trouva tous les secours nécessaires à ses progrès.

Le Cardinal *Delmonte* lui fit peindre plusieurs grands ouvrages dans son Palais.

Il représenta ensuite dans un plafond d'une des salles de la maison du Cardinal Barbarin, la Sagesse Divine, avec tous ses attributs. Cet ouvrage est un chef-d'œuvre; il frappe, surtout par l'élévation des idées, & par le caractère de dignité que Sacchi a fçu donner à fes figures. Il s'eft encore furpaffé dans un tableau repréfentant S. Romuald inftruifant fes difciples, & qui eft placé à Rome, dans l'Eglife du même nom. Cet ouvrage que l'on cite, après la Transfiguration de Raphaël, & la Defcente de Croix de Daniel de Volterre, tient la troifiéme place entre les premiers tableaux de cette grande ville, & balance les fuffrages que l'on donne à la Mort de S. Jérôme du fameux Dominicain.

André *Sacchi* étoit plus grand deffinateur que l'Albane, fes compofitions étoient grandes & nobles; il donnoit l'expreffion jufte à fes figures, drapoit d'une belle maniere, & avec une noble fimplicité.

Sacchi avoit formé fon goût d'après les ouvrages des meilleurs maîtres, & particulierement fur ceux du Correge & du Carrache, fans cependant reffembler à aucun d'eux; il finiffoit fes Tableaux avec un foin extrême. On lui défireroit, avec raifoin, un peu plus de chaleur, furtout dans fon coloris, quoiqu'il foit fuave & parfaitement d'accord.

Sacchi avoit beaucoup réfléchi fur fon art, & fut un de ceux qui a le plus correctement deffiné des Académies. Après avoir été tourmenté de la goute pendant plusieurs années, il finit ses jours à Rome en 1661, âgé de soixante-deux ans.

Ses plus fameux disciples sont, *Agostino Silla, Francesco Lauri, Carlo Maratti, & Luigi Garz*.

On voit de lui au Palais Royal,

Un beau Portement de Croix,

Et le Tableau d'Adam qui regarde expirer son fils Abel.

MICHEL-ANGE
DES BATAILLES,

Michel-Angelo Cercozzi, Michel-Angelo delle Bataglie.

CERCOZZI surnommé *Michel-Ange des Batailles*, parce qu'il excelloit à les peindre, fut encore surnommé *Michele-Angelo delle Bambociate*, parce qu'il imita la maniére de *Bamboche*, Peintre qui se plaisoit à représenter des Marchés, des Foires, des Pastorales, &c. *Cercozzi* naquit à Rome en 1602. Il fut d'abord placé, par son pere, chez Jacques d'Asé, Peintre Flamand en réputation. Il passa ensuite dans l'École de *Pietro Paolo Crotonèse*, appellé communément *il Gobbo dei frutti*, où il s'attacha à peindre les fruits avec tant de vérité, & d'une si belle maniere, qu'il surpassa son maître, & quitta son école pour s'attacher, comme nous venons de le dire, à celle de *Pierre de Laar*, dit *Bamboche*.

La façon de peindre de Michel-Ange des Batailles, lui étoit particuliere; son naturel enjoué s'exprimoit dans tous ses tableaux. Il avoit l'art de donner un ridicule si plaisant à ses figures, il les chargeoit si bien, & leur donnoit tant de force & de vérité, qu'on ne pouvoit s'empêcher de rire en les regardant.

Sa vivacité, & la facilité de son pinceau, étoient si grandes, & son imagination si vive, que sur le récit d'une bataille, d'un naufrage, où d'une figure extraordinaire, il en faisoit sur le champ un tableau.

Sa couleur est vigoureuse & belle; sa touche legere & ferme plaît aux Artistes & aux connoisseurs.

On a gravé quelques Batailles d'après ce maître dans le *Strada de Bello Belgico*, de l'édition de Rome, *in-folio*.

Cercozzi, après avoir beaucoup travaillé, finit ses jours à Rome en 1660, âgé de 58 ans.

Le Roi a un tableau de ce Peintre; c'est un Opérateur Italien dans une Place publique.

Il y a au Palais Royal une Mascarade de sa main.

JEAN-DOMINIQUE CERRINI,

Giovanni-Domenico Cerrini.

CERRINI, surnommé *le Chevalier Perugin*, peut encore être placé entre les Artistes célébres, pour la fécondité de son génie pittoresque, pour son coloris vague & lumineux, & pour la franchise & la légéreté de son pinceau.

Ce Peintre naquit à Pérouse dans l'année 1609. Ses parens, dont la fortune étoit aisée, lui donnerent une éducation soignée; mais ayant reconnu son inclination pour le dessein, ils lui laisserent la liberté de la suivre. Son pere qui étoit ami de Jean-Antoine *Scarramuccia*, Peintre considéré à Pérouse, le mit dans son École; mais ses progrès rapides l'engagerent à l'envoyer à Rome, où il fut reçu au nombre des disciples du fameux Guide *Reni*, avec lequel il demeura jusqu'au tems où ce grand Artiste, pour quelques déplaisirs qu'il reçut, abandonna cette capitale, & se retira à Bologne.

Cerrini, fortifié par les études qu'il avoit faites dans cette célèbre École, développa ses talens, & fut sollicité de toutes parts pour avoir de ses tableaux, lesquels ont été placés dans les Eglises, & dans les Palais de Rome, & se sont répandus ensuite dans villes les plus considérables d'Italie.

Il se rendit à Naples pour voir les ouvrages du Dominicain, & du Lanfranc. Il alla aussi à Florence choisir, par ordre du Grand Duc, les plus beaux morceaux de sa collection, afin de n'avoir dons sa gallerie que des tableaux supérieurs, destinant les inférieurs à une maison de plaisance. Il soutint, dans cette ville, les intérêts du Guide, son maître, contre la jalousie de Pietre de Cortone, qui s'efforçoit de rabaisser ses talens & sa réputation.

Le Pape le créa Chevalier, & les Poëtes & les Sçavans le célébrerent. Il vécut honorablement, & mourut à Rome âgé de soixante-douze ans, en 1681, sans avoir voulu faire d'élèves.

GUASPRE POUSSIN.

GUASPRE DUGHET, furnommé *Pouſſin*, naquit à Rome en 1613; il étoit fils de Jacques Dughet, Pariſien, établi dans cette ville, dont le fameux Pouſſin avoit épouſé la fille. Il fut élève de ſon beau-frere, dont il s'eſt fait une gloire de porter le nom.

Ses diſpoſitions pour le Païſage, s'étant annoncées au commencement de ſes études, ſon beau-frere lui fit quitter celle des figures, & l'engagea à s'appliquer plus particuliérement à la repréſentation des objets muets & inanimés. Ce Peintre voulant être plus à portée de deſſiner d'après nature, avoit loué quatre maiſons en même tems, ſituées dans des diſpoſitions différentes; deux étoient dans les quartiers les plus élevés de Rome, une à *Tivoli*, & la quatrieme à *Freſcati*. Les études qu'il fit lui acquirent une grande facilité, un coloris frais & une touche légere. Le Pouſſin qui l'aimoit, ſe faiſoit un plaiſir de mettre des figures dans ſes Païſages.

Guaſpre alla à Pérouſe, & enſuite à *Caſtiglione*, où il fut quelque tems occupé par le Duc *de la Cornia*, qui le traita magnifiquement. Il retourna

à

à Rome, & s'attacha alors à fuivre la maniere de Claude Lorrain. Son coloris devint plus vague & plus agréable, fes fites d'une compofition plus fçavante & plus vraie.

Perfonne, avant le Guafpre, n'avoit exprimé l'orage, & repréfenté l'action du vent fur les arbres, & l'agitation de leurs feuilles; perfonne n'avoit fi bien exprimé la pluie, le tonnere, & la tempête; il fçut joindre à cette forte d'action qu'il donnoit à la nature inanimée, une dégradation de couleur bien entendue, & varier avec intelligence tout ce qu'il repréfentoit.

Il peignoit fi vîte, qu'il faifoit en un jour, un grand tableau avec les figures, fans que jamais cette facilité lui fit rien négliger de ce qu'il devoit à la perfection de fon art. Un grand nombre de fes tableaux font préfentement répandus dans les plus beaux cabinets de l'Europe. Il mourut à Rome en 1675, à l'âge de foixante-deux ans.

Crefcentius de Onofriis, Jacques *de Roofter* de Malines, & *Vincentio*, ont été fes élèves.

Le Roi a dans fon cabinet, deux beaux Païfages de fa main.

E

LOUIS SCARAMUCCIA,

Luigi Scaramuccia.

LA ville de Pérouse, célèbre par la naissance de plusieurs grands artistes, donna le jour, en 1616, à Louis *Scaramuccia*. Son pere, qui étoit assez bon peintre, lui enseigna les premiers élémens de son art ; mais connoissant les heureuses dispositions de son fils, & désirant le faire parvenir à la perfection, il l'envoya à Rome, & le plaça dans l'Ecole du fameux Guide *Reni*, son ami, & avec lequel il avoit étudié. Ses talens se développerent sous ce grand Maître, & en peu de tems, il se montra digne de celui dont il recevoit les principes. Il parvint même à s'en faire aimer, autant pour ses talens, que pour ses qualités personnelles. Il le suivit à Bologne, & s'attacha uniquement à sa maniere, & se la rendit tellement propre, que ses ouvrages ont été souvent confondus avec ceux de ce célèbre peintre. Cette conformité est son plus grand éloge ; c'est elle, sans doute, qui lui a procuré la quantité d'ouvrages sortis de ses mains, & que l'on voit à Rome dans plusieurs Eglises, de même qu'à Milan, où il s'étoit fixé. Il en envoya plu-

ÉCOLE ROMAINE.

sieurs en Lombardie, à Pérouse sa patrie, & dans les Pays Etrangers, où sa réputation l'avoit fait desirer. Heureux, si ses derniers travaux eussent conservé la force & la grandeur qui caractérisoient les premiers, & ne s'étoient point senti des glaces de l'âge.

Il fit un Traité de Peinture, intitulé: *Le Finesse de Pennelli Italiani*, qu'il fit imprimer à Pavie en 1674, & qu'il dédia à l'Académie de Rome, dont il étoit membre.

Cet artiste mourut à Pavie en 1680, dans la soixante-quatrieme année de son âge; ses bonnes qualités lui avoient acquis beaucoup de considération, & ses talens littéraires l'avoient lié d'amitié avec les poëtes & les sçavans les plus distingués de son siécle.

Il eut pour éléves, le Chevalier André *Lauzani*, & Pierre *Mozzina*; les autres, dont le nombre est considérable, se sont peu distingués.

JEAN-FRANÇOIS ROMANELLI,

Giovanni Francesco Romanelli.

Jean-François *Romanelli*, né à Viterbe en 1617, fut élève de Pietre de Cortonne; il parvint, par une longue application, à bien deſſiner, & devint plus correct que ſon maître, quoiqu'il lui fût quelquefois inférieur dans pluſieurs parties de la Peinture.

On ne connoît guères de génie plus gracieux, ni plus aimable que *Romanelli*. Ses compoſitions ſont auſſi élevées que celles de ſon maître, mais n'ont pas autant de feu. Son coloris avoit la plus grande fraîcheur, particulierement dans la freſque; ſes têtes ont toutes les graces de celles que faiſoit *Pietre* de Cortonne, & ſa maniere de draper, & d'ajuſter ſes figures, eſt la même.

Le Cardinal *Barbarini* fut ſon Mécène : il le reçut dans ſon Palais, & lui procura tous les ſecours qui lui étoient néceſſaires. Sa trop grande application l'ayant fait tomber malade, le Cardinal l'envoya prendre l'air à Naples. De retour à Rome, il y établit une Académie pour l'éducation des jeunes élèves.

Romanelli fit pour le Roi d'Angleterre plufieurs tableaux, dont ce Monarque fut fi content, qu'il voulut l'avoir auprès de fa perfonne; mais le Cardinal, fon protecteur, qui avoit deffein de le préfenter au Pape Urbain VIII, empêcha ce voyage. Ce Cardinal ayant été obligé de fe retirer en France fous le pontificat d'Innocent X, propofa fon protégé au Cardinal Mazarin, pour les ouvrages qu'il vouloit faire exécuter dans fon palais; en l'agréant, on lui envoya trois mille écus pour fon voyage: il fut préfenté à Louis XIV, & à la Reine mere, qui fe firent, plufieurs fois, un plaifir de le voir travailler.

Romanelli fit le portrait du Roi & de la Reine avant de retourner en Italie: il fut accueilli dans fon voyage par plufieurs fouverains de la maniere la plus flatteufe, & leur laiffa à chacun des preuves de fa capacité.

S'étant fixé à Rome, où tous les grands s'empreffoient à lui procurer des ouvrages, il devint l'objet de la jaloufie des Peintres; ce qui le détermina à repaffer en France, où il peignit au vieux Louvre les Bains de la Reine. Le Roi le récompenfa magnifiquement, & le créa Chevalier de S. Michel. Il retourna en Italie pour voir sa famille; & lorsqu'il se préparoit à venir s'établir en France avec sa femme, il mourut dans l'année 1662, n'étant âgé que de 45 ans.

Urbain *Romanelli*, son fils, eût été, sans doute, son meilleur élève, si la mort ne l'eût enlevé à la fleur de son âge.

Romanelli a fait peu de tableaux de chevalet, mais il a fait beaucoup de grands tableaux d'histoire, particulierement à fresque.

Il y a au palais du Vatican une gallerie, dans laquelle est peinte l'histoire de la Comtesse Mathilde, où toutes les graces de la composition, du coloris & du dessein, paroissent réunies.

On voit en France, dans l'appartement du vieux Louvre, nommé les Bains de la Reine, plusieurs plafonds de sa main.

Dans un vestibule décoré de neuf paysages de de *François Borzoni* Gênes, il a peint à fresque, dans le plafond, Pallas, Mars & Venus, tenant à la main une fleur de lys, avec des Amours qui tiennent une couronne; la Paix & l'Abondance sont placées au-dessous de la corniche: l'antichambre qui suit, offre plusieurs sujets relatifs aux sciences aux & les arts, placés dans les compartimens, où il a peint le Ravissement des Sabines,

Mutius Scevola, Coriolan fléchi par sa mere, & Quinctius Cincinnatus, labourant la terre, lorsqu'on vient lui offrir le commandement de l'armée.

La Chambre de la Reine représente la Religion voilée de blanc, accompagnée de la Foi, de l'Espérance & de la Charité : aux deux extrémités, sont peintes l'histoire d'Esther, & celle de Judith; la Justice, la Force, la Prudence & la Tempérance sont sur les côtés.

Dans le cabinet de la Reine, on voit Minerve assise sur un trophée d'armes ; dans le milieu du plafond, il a peint sept tableaux à l'huile encadrés dans les lambris, dont les sujets sont, Moyse tiré des eaux, les Israëlites recueillent la manne, le frappement du Rocher, Moyse & Aaron dans le désert, le passage de la Mer Rouge, les Israëlites adorant le veau d'or, & Moyse qui secourt les filles de Jethro.

Dans une grande piéce de l'autre côté du vestibule, on voit au plafond sept morceaux distribués dans les compartiment ; sçavoir, la suite d'Actéon, Eudymion endormi, Appollon qui distribue des couronnes aux Muses, trois sujets de l'histoire de Marsyas, & dans la partie du milieu, se trouvent Appollon & Diane.

Le palais *Mazarin*, aujourd'hui l'hôtel de la

Compagnie des Indes, possédoit plusieurs ouvrages de ce maître, il n'en reste qu'un cabinet, où l'on voit dans un plafond une Victoire, & dans deux ovales l'Abondance & Flore, accompagnées de plusieurs génies. La galerie de ce palais qui fait partie de la Bibliothéque du Roi, représente des sujets d'histoire compartis en treize morceaux : Jupiter qui foudroye les Géans y paroît au milieu, Appollon & Daphné se voyent au-dessus de la porte; Remus & Romulus sont au côté opposé, Venus dans son char, le Parnasse, le Jugement de Paris, Venus éveillée par l'amour, Narcysse, l'embrasement de Troye, l'enlévement d'Helene, celui de Ganyméde, & deux autres petit sujets allégoriques.

HYACINTE BRANDI,

Giacinto Brandi.

CE Peintre naquit en 1623 à *Poli*, petit village sur l'Appenin, à quinze milles de Rome. Au sortir de chez Jacques *Sementa*, Bolonois, qui peignoit dans le goût du Guide, il entra dans l'école de Lanfranc. Les preuves de son habileté subsistent dans plusieurs Eglises & dans divers palais de

Rome. Personne n'a été plus laborieux ni plus expéditif que le *Brandi*, son pinceau étoit libre, & son génie fertile ; mais il avoit un mérite bien inégal, très-grand dans de certaines parties, & très-inférieur dans d'autres ; il étoit souvent peu correct & foible de couleur. Il mourut à Rome en 1691, âgé de soixante-huit ans, après avoir fait un nombre prodigieux de tableaux ; ils sont peu connus en France.

Entre autres disciples, il eut Philippe-Pierre *Rosa* ou *Roos*, qui épousa une de ses filles malgré lui.

PHILIPPE LAURI.
Filippo Lauri.

PHILIPPE LAURI prit naissance dans la ville de Rome en 1623 ; son pere Balthasar étoit d'Anvers, & vint s'établir en Italie, il étoit bon Peintre, & disciple de Paul *Bril*. Il eut deux fils, *Francesco* & *Filippo*. *Francesco* devint très-habile sous la conduite d'André Sacchi, & mourut à vingt-cinq ans. *Philippe*, après la mort de son frere, passa dans l'Ecole d'*Angelo Caroselli*, son beau frere, & le surpassa. Il quitta ensuite sa premiere maniere, & s'appliqua à peindre des sujets d'histoire en petit, avec des fonds de paysages, d'un frais & d'une légereté admirables.

Philippe Lauri, sans avoir été un des premiers Peintres de Rome, a acquis beaucoup de réputation; il dessinoit bien, étoit gracieux dans ses airs de têtes. Il fut inégal dans son coloris, qui étoit souvent ou trop fort ou trop foible.

Son génie le portoit à choisir ses sujets dans les Métamorphoses, & à faire des scènes de Bacchantes & des Orgies. Il mourut à Rome en 1695, âgé de soixante-onze ans.

On voit dans l'*Eglise de la Paix* de cette même ville, un tableau de sa main, dont les figures sont plus grandes que nature, & qui représente Adam & Eve dans le jardin d'Eden; le dessein en est correct, & le coloris assez vigoureux.

Les palais *Colonna, Pamphile, Borghèse, Chigi, Ginetti,* sont ornés de ses ouvrages.

La nature, qui lui avoit refusé une belle figure, lui avoit accordé plusieurs talents. Il avoit étudié l'architecture, & possédoit parfaitement bien la perspective. Il étoit bon poëte, & sçavant dans l'histoire & la fable.

On ne cite aucuns tableaux de ce Peintre chez le Roi, ni au Palais Royal, quoiqu'il y en ait plusieurs placés dans les plus beaux cabinets de l'Europe.

CHARLES MARATTI,

Carlo Maratti.

CE Peintre naquit à *Camerano* dans la Marche d'Ancône en 1625. Il vint à Rome à l'âge de onze ans, & entra, l'année d'après, dans l'école d'*André Sacchi*, où il resta dix-neuf ans occupé à copier les ouvrages de Raphaël, des Carrache, & des plus grands maîtres. Il se fit une réputation de bien peindre les Vierges, on le surnomma à Rome *Carluccio delle Madone*. Ses talens s'étant fait connoître, & l'ayant fort accrédité, il fut employé par plusieurs Papes dans différentes Eglises de Rome, ainsi que dans les principales villes d'Italie. On lui confia au palais du Vatican, la garde des peintures de Raphaël, & on lui assigna une pension & des fonds pour les restaurer & les entretenir.

Clement XI voulut lui prouver l'estime qu'il faisoit de sa personne & de ses talents en le créant Chevalier de Christ. La cérémonie en fut faite au Capitole, le jour de la distribution des prix accordés par le Souverain pontife, aux jeunes étudiants, peintres, sculpteurs & architectes.

Peu de peintres modernes se sont autant distingués que Charles Maratti, & peu d'artistes ont été autant chéris & honorés des Princes sous lesquels ils ont vécu.

Louis XIV, toujours attentif aux grands talens, le nomma, par brevet, son peintre ordinaire, & le gratifia d'une maniere digne de sa grandeur.

Cet habile artiste a développé son génie dans plusieurs grands plafonds, dans des coupoles & des tableaux d'autels : ses compositions sont sages, leurs ordonnances belles & bien réfléchies ; ses expressions sont vraies & variées, ses têtes nobles & gracieuses, particuliérement celles des Vierges & des Anges ; ce qui a fait dire de lui qu'elles paroissoient peintes d'une main divine. Tous ces talents joints à une sçavante exécution, à une maniere de draper grande & large, à un coloris tendre & vigoureux, & une fonte de couleur moëlleuse, soutenue d'une touche légere & spirituelle, ont pareillement distingué ce Peintre, & lui ont mérité d'être mis au nombre des meilleurs artistes de l'Ecole Romaine.

Il étoit profond dans l'histoire, ingénieux dans l'allégorie, sçavant dans l'architecture & dans la perspective, dont il a sçu profiter pour bien disposer les scènes de ses tableaux.

La foiblesse de sa vuë, dans un âge avancé, l'empêcha de travailler. Il devint aveugle, & mourut en 1713, âgé de quatre-vingt-neuf ans : on le porta dans l'Eglise des Chartreux, où il avoit fait préparer son tombeau.

Il étoit d'un caractère doux & obligeant, il aima tendrement ses élèves. Les principaux sont, Nicolas *Berettoni*, Giuseppe *Passari*, Giuseppe *Chiari*, Pietro *de Pietri*, Antonio *Balestra*, Andrea *Procaccini*, Giacinto *Calandracci*, Agostino *Masucci*.

Le Roi possède de cet Artiste,

L'Adoration des Bergers.
Une Prédication de S. Jean dans le Désert.
Appollon & Daphné.
Le Mariage de Sainte Catherine.
L'Enfant Jesus, accompagné de la Vierge & de Sainte Catherine.

Au Palais Royal on voit,

Une belle Galatée;
Et une Vierge avec l'Enfant Jesus.

CIRO FERRI.

Ciro Ferri naquit à Rome en 1634. Quoiqu'iſſu d'une bonne famille, & d'un pere qui lui laiſſa plus de trente mille écus Romains, il ne laiſſa pas néanmoins de ſuivre ſon goût pour la peinture.

Aucun des élèves de *Pietre* de Cortone ne s'eſt autant diſtingué, & n'a plus approché de ſa maniere. Il ſembloit que le même génie, qui avoit animé ce maître, conduiſit ſon pinceau : il avoit le même ſtyle dans ſes compoſitions, la même tournure dans ſes figures, les mêmes expreſſions, ainſi que les ajuſtemens, & la maniere de draper. Il lui étoit en tout ſi parfaitement ſemblable, que les plus habiles connoiſſeurs, y ſont ſouvent trompés.

Il fut chéri d'Alexandre VII, & de trois Papes ſes ſucceſſeurs. Le Grand Duc le fit venir à Florence, le reçut dans ſon palais, & lui aſſigna une forte penſion, pour l'engager à terminer les ouvrages que *Pietre* de Cortonne avoit laiſſés imparfaits. Ce Prince le nomma chef de l'Ecole Florentine, où il enſeigna long-tems. Il avoit le talent d'adoucir l'âpreté des principes de ſon art, & de les couvrir de fleurs pour en cacher les difficultés.

Il revint à Rome, où il se fit connoître pour aussi grand architecte qu'il étoit bon peintre; il fit élever plusieurs palais, & la *Chiesa Nuova* fut construite sur ses desseins. Comme il avoit un génie fécond, il inventa nombre de sujets pour des thèses & des titres de livres. Il fit nombre de cartons pour les tapisseries, & termina ses travaux par la coupole de l'Eglise de Sainte Agnès, dans la place Navone, qu'il laissa imparfaite.

Rome perdit *Ciro Ferri* en 1689, à l'âge de cinquante-cinq ans. Il a laissé plusieurs élèves; mais peu furent dignes de lui. On lui connoît *Corbellini*, *Urbano Romanelli*, & *Jean Odazzi*.

LOUIS GARZI,

Luigi Garzi.

CE Peintre, né à *Pistoia*, en 1638, eut pour premier maître Salomon *Boccali*. A l'âge de quinze ans, il entra à Rome dans l'école d'*Andrea Sacchi*, ayant *Carlo Maratti* pour contemporain & pour émule; il ne fut pas aussi heureux que lui, & ne parvint pas au même dégré de réputation, quoique la nature lui eût donné des talens supérieurs.

Son génie étoit heureux & facile, & deffinoit correctement, & ne le cédoit à perfonne dans l'art de bien drapper & de bien groupper fes figures. Il réuffifoit particulierement dans les gloires d'Anges & dans les Vierges. Il cherchoit dans tous fes ouvrages à placer les graces & l'enjouement. Le payfage, l'architecture & la perfpective lui étoient également familiers.

Il fit plufieurs grands morceaux dans les Eglifes de Rome, & dans les palais de Naples. Comme il étoit for laborieux & d'un bon tempérament, il s'engagea, par ordre de Clément XI, à peindre la voute de l'Eglife des Stigmates, dans laquelle il fe furpaffa ; ce dernier morceau eft regardé comme fon plus bel ouvrage, & couronna dignement fes autres traveaux.

Il mourut à Rome, âgé de quatre-vingt-trois ans, en 1721. Il avoit époufé la sœur de Jofeph *Paffari*. Entre plufieurs enfans qu'il eut d'elle, *Mario* fon fils & fon élève parut feul digne de lui fuccéder.

ANDRÉ

ANDRÉ LUCATELLI,

Andrea Lucatelli.

CE Peintre, dont on ignore la patrie, & l'année de la naiſſance, ſe rendit célèbre dans l'art de peindre le payſage. Il commença par repréſenter les vues & les anciens monumens des environs de Rome. Il fut le premier qui imita les teintes variées & les nuances que le tems imprime ſur la pierre & ſur le marbre. Il ſçut par une intelligence particuliere du clair-obſcur, & par un coloris brillant, exprimer, avec vérité, la clarté, du jour & les effets du ſoleil. L'écorce & le feuiller de ſes arbres en caractériſent les différentes eſpèces. Ses nuages paroiſſent agités par les vents. Ses eaux ont une fraîcheur & une limpidité qui étonnent.

Comme il faiſoit les figures auſſi bien que le payſage, & qu'il rendoit ſur-tout parfaitement les femmes nuës, ſes ouvrages en ce genre ſont comparés à ceux de l'Albane & des meilleurs maîtres.

La difficulté qu'il y avoit pour obtenir de ſes tableaux, par la bizarrerie de ſa conduite & de ſes caprices, engagea un de ſes amis à le retenir chez lui, en lui procurant tous les amuſemens dont il étoit ſuſceptible. Il en obtint une ſuite de vingt-deux morceaux, repréſentant l'hiſtoire de Diane, dans laquelle il paroît s'être ſurpaſſé. En effet rien n'eſt plus ingénieux, plus varié, plus agréablet

Cet artiſte mourut à Rome. On ne lui connoit d'autre élève que Jean-Paul Panini, qui paroît, plus que perſonne, avoir imité ſa maniere.

PIERRE BIANCHI,
Pietro Bianchi.

Pierre *Bianchi*, né à Rome en 1694, commença à travailler fous *Giacomo Triga*; il paffa enfuite dans l'école de *Baptifte Gauli*; & après la mort de celui-ci, chez le Cavalier *Lutti*, qui ne put s'empêcher de dire en voyant fes ouvrages : Je n'ai jamais eu de pareil difciple.

Bianchi, dans fa jeuneffe, fit un deffein pour le tombeau de Paul III, que l'on devoit élever dans l'Eglife de S. Pierre, & eut l'honneur de remporter le prix du concours. Il s'appliqua enfuite à la peinture avec fuccès, & parvint à imiter le beau coloris de Gauli. Son génie capable des plus grandes compofitions, étoit embelli par les connoiffances littéraires. Rien n'étoit négligé dans fes ouvrages; il faifoit avec le même foin les plantes, les fleurs & les animaux. Quoiqu'il fe foit particulierement attaché à l'hiftoire, il a parfaitement réuffi dans le portrait, & il a traité, avec fuccès, le payfage & les marines. Toutes les manieres de peindre lui étoient familieres, il coloroit également bien, à l'huile, à frefque, & à gouache.

Pierre Bianchi fut choisi pour peindre, dans l'Eglise de S. Pierre, un grand tableau représentant un trait de l'histoire de la Vierge, dans lequel il a développé ses talents pour la grande peinture.

La profonde connoissance que son art lui avoit donnée, le rendit si sévère sur lui-même, que n'étant jamais content de ses ouvrages, il les effaçoit souvent, lorsqu'ils étoient terminés. Ses amis lui ayant reproché cette trop grande délicatesse, il répondit qu'il n'y avoit point d'apparence que celui pour qui étoit cet ouvrage, en pût être content, puisqu'il ne l'étoit pas lui-même.

Bianchi mourut en l'année 1739, à l'âge de quarante-cinq ans. Le seul *Gaëtano Sardi* s'est distingué entre ses élèves.

AUTRES PEINTRES
De l'École Romaine.

PIERRE CAVALINI fut disciple de Giotto, & travailla avec lui au tableau de la Pêche Miraculeuse, qui se voit sous le Portique de S. Pierre de Rome. Il vécut jusqu'à l'âge de quatre-vingt-cinq ans, & fut enséveli à S. Paul en 1364.

✶

RONDINELLO élève de Bellin, florissoit à la fin du quatorzieme siécle.

✶

BERNARD PINTURICCHIO, fut avec Raphaël, disciple de Perugin. Il vécut cinquante-neuf ans, & mourut en 1513.

✶

JERÔME GENGA se fit un nom dans la peinture & l'architecture. Il naquit à Urbin, & fut ami du grand Raphaël qui faisoit beaucoup de cas de ses talents. Il mourut à soixante-quinze ans.

✶

François Francia travailla à Boulogne, à Modene, à Parme & à Urbin. Il voyagea dans toute l'Italie, & se lia avec Raphaël. Il mourut à Boulogne en 1518.

✶

Barthelemi Bagnacavallo, de la Romagne, fut employé dans Rome du tems de Raphaël, & mérita dans ces tems célèbres, la considération dûe à un grand artiste.

✶

Barthelemi Genga eut aussi de la réputation, & fut employé à Rome.

✶

Luc Signorellida, de Cortone, fut disciple de Pierre del Borgo. Ses talents lui obtinrent beaucoup de considération. Michel-Ange en faisoit l'éloge, ce qui doit faire juger de ce qu'il devoit être. Il mourut à 81 ans, en 1521.

✶

Timothée d'Urbin, fils de Marc-Antoine de Ferrare, fut estimé dans son art, il parvint à imiter la maniere de Raphaël, avec assez de succès. Il mourut à cinquante-quatre ans, dans l'année 1524.

✶

AUGUSTIN, nommé par les Italiens, *Agostino delle Perspettive*, vivoit en 1525.

*

JEAN ANTOINE LAPPOLI, d'Arezzo, fut pris au fac de Rome, en 1527, par des soldats du Connétable de Bourbon. Ses talents dans la peinture le firent confidérer comme un des meilleurs artiftes de fon tems.

*

CHRISTOPHE GHERARDI fut difciple de Jules Romain; il travailla, avec lui, à la bataille de Conftantin.

*

JEAN-BAPTISTE BELLUCCI naquit en 1506, & fut confidéré de Cofme de Médicis, non-feulement pour fes talents dans la peinture, mais encore comme ingénieur habile. Il le fit Capitaine d'Infanterie. Sa deftinée fut digne d'un guerrier; à trente-cinq ans il reçut, dans une action, un coup d'arquebufe, dont il mourut en l'année 1541.

*

MARC-CALAVRESSE peignit très-bien à l'huile & à frefque, & travailla à Naples & à Rome. Il mourut à l'âge de 56 ans, en 1542.

*

ADONE DONI, d'Assise, fut bon peintre. Il travailla avec Raphaël del Collo, Lattanzio, Marchigiano, & Docene. Il vivoit en 1545.

*

LAURENT COSTA, de Ferrare, fut occupé à orner les Eglises & les Palais de plusieurs villes d'Italie, & laissa pour élèves Hercule de Ferrare, & Louis Malino, aussi de Ferrare.

*

DOMINIQUE fut élève de Pomerange, dont il suivit la maniere bisarre. Il fut fait Chevalier de Christ, & mourut en 1640, âgé de 45 ans.

*

JEAN-ANTOINE, surnommé *Sodoma*. Leon X, pour honorer & récompenser ses talents, le fit Chevalier. Il mourut à 75 ans, en 1554.

*

CHRISTOPHE GHERARDI fut disciple de Raphaël del Collo, & ensuite soldat ; mais rendu à son art, il mérita l'estime de Vasari, qui l'associa à ses travaux. Gherardi vécut cinquante-six ans, & mourut en 1556.

*

SÉBASTIEN, nommé *Aristotele*, envoya à François I une copie en grisaille du fameux des-

ÉCOLE ROMAINE.

...fin de Michel-Ange, qui étoit dans le Palais Ducal de Florence. Il passa pour un dessinateur correct, & fit plusieurs grands ouvrages en peinture & en architecture. Il mourut à Florence en 1557.

*

HERCULE de Ferrare, estimé un des plus célèbres artistes de son tems, mourut à 40 ans.

*

MORTO DA FILTRO acquit de la réputation à faire des grotesques & des arabesques qu'il imita des monumens antiques.

*

PARIS NOGARI suivit la maniere de Rafaëlino de Regio. Il fut occupé par Grégoire XIII, Sixte V, & Clément VIII. Il mourut à Rome à soixante-cinq ans, & fut regretté pour ses mœurs & pour ses talents.

*

JERÔME DE COLIGNICOLA faisoit également l'histoire & le portrait, & fut très-occupé à Bologne où il mourut.

*

BERNARDINO PINTURICCHIO, de Pérouse, fut employé par les Papes & par les

Souverains d'Italie, & fut chanté par les plus habiles Poëtes de son tems.

*

OCTAVE LEONI fut surnommé *le Padouanino*, pour le distinguer de son pere, nommé *le Padouan*.

*

ALEXANDRE ORASI, bon peintre à fresque.

*

CÉSAR TORELLI travailla pour Sixte V, & fut un des premiers qui perfectionna la mosaïque.

*

JERÔME SICIOLANTE, de Sermoneta, a été disciple de Perin del Vaga. L'on voit encore à Rome plusieurs ouvrages de ce maître, qui sont fort estimés.

*

AUGUSTIN TASSI, de Bologne, a été jugé le meilleur élève de Paul Bril. Il travailloit à Rome en 1610.

*

JERÔME, de Trévise, travailla à Trente, où il fut fort estimé.

*

JERÔME DA CARPI, de Ferrare, fut difciple de Benvenuto, alla à Rome, & ensuite à Modene, où il chercha à imiter le Corrége. Il fit une Venus avec les Amours pour François I, qui se conserve dans la fameuse collection du Roi. Il s'appliqua aussi à l'architecture, & fit bâtir au jardin du Vatican le Belvedere.

✷

FERDINAND VALDAMBRINO travailla à Milan & dans la Lombardie.

✷

MARIO ANTOINE joignit à la peinture l'étude de l'architecture, & fut considéré dans l'une & dans l'autre. Il vécut soixante-six ans, & mourut sous le Pontificat d'Urbin VIII.

✷

ALEXANDRE GRIMALDI, fils du Bolognese, bon paysagiste, suivoit la maniere de son pere.

✷

PIERRE BELLORI, peintre & antiquaire, a écrit la Vie des Peintres, qu'il a ornée d'une partie de leurs portraits.

✷

GASPARO CÉLIO fut élève de Pomerange, & suivit sa maniere bisarre. Il fut fait

Chevalier de Chrift, & mourut en 1640, à quarante-cinq ans.

*

JEAN BAGLIONI, difciple de François Morelli, fut employé à l'âge de quinze ans aux peintures que Sixte V fit faire à la *Scala-Santa*, & enfuite fes talents lui mériterent d'être fait Chevalier de Chrift par Clement VIII. Il écrivit la Vie des Peintres qu'il mit au jour en 1642.

*

ANTOINE SPADARINO a fait, pour Saint Pierre de Rome, un grand tableau, repréfentant les martyrs S. Valere & S. Montiale.

*

AUGUSTIN METELLI fut un des meilleurs peintres à frefque de fon tems. Il vécut 51 ans, & termina fa vie dans l'année 1660.

*

PIERRE MORTANINI, élève de Ciro Ferri, & enfuite de Salvator-Rofe, fut bon payfagifte.

*

PAUL MELCHIORI, né à Rome en 1664, fut élève de Carle Marate.

*

MARZIO DI COLANTONINO, peintre de grotefque & d'ornemens.

✳

PASCHALE ROSSI, nommé *Pafchalino*, né 1641, fut infcrit au nombre des Académiciens de Rome, en 1670.

✳

JEAN MAGGI, peintre d'architecture. Il fit graver une partie des plus beaux monumens de Rome. Il mourut à cinquante-cinq ans.

✳

JEAN-BAPTISTE PACETTI fut bon colorifte à frefque. L'on voit de fes ouvrages dans l'Eglife de Monticelli, & au Palais Maffimi à Rome.

✳

ADRIEN PALLADINO, de Cortone, difciple de Pierre de Cortone, imita la maniere de fon maître, & fut fort occupé jufqu'à l'âge de foixante-dix ans. Il mourut dans l'année 1680.

✳

JOSEPH PUGLIA, furnommé *il Baftaro*, peignit le cloître de la Minerve à Rome, & travailla auffi dans l'Eglife de Sainte Marie Majeur.

✳

LAURA BERNASCONI peignit singulierement bien les fleurs.

*

JEAN-DOMINIQUE CÉRINI, surnommé *le Chevalier Perugin*, fut élève de Guide Reni & du Dominiquain. Il mourut à Rome à l'âge de soixante-quinze ans, en 1681.

*

PIERRE LUCATELLI, élève de Pierre de Cortone. Il fut inscrit sur le catalogue des Académiciens de Rome, en 1690.

*

ALEXANDRE BOTONI fut reçu à l'Académie de Rome.

*

PAUL ALBERTON fut mis au rang des Académiciens de Rome, en l'année 1695.

*

FABRICE CHIARI, a été très-estimé pour son dessein & son coloris. Il vécut soixante-dix ans, & mourut en 1695.

*

ANTOINE DANTI, peintre & historien,

*

ANTOINE ORSINI, de l'Academie des peintres de Rome.

❈

JOSEPH CANDARI fut encore eſtimé un des meilleurs élèves de Carle Marate.

❈

JOSEPH PASSARI, né à Rome en 1654, élève de Carle Marate, fut un très-bon coloriſte. Il mourut à Rome en 1715.

❈

ARCHANGELO ARQUILINI étoit au nombre des Académiciens de Rome.

❈

JOSEPH CHIARI, élève du Chevalier Carle Marate, dont il imita ſi bien la maniere, qu'on a ſouvent pris ſes ouvrages pour ceux de ſon maître.

❈

ROSALBA MARIA SALVIONI, Romaine, fut diſciple de Sébaſtien Conca, & réuſſit très bien au portrait.

❈

MANCHINI avoit une maniere touchée qui lui étoit particuliere.

❈

Marc Benefialo étoit élève de Vintura Lambertiti, & fut regardé comme un des derniers artistes de l'Ecole Romaine, qui se soit distingué.

Masuci, dernier élève de Carle Marate avoit bien saisi la maniere de son maître. Il mourut à Rome dans un âge fort avancé.

Placido Constance termina beaucoup ses ouvrages, & prit une maniere très-fondue.

Pompée Bufoni a fait de très-belles têtes, & des tableaux d'histoire extrêmement finis.

ÉCOLE FLORENTINE.

CE qui a le plus diſtingué les maîtres de cette Ecole, c'eſt un ſtyle élevé, un pinceau hardi, & un deſſein correct.

Ils doivent leurs progrès au zèle des Médicis qui les ont encouragés, & qui ont raſſemblé ſous leurs yeux tant de richeſſes antiques, qu'ils ſont devenus les émules des Peintres Romains, qui avoient ces tréſors dans leur territoire.

Mais ils ont, comme eux, négligé le coloris, & ont ainſi privé leurs ouvrages d'un attrait qui fait valoir les productions du génie. Néanmoins les préceptes & les exemples de Michel-Ange, leur fondateur, ont fixé, pour toujours, l'admiration ſur les tableaux ſortis de l'École Florentine.

PEINTRES
DE
L'ÉCOLE FLORENTINE.

JEAN CIMABOUÉ,
GIOVANNI CIMABUE.

ON avoit commencé à connoître la peinture à Florence vers l'an 1000. Des Grecs y avoient été appellés de Conftantinople pour peindre en mofaïque le chœur de l'Eglife de Sainte Mignate. Cependant on ne voit point que cet art fe foit perfectionné jufqu'en l'année 1211, que naquit *Jean Cimaboué*. Une inclination naturelle qui le portoit au deffein, lui fit abandonner les lettres auxquelles fes parens l'avoient deftiné ; & la rencontre de deux peintres Grecs, venus à Florence pour peindre la chapelle des *Gondi*, détermina la réfolution qu'il avoit prife de fe livrer entièrement à la peinture. Son génie l'éleva bientôt au-deffus des deux artiftes dont il avoit reçu des leçons ;

sa réputation se répandit alors dans toutes les villes de l'Italie, où il fit plusieurs grands ouvrages, qui furent l'époque de l'extinction du goût gothique & barbare qui, depuis si long-tems, dégradoit les beaux arts.

Charles d'Anjou, Roi de Naples, vint voir Cimaboué, tandis qu'il travailloit à un tableau pour Sainte Marie-Nouvelle. Cet honneur fut si sensible aux Bourgeois de cette grande ville, qu'ils crurent devoir en marquer leur reconnoissance, par une fête & des réjouissances publiques ; & nommerent *Borgo-Allegro*, le quartier où étoit la maison *de Cimaboué*,

Ce peintre s'attacha le premier à dessiner le nud, & à étudier les draperies. Ses ouvrages firent beaucoup de bruit à Florence, & servirent long-tems de guide aux artistes de cette ville.

Il étoit aussi bon architecte, & avoit été choisi en cette qualité pour conduire l'édidifice de *Santa-Maria del Fiore*, où il fut enterré en 1300, après avoir vécu soixante ans.

La considération que donna Charles d'Anjou à la peinture, & la protection que ce Prince accorda à Cimaboué, dont il avoit plusieurs tableaux, fut un des moyens qui servit le plus, au progrès de cet art.

ANDRÉ TAFFI,

Andrea Taffi.

EN 1211, André *Taffi* naquit à Florence, & se destina dès sa jeunesse à la peinture. Après avoir étudié le dessein dans sa patrie, & s'être perfectionné, autant qu'il étoit possible dans ce siécle d'ignorance, il alla à Venise trouver des peintres Grecs, qui avoient été appellés pour orner de mosaïque l'Eglise de S. Marc. Il se lia d'une étroite amitié avec un des plus estimés de ces artistes nommé *Appollonius*, qui lui apprit le secret du mastic, dans lequel on incruste la mosaïque. André l'engagea à venir l'exercer avec lui dans sa patrie. Les premiers ouvrages qu'ils firent à Florence, eurent le plus grand succès : ils exécuterent ensemble, dans l'Eglise de S. Jean, nombre de sujets tirés de la Bible & du Nouveau Testament, qui tous furent d'autant plus applaudis, que cette maniere de peindre avoit alors l'agrément de la nouveauté.

André, sans le secours d'*Appollonius*, fit un Christ d'environ neuf pieds de proportion, dessiné avec assez d'exactitude, & terminé avec la plus grande attention. Lorsque cet ouvrage parut, André fut comblé de louanges & magnifiquement récompensé; mais cet artiste croyant être parvenu à la perfection, ne songea plus qu'à augmenter sa fortune, & mourut à Florence en 1294, âgé de quatre-vingt-un an.

Les heureuses tentatives d'André *Taffi* donnerent de l'émulation aux jeunes peintres, particuliérement à *Giotto* & à *Gaddo Gaddi*, qui se firent, dans le même genre, une très-grande réputation.

GIOTTO.

Giotto naquit en 1276, à *Vespignano*, dans le territoire de Florence. Son pere qui étoit laboureur, l'employoit à la garde de ses troupeaux. Giotto, entraîné par la voix secrete qui l'appelloit à l'exercice d'un art plus noble, s'amusoit à les dessiner. Cimaboué qui vint à passer, lorsqu'il étoit livré à cette occupation, l'engagea à le suivre à Florence, où bientôt, par son application, il égala son maître.

Plusieurs de ses portraits eurent le plus grand succès, & entr'autres, celui du fameux Dante. Il fut le premier qui sçut drapper & habiller ses figures, & leur donner des mouvemens conformes aux actions qu'elles devoient repréfenter. Il peignit aussi le payfage & les animaux. Ses divers talents le firent furnommer le difciple de la nature.

Le Pape Benoît IX lui ayant demandé de faire un deffein en fa préfence, il prit un pinceau, & fit d'un feul trait un grand cercle, aussi jufte que s'il eût été tracé avec un compas. Ce Pontife lui ordonna plufieurs tableaux, entr'autres, la Pêche Miraculeufe que l'on voit aujourd'hui fous le portique de S. Pierre, & qu'on appelle communément *la Barque de Giotto*.

Il fuivit Clement V à Avignon, où il fut long-tems employé, & magnifiquement récompenfé. Il fe rendit enfuite à Naple, où le Roi Robert l'avoit demandé pour peindre l'Eglife de Sainte Claire. Il fut chargé de plufieurs ouvrages par ce Prince, qui fe plaifoit à le voir travailler.

Il retourna à Florence, comblé d'honneurs & de richeffes. On le fit, à fon arrivée, citoyen de cette grande ville, & on le gratifia d'une penfion de cent écus d'or, dont il a joui jufqu'à fa mort, en 1336, étant âgé de foixante ans.

Giotto étoit auffi très-bon fculpteur & excellent architecte. Il établit une Académie de deffein à Florence, & enfeigna les trois arts qu'il exerçoit à ſes élèves, qui furent *Taddeo Gaddi, Paccio, Florentin, Ottaviano da Faenza, Guillaume de Forti,* Simon *Sanneze, Pietro Cavallino,* Romain, qui travailla avec ſon maître au tableau de la Nacelle de S. Pierre, & *Etienne Florentin,* qui fut celui de ſes élèves qui ſe diſtingua le plus.

PHILIPPE LIPPI,

Filippo Lippi.

PHILIPPE LIPPI naquit à Florence, en 1431, & fut élevé dans un couvent de Carmes, dont il prit l'habit; mais voyant peindre au *Maſſulio* une Chapelle dans ſon monaſtere, il conçut une ſi vive paſſion pour la peinture, qu'il abandonna tous les exercices de ſon état. Les louanges qu'on lui donna ſur ſes progrès, fortifierent la tentation qu'il avoit de ſortir du cloître, & il s'en alla dans la Marche d'Ancone, étudier ſous *Sandro Batticelli.*

Lippi paſſa pour un des meilleurs peintres de Bologne, de Lucques & de Florence, malgré la bizarerie de ſes idées. Il entendoit parfaitement bien les grotesques, & toute ſorte d'ornemens. Il s'eſt particuliérement diſtingué dans le portrait, qu'il peignoit en détrempe, n'ayant point encore de connoiffance du mélange des couleurs avec l'huile. Il mourut en 1488, âgé de cinquante-fept ans.

ANDRÉ VERROCHIO,

Andrea Verrochio.

ANDRÉ VERROCHIO naquit à Florence, en 1432. Il s'appliqua à la peinture & à la fculpture, & s'inftruifit des principes de l'architecture, de la perfpective & de la géométrie ; il réunit encore à fes talents, ceux de la gravure & de la mufique ; mais fa plus forte inclination le porta vers la peinture. Il s'attacha particulierement à la correction du deffein, fçut varier fes caractères, & donner des graces aux femmes & aux enfans. Quoique fes tableaux foient peints affez durement, & que les couleurs en foient peu fondues, il s'acquit la plus grande confidération, & fon école eft celle où fe font formés les meilleurs artiftes de fon tems, tels que Pierre *Perugin* & Léonard de *Vinci*.

Ses talents le firent rechercher par plufieurs Souverains, qni lui marquerent toute leur estime. La République de Venise voulant faire ériger une statue équestre de bronze à Barthelemi de Bergame, engagea André *Verrochio* à se charger de ce travail, il en fit le modèle en cire ; mais ayant appris qu'un autre lui avoit été préféré pour jetter son propre ouvrage en fonte, il brisa la tête de son modèle, & se retira furtivement de Venise. Le Sénat le fit poursuivre, mais inutilement ; & ayant appris qu'on le menaçoit, s'il étoit attrapé, de lui faire subir la peine du talion, il répondit à cette menace, que si on lui faisoit perdre la tête, il seroit impossible de lui en faire une autre ; mais qu'il pouvoit facilement faire une nouvelle tête à son modèle. Il fit sa paix avec le Sénat de Venise ; mais s'étant échauffé à faire fondre la figure qu'il avoit recommencée, il gagna une pleurésie qui le fit mourir à Venise à l'âge de cinquante-six ans, en 1488 : son corps fut porté à Florence dans l'Eglise de S. Ambroise. André *Verrochio* est le premier qui ait essayé & réussi à mouler le visage des personnes, tant vivantes que mortes, pour en conserver la ressemblance.

Entre les élèves qu'il eut, on distingue particuliérement Laurent *Dicredi*.

LÉONARD DE VINCI,

Leonardo di Vinci.

LÉONARD DE VINCI peut être regardé comme le premier peintre Florentin, qui ait assujetti à des régles certaines l'art de la peinture à Florence. Il naquit en 1445, dans le château de Vinci, près la même ville; il eut pour pere Pierre de *Vinci*, noble d'extraction. Son premier maître fut André *Verrochio*; l'ayant quitté, il se rendit à Milan, où il se perfectionna dans toutes les parties de la peinture.

Il étoit né avec un génie heureux, auquel il joignoit un jugement solide & profond; ses compositions sont sages & bien raisonnées, son dessein assez correct, ses expressions vives & spirituelles; sa touche délicate & légere n'est point réfroidie par le fini précieux avec lequel il terminoit ses ouvrages.

Léonard réunissoit au talent supérieur qu'il avoit dans la peinture, la connoissance la plus profonde des mathématiques & de l'hydraulique. Il s'étoit appliqué à l'architecture & à la perspective, & il nous en a laissé des preuves dans un livre de préceptes sur la peinture, qui sera toujours la régle de ceux qui étudieront ce art.

Il fit aussi plusieurs ouvrages en sculpture. Ce peintre avoit une si haute idée de son talent, qu'il ne croyoit jamais avoir fini ses tableaux; il les comparoit sans cesse à la nature pour en reconnoître l'infériorité. Il fut placé à la tête de l'Académie que le Duc Sforce avoit établi à Milan, & fit, à sa sollicitation, le fameux tableau de la Cêne, pour le réfectoire des Dominicains. Il eut en ce tems l'honneur d'être présenté à Louis XII, lorsque ce Monarque passa dans cette ville.

Le Sénat de Florence l'engagea à peindre, avec Michel-Ange, la grande salle du conseil; il fit conjointement avec ce grand homme, les fameux cartons qui ont été la source où les plus célébres artistes ont puisé la belle & grande maniere du dessein.

Il accompagna le Duc Julien de Médicis au couronnement de Leon X, ensuite il passa en France, où François I l'attira par ses bienfaits, & où il fut reçu avec toutes les marques de distinction qu'il pouvoit mériter.

Etant déjà avancé en âge, & presque toujours incommodé, il fit peu d'ouvrages.

François I l'étant venu visiter à Fontainebleau pendant une maladie, le vit mourir en le soutenant dans ſes bras, à la ſuite d'une foibleſſe, qui fut peut être occaſionnée par la joie qu'il eut de recevoir ce Monarque.

Il mourut en 1520, âgé de ſoixante-quinze ans, & fut généralement regretté du Roi & de toute ſa cour, autant pour ſes talents, que pour ſes qualités perſonnelles.

Ses élèves ont été André *Salaino* ou *Salai*, Antonio *Bottraffio*, Marc *Uggioni*, Céſar *Seſto*, Paul *Lomazzo*, &c.

Le Roi a onze tableaux de ſa main.

Le Sauveur tenant un globe.
Une Sainte Famille accompagnée de S. Michel, de Sainte Elizabeth, & de S. Jean tenant un mouton.
La Vierge & Sainte Anne.
La Vierge, l'Enfant-Jeſus & S. Jean.
Une autre Vierge tenant ſon Fils.
Sainte Catherine avec deux Anges.
S. Jean-Baptiſte.
Un Bacchus en pied.
Le Portrait de la Joconde.
La belle Feroniere.
Un Portrait de Femme vêtue en rouge.

On voit de lui au Palais Royal,

Une Tête de Femme, dont les cheveux font tortillés.

Le Portrait d'une Fille avec une colerette, & dont la coëffure est bizarre.

La Colombine, demi-figure de femme, tenant un bouquet de jasmin.

BARTHELEMI DE SAINT MARC,

Fra Bartolomeo di San Marco.

FRERE BARTHELEMI DE SAINT MARC, dont le vrai nom étoit *Baccio*, naquit dans la terre de *Savignano*, à dix milles de Florence, en 1469, dans un lieu appellé *Prato*.

Il étudia plusieurs années chez *Cosimo Roselli*; les ouvrages de *Léonard* de *Vinci* acheverent de le former.

Des scrupules qu'il eut après avoir assisté à un sermon, lui firent jetter au feu tout ce qu'il avoit rassemblé de peinture, de sculpture & de livres profanes, & il prit l'habit de S. Dominique en 1500.

Dans le tems que *Raphaël* vint étudier à Florence, il fit connoissance avec *Barthelemi*, à qui il montra les régles de la perspective. Ce peintre, en échange, lui enseigna le beau coloris, dont il sçavoit parfaitement les principes.

Barthelemi ne peignoit rien que d'après nature. Avant de commencer un tableau, il en faisoit des desseins de clair-obscur en forme de cartons. Il imagina & exécuta un mannequin à ressort, pour draper plus commodément. Il diminuoit les ombres le plus qu'il lui étoit possible, à fin de donner plus de relief à ses figures, & pour rendre ses couleurs plus tendres, il les fondoit extrêmement ensemble.

La plus grande partie des ouvrages de cet artiste est à Florence, où l'on remarque particuliérement un Jugement dernier, peint dans une chapelle de *Santa Maria la Nuova* ; le nud en est bien dessiné, & l'on y voit une belle composition, jointe au plus beau ton de couleur.

Il laissa un tableau imparfait, qui fut términé par Raphaël.

Il finit ses jours à Florence en 1517, à l'âge de quarante-huit ans.

Ses élèves sont *Cechino Delfrate*, *Benedetto Cianfanini*, *Gabriele Rustici*, & *Fra Paolo Pistolese*.

Le Roi n'a qu'un Tableau de ce Maître.

Il repréfente une Annonciation avec S. Jerôme, S. Jean, la Magdeleine, & deux autres Saints. Le mauvais goût de ce tems toléroit ces fautes de chronologie.

BALTHAZAR PERUZZI,

Baltazaro Peruzzi.

C'EST dans la ville de Sienne que naquit, en 1471, Balthafar *Peruzzi*. Il annonça, dès fon enfance, fes heureufes difpofitions pour la peinture & l'architecture, & il fe fit connoître par les différens ouvrages qu'il exécuta au palais *Chifi*, & dans les Eglifes de Rome.

Sous le pontificat de Léon X, le Cardinal Bernard de *Bibiena* ayant fait repréfenter devant ce Pape la piece intitulée, *la Calendra*, une des premieres comédies régulieres, Balthazar en décora les fcènes de la maniere la plus ingénieufe, & fixa fur lui l'admiration générale. C'eft à lui que l'on doit l'invention du méchanifme du théâtre.

Peruzzi fut employé à divers grands ouvrages, tant à S. Pierre, que dans le palais du Vatican.

Le

Le magnifique appareil du couronnement de Clement VII, fut fait sur ses desseins.

Lorsque Rome fut saccagée, en 1527, par l'armée de Charles-Quint, Balthasar fut pillé par les soldats, & ne put se tirer de leurs mains qu'en faisant le portrait de Charles de Bourbon, qui venoit de mourir à l'assaut de cette ville. Il s'embarqua aussi-tôt au port d'Hercule, pour passer à Sienne, mais il y arriva tout nud, après avoir été volé.

Les Magistrats de cette ville l'employerent à en faire les fortifications, ensuite il retourna à Rome, où il fit élever plusieurs palais sur ses desseins. Ce fut dans ce tems qu'il commença son livre des Antiquités Romaines, & un Commentaire sur les livres de Vitruve qu'il enrichit de desseins; mais cet ouvrage est demeuré imparfait, Balthasar étant mort empoisonné par ses envieux, à l'âge de trente-six ans, en 1536.

Sebastien *Serlio* hérita de ses desseins & de ses écrits, dont il s'est servi, avec succès, dans le livre d'architecture qu'il a donné au public.

MICHEL-ANGE BUONAROTA,
Michel-Angelo Buonarota.

LES Muses qui préfident aux arts, doivent à Michel-Ange une triple couronne. Auffi excellent peintre que grand fculpteur & fçavant architecte, il s'acquit la plus haute réputation par fes travaux dans les trois genres. Cet artifte, un des premiers de l'univers, naquit en 1474, dans le château de *Chiufi* en Tofcane, d'une famille diftinguée. Ses parens qui regardoient la peinture comme un art inférieur à leur naiffance, tâcherent inutilement d'en dégoûter le jeune *Michel-Ange*, qui entra dans l'école de Dominique Ghirlandaio, où il fit de fi rapides progrès, qu'il l'eut bien tôt furpaffé.

Ses premiers ouvrages lui attirerent une grande confidération. *Laurent de Médicis* lui donna un logement dans fon palais, & le fit manger à fa table.

Il imagina le premier les fortifications modernes, qui fervirent à défendre la ville de Florence, fa patrie, & qui forcerent les ennemis d'en abandonner le fiége.

Il fut enfuite envoyé, par le Grand Duc, en ambaffade à Rome, auprès du Souverain Pontife, qui le combla des témoignages de fon eftime pour fa perfonne, autant que pour fes talents.

Le tableau qui lui mérita le plus d'éloges, eft fon Jugement Univerfel, tableau unique en fon genre, plein de feu, de génie & de l'enthoufiafme des talents fupérieurs. Cet ouvrage furprenant par le grand caractère de deffein qui y régne, par la fublimité des penfées, & par les attitudes fçavantes, forme un fpectacle fingulier, frappant & terrible. Auffi ce morceau a-t-il toujours fervi d'exemple aux plus fameux artiftes.

Sa maniere de peindre étoit mâle & vigoureufe, mais plus étonnante qu'agréable; fon goût auftère a fait fouvent fuir les graces; fes têtes font trop fieres, & n'ont pas toujours affez d'expreffion. Son coloris eft quelquefois un peu rouge, & fes contours paroiffent découpés fur les fonds. Comme il étoit grand anatomifte, il affectoit dans certaines figures de charger les mufcles, & donnoit trop de contrainte à fes attitudes. S'il n'eft point regardé comme le premier peintre du monde, il en a été du moins le plus grand deffinateur, & il est le premier artiste qui ait porté cette partie à sa plus haute perfection.

Il termina sa carrière à l'âge de quatre-vingt-dix ans, en 1564, après avoir fait un nombre infini d'ouvrages en différens genres. Il fut nommé par le Pape Pie IV, architecte de S. Pierre. Il eut la satisfaction de voir élever sur ses desseins avant de mourir, l'immense coupole de ce beau temple. Il avoit réédifié le Capitole, construit le palais Farnèse, la Vigne du Pape Jules III, & la Porte Pie.

Soliman le Magnifique, lui fit proposer de se rendre à Constantinople, pour bâtir un pont sur le détroit du Bosphore, ce que Michel-Ange ne put entreprendre, étant trop occupé par les grands travaux dont les premiers Princes de l'Europe l'avoient chargé.

Michel-Ange a servi sept Papes & deux Empereurs, qui lui ont tous donné les plus grandes marques de distinction. Les Papes le faisoient asseoir devant eux, & Côme de Médicis se découvroit pour lui parler.

Ce grand artiste, voulant prouver qu'il étoit parvenu à égaler les anciens dans l'art de la sculpture, fit une statue dans le goût antique, en cassa un morceau qu'il garda; & fit enterrer la statue dans un endroit qu'on devoit fouiller : quand on l'eut tirée hors de terre, tous ceux qui la virent la jugerent antique, & ils n'en furent détrompés que lorsque *Michel-Ange* remit à sa place le morceau qu'il en avoit ôté.

Son corps fut enlevé de l'Eglise des Saints Apôtres à Rome, où le Pape vouloit lui ériger un tombeau, & fut transporté à Florence, par ordre du Grand Duc, qui lui fit rendre les honneurs funèbres, & élever un superbe mausolée, où trois figures de marbre, de grandeur naturelle, caractérisent les trois arts dans lesquels il s'étoit fait admirer.

Ses élèves sont *Sébastien* de Venise, appellé *Fra Sebastiano del Piombo*, Antoine *Minio*, Pierre *Urbano Pistolese*, *Ascanio-Condivi*, *della Ripa Transone*, & *Daniel de Volterre*.

Le Roi a deux tableaux de Michel-Ange.

David qui terrasse Goliath ; il est peint de deux côtés sur l'ardoise,

Et une Sainte Famille.

On voit au Palais Royal:

Une Descente de Croix.
Jesus-Christ au Jardin des Oliviers.
Ganyméde porté dans les airs par un aigle.
Une Sainte Famille, où la Vierge tient son Fils endormi.

DOMINIQUE BECCAFUMI,

Domenico Beccafumi.

Dominique Beccafumi, furnommé *Micarin de Sienne*, naquit dans un village près de cette ville, en 1484. Son pere étoit berger, & l'occupoit à la même profession, lorsqu'un bourgeois de Sienne, ayant remarqué qu'il traçoit des figures sur le sable, crut appercevoir en lui des dispositions pour la peinture; il l'engagea à venir chez lui, & lui fit apprendre à dessiner.

Dominique profita de la bienveillance de son protecteur, il alla à Pérouse copier des tableaux de Pierre *Perugin*, & ensuite à Rome, où il se perfectionna d'après les ouvrages de *Raphaël* & de *Michel-Ange*. De retour dans sa patrie, il entra dans l'école de Jean-Antoine *Sodoma Davechelli*, & fit encore de nouvelles études qui le rendirent capable de faire plusieurs ouvrages, tant à l'huile qu'en détrempe. Ce qui a le plus contribué à établir sa réputation, est la fameuse mosaïque du pavé de la grande Eglise de Sienne, où il a représenté en clair-obscur plusieurs sujets de l'Ancien Testament.

Son génie étoit facile & ses compositions heureuses. Il étoit assez correct, & sa maniere de draper tenoit beaucoup de celle de *Raphaël*.

Le Prince *Doria* accompagnant l'Empereur *Charles-Quint* qui passoit à Sienne, admira les talents de *Beccafumi*, alors occupé au pavé de la Cathédrale de la même ville, & l'invita à venir à Gènes; il fit en cette ville plusieurs tableaux pour ce Prince, & retourna ensuite dans sa patrie, où il finit ses jours en 1549, âgé de soixante-cinq ans. Il fut enterré dans la Cathédrale qu'il avoit embellie par ses ouvrages.

Ce peintre a gravé en bois, en cuivre, à l'eau forte & au burin sur ses propres desseins. Il a fait aussi plusieurs ouvrages en marbre & en bronze.

ANDRÉ DEL SARTO,

Andrea del Sarto.

ANDRÉ DEL SARTO, fils d'un tailleur d'habits, dont il a pris le nom de Sarto, devint un des premiers peintres de son tems. Il vit le jour à Florence en 1488. & eut pour premier maître, Jean Baril, qui le mit ensuite sous la conduite de Pierre Cosimo.

Les progrès que fit *André* le conduisirent bientôt à surpasser ses maîtres; il s'appliqua à étudier la maniere de *Raphaël*, & de *Michel-Ange*.

Plusieurs villes d'Italie conservent des monumens du génie de cet artiste, & particuliérement *Florence* sa patrie, où il étoit si considéré, que dans une émotion populaire, les séditieux, à l'exemple de *Démétrius Poliorcetès*, préserverent sa maison des flammes & du pillage, tandis qu'ils n'épargnoient ni les Eglises ni les Palais.

André fut appellé en France par *François I.* Ce Monarque & toute sa cour, se faisoient un plaisir de le voir travailler, & lui firent des présens considérables. Il peignit le Dauphin, & fit pour le Roi une Charité & un S. Jerôme.

André travailloit facilement. Son goût de deſſein & ſon coloris, ſont d'une bonne maniere, tant à freſque qu'à l'huile, & ſe ſoutiennent auprès des ouvrages de Raphaël. On trouve dans ſes tableaux une belle dégradation & une belle fonte de couleur. Ses draperies ſont bien jettées & peintes avec facilité. Son humeur froide & ſon imagination peu vive, ne lui ont pas fait répandre dans ſes ouvrages, le feu néceſſaire pour animer ſes figures qu'il diſpoſoit toujours bien. Souvent ſes vierges n'ont pas la nobleſſe que demande leur caractère. Ses têtes ne ſont ni aſſez gracieuſes, ni aſſez variées; on attribue cette uniformité à ce qu'il aimoit ſi éperduement ſa femme, que toujours préſente à ſon idée, il la peignoit dans ſes tableaux.

Il retourna dans ſa patrie, où il fut chargé d'acquiſitions pour François I. L'abus qu'il fit de la confiance de ce Prince en diſſipant l'argent qui lui avoit été donné pour raſſembler des ſtatues & des ouvrages de peintures, lui fit perdre ſa bienveillance, & l'empêcha de revenir en France, où il avoit été comblé de biens.

Il mourut de la peſte à Florence en 1530, à l'âge de quarante-deux ans.

Jacques *Pontorme*, François *Salviati*, George *Vaſari*, Andrea *Squarzella*, Domenico *Conti*, François *Bigio*, ont été ſes diſciples.

Le Roi posséde de cet Artiste:

Deux Sainte Famille.
Tobie conduit par l'Ange Raphaël.
Une Charité, grand tableau qu'on a depuis peu remis sur toile.

On voit au Palais Royal:

Une Léda.
Une Lucréce de grandeur naturelle.

JEAN-FRANÇOIS PENNI,

Giovanni-Francesco Penni.

JEAN-FRANÇOIS PENNI, surnommé *il Fattore*, parce qu'il faisoit les affaires de Raphaël, fut un de ses bons disciples. Il vit le jour à Florence en 1488, & vint demeurer fort jeune à Rome chez Raphaël, qui l'aima toujours comme son fils, & l'institua un de ses héritiers.

Ce peintre dessinoit bien, il entendoit également l'histoire, le portrait, l'ornement, ainsi que le païsage, qu'il embellissoit de fabriques agréable. La peinture à l'huile, à fresque, à détrempe, lui étoit également familiere; cependant il se plaisoit plus à dessiner qu'à peindre.

Après la mort de Raphaël, *Penni* acheva, avec Jules Romain, les peintures commencées au palais de *Belvedere*; & il peignit au Vatican la falle de Conftantin fur les deffeins de Raphaël. La maniere dont il s'acquitta de ces grands travaux, & le caractère de fon maître qu'il a confervé par-tout, lui ont fait beaucoup d'honneur, & lui ont mérité une place diftinguée entre les plus fameux artiftes.

L'on voit dans les Eglifes de Rome, des ouvrages qui foutiennent dignement fa réputation, tels que ceux qui font dants l'églife de S. Roch, & dans celle de l'*Anima*. Il fut chargé par le Pape de faire pour la France une copie du tableau de la Transfiguration, que Raphaël, fon auteur, avoit deftiné pour François I; le fort de ce tableau n'étoit point de parvenir à fa deftination. *Penni* le termina & le porta à Naples au Marquis *Delvafto*, pour lequel il fit plufieurs tableaux & beaucoup de deffeins.

Ce peintre mourut à Naples en 1528, âgé de quarante ans.

Quelque habile que fût le *Fattore*, fon goût étoit fouvent un peu trop gigantefque, & fa maniere étoit féche & peu gracieufe, quoiqu'il cherchât cependant à fuivre fon maître, & qu'il l'imitât dans de certaines parties.

JACQUES PONTORME,

Giacomo Carucci, Giacomo Pontormi.

Jacques Pontorme, né en Toscane en 1493, mérite d'être placé parmi les plus grands maîtres. Son vrai nom étoit *Giacomo Carucci*, il entra dans les écoles de Léonard de *Vinci*, de *Mariotto Albertinelli*, de Pierre *Cofimo*, & enfin d'André *del Sarto*, qui le chaffa de chez lui, jaloux des louanges que Raphaël & Michel-Ange lui donnerent.

Ses grandes études lui tinrent lieu de maître, & développerent ses talents ; son génie, & la nature firent le reste.

En peu de tems cet artiste devint si célèbre, qu'il fut employé dans les principaux ouvrages qui se préfentoient alors à Florence, & dans les villes d'Italie. Il réuffit également bien dans celles des décorations de théâtre & des fêtes publiques. Son caractère bizarre lui fit refufer les bontés du Grand Duc qui vouloit l'employer, tandis qu'il donnoit ses tableaux à son maître maçon, pour une petite maison qu'il faifoit bâtir.

Pontorme étoit bon coloriste, il travailloit avec facilité; sa maniere étoit grande, mais un peu dure; il la quitta dans la suite, pour peindre dans le goût allemand; ce qui nuisit beaucoup à sa réputation. Aussi ses premiers ouvrages sont préférables aux derniers. Il employa douze années de soins & de peines à peindre à Florence la chapelle de S. Laurent, & la contrainte où il mit son génie, lui glaça tellement l'imagination, qu'il ne fit qu'un ouvrage fort médiocre, & qu'il se trouva même incapable de l'achever.

Il finit ses jours à Florence en 1556, âgé de soixante-trois ans.

Ses élèves sont Baptiste *Naldini*, & le Bronzin.

On voit de lui chez le Roi;

Le Portrait d'un Graveur, dont le bras droit est appuyé sur une table.

MAITRE ROUX,
Maestro Rosso.

MAITRE ROUX naquit à Florence en 1496; sans aucun maître il suivit, en quelque sorte, la maniere de Michel-Ange & du Parmesan, & se forma un goût particulier qu'il ne tint de personne. Les régles de la peinture ne le génerent jamais; il avoit appris que c'est être maître de son art, que de sçavoir quelquefois en sortir.

La philosophie, l'anatomie, l'architecture, entrerent dans le plan de ses études. Il vint en France où François I le nomma Surintendant de tous les ouvrages de Fontainebleau, & quelque tems après, Chanoine de la Sainte-Chapelle de Paris.

Les tableaux qu'il avoit faits à Rome & à Florence, avoient établi sa réputation, il la soutint en France dans les différents ouvrages dont il fut chargé.

Maître Roux, aussi bon architecte que grand peintre, fit bâtir la grande gallerie de Fontainebleau qu'il décora, non-seulement de morceaux de peinture, mais encore de figures, de belles frifes, & de beaux ornemens de ftuc.

Perfonne n'a eu plus de génie & plus de feu que lui. Sa façon de deffiner étoit finguliere & manierée, il travailloit de caprice & fans confulter la nature. Quoiqu'il eut beaucoup de génie, fes ouvrages ont quelque chofe d'extraordinaire & de bizare, qui ne plaît pas généralement. Il exprimoit cependant affez bien les paffions de l'ame, & donnoit des mouvements affez juftes à fes figures. Il poffédoit bien le clair-obfcur, & peignoit parfaitement les femmes : fes têtes de vieillards ont beaucoup de vérité. Ses draperies font jettées avec grace, & font touchées légérement. Il n'aimoit point à peindre à frefque.

Il mourut à Fontainebleau en 1541, âgé de quarante-cinq ans. On attribue cette fin précipitée au chagrin qu'il eut d'avoir accufé injuftement d'un vol, un de fes amis. Il eut pour concurrent dans fes ouvrages, Primatice & Lucas Penni.

Parmi fes élèves, le meilleur a été *Domenico del Barbieri*.

Maître Roux fit à Fontainebleau les cartons de treize tableaux d'hiftoire, analogues aux principales actions de François I, dont une grande partie a été peinte par Louis Dubreuil. On voyoit autrefois deux tableaux de sa main au fond de la gallerie; l'un représentoit Venus & Bacchus, l'autre, Venus & l'Amour. Il a peint aussi une femme avec son enfant, que la Sibylle Tiburtine offre à l'Empereur Octavien.

Les tableaux de la gallerie de Fontainebleau qui n'ont pas été peints par lui, mais dont il a fait les cartons, sont: l'Histoire de Cléobis & Biton, Danaé & Jupiter, Adonis expirant, le Combat des Lapithes & des Centaures, Venus qui châtie Cupidon pour avoir abandonné Psyché, le Centaure Chiron instruisant Achille, Sémélé, une Tempête sur Mer pendant la nuit où il y a des effets de couleur admirables; ces morceaux sont en partie ruinés, & ont été retouchés plusieurs fois.

Le Duc d'Orléans a de ce peintre un tableau représentant la Femme Adultere.

PERIN DEL VAGA,

Pietro Buonacorſi, Perini del Vaga.

PIERRE *Buonacorſi*, dit Perin *del Vaga*, naquit en Toſcane, en 1500, d'un pere qui avoit conſommé tout ſon bien à la guerre. Il entra dans pluſieurs écoles ; entr'autres, dans celle de Dominique *Guirlandaio*.

Vaga, peintre Florentin, le mena à Rome ; & ſur le bien qu'en dirent Jules Romain & le *Fattore*, Buonacorſi fut employé, par Raphaël, dans les plafonds des galleries du Vatican, ſous la conduite de Jean *da Udine*.

Les travaux les plus conſidérables de cet artiſte, ſe voyent à Rome dans les Egliſes de *San-Stefano Rotondo*, de S. Ambroiſe & de S. Marcel du Cours. Il a auſſi beaucoup travaillé à Gênes dans le palais *Doria*.

Perin avoit l'eſprit vif, il étoit bon deſſinateur, & excelloit ſur-tout dans les friſes qu'il faiſoit dans le goût de Polydore. Il exécuta auſſi des groteſques & des ornemens de ſtuc, dans leſquels il paroît avoir égalé les anciens. Sa maniere de peindre ſemble aſſez être celle de Raphaël, fans en avoir toutefois la force & la grace. Il devint dans la suite le premier peintre de Rome. Après la retraite de Jules Romain, à Mantoue, & la mort du *Fattore*, toutes les grandes entreprises lui furent confiées.

Il mourut en 1547, âgé de quarante-sept ans, fut porté à la Rotonde, & inhumé parmi les illustres de son art.

On lui a reproché d'avoir donné à toutes ses figures de femme le même caractère & le même air de tête, parcequ'il prenoit toujours pour modele, celle de sa femme.

Ses élèves sont Marcel *Venusti*, Louis de *Vargas de Séville*, *Girolamo Siciolante da Sermoneta*.

Le Roi posséde de cet Artiste,

Un petit tableau appellé le Parnasse, où les Muses & les Pierides disputent en présence des Dieux.

Mars & Venus avec un Amour tenant un foudre à la main.

Au Palais Royal on voit de lui,

Un S. Jerôme couché sur terre, avec un Ange placé dans le haut, sonnant de la trompette.

DANIEL DE VOLTERRE,

Daniele Ricciarelli, Daniele da Volterra.

DANIEL *Ricciarelli*, dit *Volterre*, parce qu'il étoit né dans la ville de ce nom, en 1509, entra chez *Sodoma*, & enfuite chez Balthazar *Perruzi*, & en dernier lieu dans l'école de Michel Ange, dont il fuivit conftamment les confeils. Ce grand artifte l'aimoit beaucoup, & s'excufant fur fon âge avancé, lorfqu'il s'agiffoit d'entreprendre quelques ouvrages, il le propofoit en fa place. Il fut auffi ami de Sebaftien *del Piombo*, dont il imita la maniere. Après la mort de Perin *del Vaga*, Paul III le nomma ordonnateur des peintures du Vatican, place dont il fut privé par Jules III, fucceffeur de Paul.

On diftingue particulierement entre les ouvrages de ce fameux artifte, dans la chapelle Maffimi, à la Trinité du Mont, le célèbre tableau de la Defcente de Croix, que l'on regarde comme le fecond tableau de Rome, après la Transfiguration de Raphaël. Ce morceau réunit le deffein le plus correct, à la plus fçavante expreffion. Il fut chargé de couvrir ce qui étoit trop nud dans le Jugement Univerfel de Michel-Ange. Ce fut le feul moyen de conferver ce fameux ouvrage, dont le Pape avoit réfolu la deftruction.

Daniel s'engagea à faire plufieurs ftatues, & quitta la peinture pour la fculpture. Il fit fondre fur fon modèle le cheval qui porte la ftatue de Louis XIII, qui fe voit dans la Place Royale de Paris. Ce morceau lui avoit été ordonné par Catherine de Médicis, pour placer la figure équeftre d'Henri II.

Daniel de Volterre étoit grand deffinateur, fes compofitions font réfléchies, & fes expreffions de la plus grande vérité. Il étoit long dans l'exécution de fes ouvrages, parce qu'il les terminoit avec le plus grand foin.

Il mourut à Rome en 1566, âgé de cinquante-fept ans. Ses élèves font Michel *Alberti*, Florentin, Jean-Paul *Rofetti* de Volterre, *Feliciano da San-Vito*, Biagio de Carigliano *Piftolefe*, Marc de Sienne, & Jacques *Rocca*, Romain.

Il y a de lui au Palais Royal, une Defcente de Croix demi nature.

On prétend que le tableau où David terraffe le Géant Goliath, qui eft à Verfailles, & qui eft peint fur une ardoife, n'eft pas de Michel-Ange, mais qu'il eft de Daniel de Volterre.

FRANÇOIS SALVIATI,

Francesco Salviati.

CE peintre, fils de Michel-Ange de *Roſſi*, fabriquant de velours, naquit à Florence en 1510. Il entra d'abord chez Julien *Bugiardini*, & enſuite chez André *del Sarto*.

Salviati a beaucoup travaillé dans Rome, & dans différentes villes d'Italie. Il vint en France avec le Cardinal de Lorraine; mais jaloux des ouvrages de Maître Roux & du Primatice, il retourna en Italie, & mourut à Rome, en 1563, âgé de cinquante-trois ans.

Sous le Pontificat de Paul IV, le Cardinal Farnèſe établit *Salviati* chef d'une Académie qu'il venoit de fonder à Rome : ſon inconſtance & ſon humeur peu ſociale, le firent ſouvent changer de pays, & par-tout il laiſſa des preuves de ſa capacité.

Cet artiſte entendoit l'architecture & la perſpective. Il fit de très-belles décorations, des arcs de triomphe pour les fêtes publiques aux nôces du Duc Côme de Médicis.

Ce peintre deffinoit bien, fes carnations étoient tendres, fes idées gracieufes, fes draperies larges & fi légeres, que le nud paroiffoit au travers; fes contours étoient fecs & un peu manierés.

Il eut pour élèves Jofeph *Porta*, dit *Salviati*, *Giacomo di Sandro*, & *Annibale Nanni*.

Le Roi a un Tableau de ce Maître,

C'eft Adam & Eve chaffés du Paradis Terreftre.

On voit aux Céleftins de Paris dans la Chapelle d'Orléans,

Une Defcente de Croix de lui, qui eft fort eftimée.

GEORGE VASARI,
Giorgio Vasari.

CE fut à *Arezzo* en Toscane, que naquit, en 1510, George *Vasari*, surnommé *le Jeune*. Il reçut les premiers principes du dessein de Guillaume de Marseille, peintre sur verre, nommé communément *le Prêtre François*. Il se perfectionna à Florence dans l'école d'André *del Sarto*, & ensuite dans celle de Michel-Ange *Buonarota*. Il alla ensuite à Rome, où il s'appliqua à copier les plus beaux ouvrages de peinture, & fit tant de progrès, qu'il fut distingué par les Papes Paul III, Jules III, Clement VII & Pie V, qui tous employerent ses talents dans différens grands ouvrages. Il fut attiré à Florence par Alexandre, & par Côme, Grand Duc de Toscane. Il s'en alla à Bologne, de-là à Venise, à Ravenne, à Rimini & à Arezzo. Il travailla pareillement à Pise, à Pistoya, à Pérouse, à Naples, & dans nombre d'autres villes, dont les Eglises & les Monasteres sont ornés d'un si grand grand nombre d'ouvrages de sa main, qu'il paroît presque impossible qu'un même homme les ait pû produire.

Il étoit correct dans son dessein, facile dans ses compositions, qui étoient ingénieuses & ornées de tout ce qui pouvoit convenir à leurs sujets. Son coloris est quelquefois dur & foible, & ses draperies séches & manierées. La trop grande facilité qu'il avoit dans l'exécution, lui a fait souvent négliger de terminer suffisamment ses ouvrages.

Il fut estimé non-seulement pour ses talents dans la peinture, mais encore pour ses écrits. Les Princes, les grands seigneurs de son tems, & les gens de lettres le consideroient singulierement par ce côté. Annibal *Caro* dit que ses ouvrages sont écrits judicieusement & avec élégance. Vasari nous a laissé ses réfléxions sur la peinture, & trois volumes de la Vie des Peintres de son pays, dont on fait encore aujourd'hui beaucoup de cas.

Plusieurs Princes étrangers, & le Roi d'Espagne même, malgré les offres considérables qu'il lui fit, ne purent l'obliger à quitter sa patrie, où il s'étoit engagé à faire plusieurs grands ouvrages d'architure & de peinture, qu'il ne put terminer, étant mort à Florence en 1574, âgé de soixante-trois ans. Son corps fut transporté à *Arezzo*, & fut inhumé dans une chapelle qu'il avoit fait bâtir, & qu'il avoit décorée.

ANTOINE TEMPESTE,

Antonio Tempesta.

LA ville de Florence donna naiſſance, en 1545, à Antoine *Tempeſte*, peintre célèbre.

Il étudia dans l'école de *Strada*, ſurnommé *Le Stradene*, peintre Flamand, qui faiſoit alors des batailles avec ſuccès, dans le vieux palais des Grands Ducs. Après avoir travaillé quelques années ſous ce maître, il en prit le génie, mais il le ſurpaſſa. Il ſe rendit à Rome, & peignit dans les galleries du palais du Vatican, ſous le Pontificat de Grégoire XIII. Enſuite il alla à Caprarole, où il avoit été appellé par le Cardinal Alexandre Farnèſe, pour repréſenter pluſieurs grands ſujets relatifs à l'hiſtoire de cette maiſon. De retour à Rome, il répandit & multiplia ſes ouvrages, dont le nombre eſt ſi conſidérable, qu'il ſeroit difficile de l'indiquer.

Son génie qui étoit porté à repréſenter des batailles, des chaſſes & des cavalcades, l'avoit engagé à faire une étude particuliere d'animaux de toute eſpéce, & ſinguliérement de chevaux qu'il a parfaitement bien deſſinés.

Ses compositions sont animées & pleines de feu, & aussi grandes qu'elles sont ingénieuses. Son dessein est correct, ses expressions sont proportionnées aux différents caractères, & à l'action de ses figures, son coloris est un peu noir; sa maniere de peindre, quoique bien fondue, est séche & dure, & ses contours sont trop découpés.

Tempeste a gravé un très-grand nombre de planches, qui ont porté par toute l'Europe son nom & ses talents.

Cet artiste vécut soixante-quinze ans, & mourut en 1620, sans avoir laissé d'élèves, dont les noms soient connus.

LOUIS CIVOLI,

Luigi Cardi, Luigi Civoli.

LOUIS CIVOLI, ou *Cigoli*, s'appelloit *Cardi*, & étoit né en 1559, au château de Cigoli en Toscane; quoiqu'il fut élève d'Alexandre *Allori*, il a toujours copié les ouvrages de Michel-Ange, du Corrége, d'André *del Sarto*, du Pontorme & du Barroche. Il consultoit cependant *Santi di Tito*, qui tenoit à Florence le premie. rang parmi les peintres.

Le *Civoli* voyagea dans toute la Lombardie, & y fit des études assiduës. Ayant travaillé ensuite pour le Grand Duc de Toscane, ce Prince fut si content de ses ouvrages, qu'il l'honora d'une chaîne d'or, & l'envoya à Rome continuer ses études, & faire un tableau pour l'Eglise de Saint Pierre. Il fit en concurrence avec Barroche & Michel-Ange de Caravage, un *Ecce Homo*, qui se trouva fort supérieur aux tableaux des autres maîtres.

Sa réputation s'étant considérablement augmentée, à son retour à Florence, il fut chargé des principaux ouvrages qui se trouverent à faire, non-feulement dans cette grande ville, mais encore dans plufieurs autres d'Italie. Il fit connoître fon génie pour l'architecture dans plufieurs fêtes publiques, & dans les décorations de théâtre faites à l'occafion du mariage de Marie de Médicis avec Henri IV.

Il fut chargé des deffeins du piedeftal & de la ftatue de ce Monarque, que l'on voit fur le Pont-Neuf à Paris.

Le *Civoli* fut toujours malheureux, envié, perfécuté, & fouvent mal récompenfé.

La facilité de fon pinceau, fon génie fécond, furent les armes qui lui fervirent à confondre fes ennemis; entre plufieurs de fes ouvrages, le martyre de S. Etienne le fit nommer le Corrége Florentin.

Paul V, pour récompenfer fes talens, lui donna un Bref pour le faire recevoir Chevalier fervant dans l'ordre de Malte ; il reçut cet honneur à Rome au lit de la mort, en 1613, âgé de cinquante-quatre ans.

Ses difciples font Dominique *Féti*, Sigifmond *Coccapani*, Jérôme *Buratti*, *Aurelio Lomi*, de Pife, *Antonio Lelio*, Romain, *Criftophano Allori*, & Jean *Biliverti*, qui a achevé plufieurs de fes tableaux.

BENVENUTO
DA GAROFALO.

LA ville de Ferare donna naiſſance en 1559, à *Benvenuto da Garofalo*, ſurnommé *Tiſio* le Ferarois. Il commença dans l'Ecole de Dominique *Lanetti*, & à Crémone il fut chez le Boccacino. A Rome, il étudia chez Jean *Baldini*, & enſuite à Mantoue, il prit des leçons de Laurent *Coſta;* & à l'âge de ving-cinq ans, il retourna à Rome. Etant alors plus avancé dans ſon art, il admira beaucoup plus qu'il n'avoit fait, les ouvrages de Raphaël & de Michel-Ange; il prit un dégoût extraordinaire pour ce qu'il avoit appris dans différentes écoles où il avoit commencé, & dans leſquelles il ne vit plus que de la ſécherëſſe & de l'incorrection. Il s'appliqua pendant deux ans à étudier ces grands maîtres avec une attention & une aſſiduité particuliere, & ſçut en faire paſſer dans ſes ouvrages, la belle & grande maniere.

On remarque dans les tableaux de *Garofalo* le Ferarois, de la correction & des contours dans le goût de Michel-Ange, & beaucoup du style de Raphaël, dans la difposition des figures, dans leurs ajuftemens, & dans la façon de les draper. Son pinceau eft gras & fondu, & fa couleur vigoureufe & claire; fes ouvrages font répandus dans différentes villes d'Italie, & dans les cabinets des princes & des amateurs de l'Europe. Ils font d'autant plus eftimés, qu'ils préfentent la belle maniere Romaine, unie au goût de l'École Florentine.

Cet artifte avoit coutume de peindre un œillet dans fes tableaux, pour indiquer fon nom de Garofalo, qui défigne cette fleur.

Il devint aveugle à l'âge de foixante-dix ans, & mourut à quatre-vingt, dans l'année 1559.

CHRISTOPHE RONCALI,

SURNOMMÉ

LE CHEVALIER POMÉRANCIO,

Chriſtofano Roncali, detto il Cavaliere Pomerancio.

POMÉRANCIE en Toſcane, a donné le jour & un ſurnom à cet artiſte. Il vint étudier à Rome ſous Nicolas Cincignano. Il fit tant de progrès dans ſon art, qu'il mérita d'être choiſi pour peindre la chapelle Clémentine au Vatican, où il repréſenta l'hiſtoire d'Ananie & Saphire, tombant morts aux pieds du Prince des Apôtres.

Il fit nombre de cartons pour être exécutés en moſaïque. Paul V, voulant récompenſer ſes talents, le créa Chevalier, & lui donna l'ordre de Chriſt.

Sa réputation étant parvenue dans les pays étrangers, il répondit aux inſtances qui lui furent faites pour l'y attirer. Il ſe rendit en Allemagne, où il fit pluſieurs grands ouvrages; il paſſa enſuite en Flandres, en Hollande & en Angleterre. Il vint en France, où il fut partout comblé d'honneurs & de richeſſes. Il retourna enfin à Rome, où il termina ses jours en l'année 1626, également regretté des grands & des artistes.

Pomérancio avoit un génie pittoresque, mais souvent trop bisarre. Son dessein est outré, ainsi que les attitudes de ses figures; l'expression & les caractères de ses têtes sont trop manierés, & leurs coëffures surchargées de cheveux voltigeans, produisent un effet peu naturel; mais son coloris vague & lumineux, l'harmonie, le clair-obscur que l'on remarque dans ses ouvrages, & la touche légére de son pinceau, lui ont mérité une place distinguée entre les artistes.

FRANÇOIS VANNIUS,

Francesco Vannio.

FRANÇOIS VANNIUS naquit à Sienne en 1563. Il travailla d'abord sous la conduite d'*Arcangelo Salimbeni*, & ensuite imita Frédéric Zucchero. Il s'instruisit à Bologne sous *Passeroti*, & étudia à Rome chez Jean de *Vecchi*. C'est dans cette ville que la vue des antiques & les ouvrages de Raphaël lui découvrirent les mystères de son art. Il retourna à Sienne; & quittant les différentes manieres qu'il avoit suivies, celle de Frédéric Baroche fut son modele d'adoption. Nul peintre n'en a plus approché que lui; ce qui fait que l'on confond souvent les tableaux de Baroche avec les siens.

Les ouvrages du Corrége acheverent de perfectionner *Vannius*. Dans le voyage qu'il fit en Lombardie, il prit cette maniere tendre & vague avec laquelle il parvint à assurer sa réputation.

Il étoit fertile dans ses compositions, toujours bien ordonnées; il dessinoit correctement; son coloris étoit transparent & vigoureux; ses têtes gracieufes & pleines d'expreffion. Il peignoit fes tableaux avec beaucoup d'amour, & feroit devenu le premier peintre de fon tems, fi la mort ne l'eût enlevé à Sienne au milieu de fa courfe, en 1609, dans la quarante-fixième année de fon âge.

Ce peintre étoit aimé de tout le monde, & même des artiftes fes rivaux; il étoit lié d'une étroite amitié avec le Guide.

Clément VIII fut fi content d'un grand tableau qu'il lui avoit ordonné pour l'Eglife de S. Pierre, repréfentant Simon le Magicien, qu'il le créa Chevalier de l'ordre de Chrift.

Vannius donna des marques de fa capacité, non-feulement dans la peinture, mais encore dans l'architecture & la méchanique.

Il eut l'honneur d'être le parein de *Fabio Chigi*, qui fut élu Pape en 1655, fous le nom d'Alexandre VII.

Ses difciples font *Rutilio Manetti, Aftolpho Petrazzi, Ferrandi da Faënza*, & fes deux fils, *Raphaël* & *Michel-Angelo Vanni*.

HORACE GENTILESCUS,

Orazio Gentilesco.

FLORENCE fut la patrie d'Horace Gentilescus, que les Flamands nomme *Gentiel*; il quitta son pays fort jeune. Dès qu'il se sentit en état de se soutenir par ses talents, il fut curieux de voir les principaux royaumes de l'Europe. Il commença par l'Espagne, & fit plusieurs grands tableaux pour sa Majesté Catholique, qui ont été placés dans le palais de l'Escurial. De-là il s'embarqua pour passer en Angleterre; mais ayant été peu satisfait de son séjour, il partit & vint dans les Pays-Bas. La beauté de ses ouvrages le fit connoître & rechercher avec empressement; sa réputation s'établit partout où ses tableaux parurent. L'histoire étoit le talent dans lequel il excelloit; sa maniere de composer grande & noble, & la correction de son dessein, lui firent beaucoup de partisans. Le Brabant & la Hollande l'occuperent particulierement. Il sçut acquerir des honneurs & des amis, tant par son talent pour la peinture, que par la douceur & l'affabilité de son caractère; son esprit & son érudition le faisoient rechercher des meilleures compagnies.

Charles I, Roi de la Grande-Bretagne, sur la réputation de cet artiste, lui demanda deux tableaux qu'il fit à Amsterdam : l'un représentoit Marie-Magdelaine pleurant ses péchés, & l'autre, Loth & ses filles. Ce Monarque fut si satisfait de ces ouvrages, qu'il engagea l'artiste à se rendre à sa cour. Gentilescus, sensible à l'honneur qu'il lui faisoit, abandonna les Pays-Bas pour se rendre à Londres. Il fit pour ce Prince plusieurs grands tableaux, & finit ses jours, suivant toute apparence, dans ce pays, sans que l'on ait sçu l'année de sa mort, ni le détail de ses ouvrages; mais Sandrart, son historien, qui étoit habile peintre & véritable connoisseur, lui assigne une grande prééminence entre les artistes de son tems.

PIETRE DE CORTONE,

Pietro da Cortona, Pietro Berettini.

Pietro Berettini, surnommé de Cortone, du nom de la ville où il est né, en 1596, a été un des plus grands peintres de la Toscane ; il fut élève d'*Andrea Commodi*, & passa ensuite à Rome dans l'Ecole de *Baccio Ciarpi.* Les remarques qu'il fit sur les belles figures antiques, ses études d'après Raphaël, Michel-Ange & Polidore, le perfectionnerent en peu de tems, & l'égalerent aux plus grands maîtres. Le fameux salon du palais Barberin & quelques autres ouvrages, le firent regarder comme le premier peintre de son tems : on l'appelloit par excellence, *Corona dé Pittori*, la Couronne des Peintres. Ce salon, un des plus grands qu'il y ait, a toute la fraîcheur & la force du coloris que donnent les couleurs à l'huile, quoiqu'il soit peint à fresque. Cortone y a représenté le Triomphe de la Gloire, avec les attributs de la maison des Barberins, leurs armes & leurs devises. Il a été chargé de plusieurs grands ouvrages dans le Vatican. Après avoir fait quantité de tableaux & de coupoles pour les Eglises de Rome, il alla à Venise

& en Lombardie, où il augmenta encore ſes connoiſſances, & revint à Rome, où il fut occupé plus qu'il ne l'avoit été précédemment.

Il donna auſſi des preuves de ſon habileté dans l'architecture, & fit bâtir ſur ſes deſſeins pluſieurs Egliſes, des Palais, des Chapelles, & élever des Tombeaux. Alexandre VII fut ſi content du portique de l'Egliſe de la Paix, qu'il le créa Chevalier de l'Eperon d'Or, & lui en donna la croix attachée à une très-belle chaîne d'or.

Perſonne n'a eu plus de génie que le Cortone, ni plus de facilité & de graces dans ſes compoſitions, & n'a ſçu mieux que lui lier & enchaîner ſes groupes. Quoiqu'il fût né pour les grandes machines, il ſçavoit ſe captiver & faire de petits tableaux. Il avoit une parfaite intelligence du coloris, ſur-tout dans les freſques qu'il traitoit d'un ton de couleur toujours clair & brillant; ſes cieux particulierement paroiſſent lumineux comme la nature, & ſemblent percer les voutes. Il compoſoit avec ſoin tous les compartimens de ſes plafonds, & les enrichiſſoit d'ornemens & de figures de ſtuc de la maniere la plus ingénieuſe.

Le Cortone a deſſiné du ſtyle le plus agréable, & a ſçu donner des graces à ſes contours, & aux attitudes de ſes figures. Sans avoir l'exacte correction des ſtatuës antiques, il en a rendu la noblesse & la majesté. Ses têtes de femme ont souvent de la ressemblance dans leurs expressions: mais leur caractère est toujours si tendre & si gracieux, qu'il semble compenser ce léger défaut. Ses draperies, dont les plis ont quelquefois un peu trop de mollesse, sont variées & jettées avec une intelligence singuliere.

On fit frapper une médaille en son nom, sur le revers de laquelle est une Renommée couronnée d'étoiles, avec cette légende : *Benè super virtus te coronat* ; c'est-à-dire, la vertu te décerne une couronne encore plus élevée.

Il mourut à Rome, en 1669, âgé de soixante-treize ans; il fut enterré à Sainte Martine, il avoit laissé à cette Eglise un fond de cent mille écus, pour construire un maître autel de bronze, & pour lui ériger un tombeau, qui a été exécuté avec de riches ornemens, & où on a gravé son épitaphe.

De grands maîtres sont sortis de son école, tels que *Ciro Ferri*, *Romanelli*, *Lazaro Baldi*, *Pietro Testa*, Guillaume Courtois, *Giacinto-Geminiani da Pistoia*.

Le Cabinet du Roi possède six Tableaux de Cortone.

Une Nativité de N. S. avec la Vierge & Sainte Martine.
Un Triomphe de Bacchus.
Une Nativité de la Vierge.
Une Vierge avec l'Enfant Jesus.
Une Sainte Famille.
Et le Mariage de Sainte Catherine.

On voit de lui au Palais Royal,

Un grand tableau qui représente la Fuite de Jacob, quand Laban cherche ses idoles que Rachel avoit emportées.
Un beau Paysage, où l'on voit des gens qui conduisent des chariots.

Il y a aussi du même Maître dans la Gallerie de l'Hôtel de Toulouse,

La Sybille Cumée qui montre à Auguste une Vierge au Ciel.
Le Berger Faustule qui porte à sa femme Romulus qu'allaitoit une Louve au bord du Tybre.
César qui répudie Pompeia, & épouse Calpurnie.

PIETRO TESTE,

Pietro Testa.

PIETRE TESTE naquit à Luques, en 1611. Après avoir appris quelques principes de deſſein dans cette ville, il ſe rendit à Rome, & entra dans l'école du Dominiquain. Il ſe fixa enſuite dans celle de *Pietre* de Cortone, dont il ſuivit d'abord la maniere. Il s'en fit une qui lui devint particuliere, & qui tient à celle des meilleurs maîtres, ainſi qu'on le voit à Rome dans un tableau du maître autel de l'Egliſe de la République de Luques, où il a peint la Préſentation de la Vierge au Temple. Cet ouvrage, par la force du coloris, & par la correction du deſſein, peut faire conſidérer cet artiſte & le placer dans le nombre de ceux qui ſe ſont le plus diſtingués dans la peinture.

Perſonne n'a été plus ingénieux & plus facile dans ſes compoſitions, & n'a mieux entendu l'allégorie. Quoique la plûpart de ſes ſujets ſoient quelquefois des caprices & des ſarcaſmes aſſez extraordinaires, il y a répandu une poëſie & des graces qui ne ſont qu'à lui. Il a ſçu faire admirablement contraster les caractères des femmes, avec ceux des vieillards, & donner une mollesse & une naïveté singuliere aux petits enfants qu'il a parfaitement bien rendus. Il s'attacha à dessiner les statues antiques & les monuments de Rome. Le Cavalier *Pauzzo*, son protecteur & son ami, réunit en cinq livres, ces sçavantes études.

Un jour que Testa dessinoit sur le bord du Tybre, un coup de vent enleva son chapeau; s'élançant pour le retenir, il tomba dans l'eau, où il se noya, l'an 1648, n'étant âgé que de trente-sept ans. Il fut très-regretté des artistes, dont il étoit personnellement considéré. Son corps fut porté dans l'Eglise de S. Blaise à Rome, où il est inhumé.

Il y a un très-grand nombre d'estampes d'après cet auteur, qui font suffisamment connoître ce qu'on eut dû attendre de ses talents, s'ils avoient été employés, & s'il eût vécu davantage.

BENOIST LUTTI,

Benedetto Lutti.

BENEDETTO LUTTI, né à Florence, en 1666, fut éléve de Dominique *Galbiani*. Il égala fon maître, & fa célébrité le fit bientôt connoître en France, en Allemagne & en Angleterre, où les Souverains s'empresserent d'avoir de fes ouvrages. L'Empereur le fit chevalier, & l'Electeur de Mayence lui envoya, avec les lettres patentes de fa nouvelle dignité, une croix enrichie de diamans.

On voit de lui à Rome, à *Monte-Magnanapoli*, dans l'Eglife de Sainte-Catherine de Sienne, une Magdeleine, à laquelle un Ange donne le faint Viatique. Ce morceau eft mis au rang des meilleurs tableaux de cette fuperbe ville, fi riche en chef-d'œuvres.

La prééminence qu'il obtint fur fes confreres, le fit nommer *Prince de l'Académie*, place qu'il ne recherchoit point, perfuadé que la véritable illuftration chez les artiftes, ne doit être que dans l'exercice de leurs talents.

Lutti n'étoit jamais content de lui-même, il retouchoit fans ceffe fes tableaux, fans qu'il y parut rien de peiné. Heureux dans ses changemens, sa derniere pensée étoit toujours la meilleure. Son pinceau étoit frais & vigoureux; sa maniere tendre & délicate étoit ressentie & touchée avec autant de légéreté que d'esprit; un accord harmonieux régnoit dans ses compositions. Plus attaché à la couleur, qu'à toutes les autres parties de la peinture, il n'étoit pas extrêmement correct, & n'a presque fait que des tableaux de chevalet.

Il mourut à Rome en 1724, âgé de près de cinquante-huit ans.

On compte parmi ses disciples, outre ses quatre fils, *Pietro Bianchi, Gaëtano Sardi, Domenico Piastrini, Placido Constanzi*, Jean-Baptiste Vanloo, & Dumont le Romain.

On a reproché à *Benedetto Lutti* de n'avoir pas placé avantageusement ses figures, de maniere qu'une partie des bras & des jambes est hors de la toile. Il a cela de commun avec Paul Veronèse & Rubens, qui ont souvent mis des groupes de gens à cheval, des bouts de têtes, des bras, dont les corps & les jambes sont hors du tableau.

AUTRES PEINTRES
De la même École.

MARGITONE, peintre, sculpteur & architecte de la ville d'Arrezo, florissoit en 1270; cet artiste inventa l'art de dorer en feuille, & de brunir sur les métaux. Il travailla à Rome dans les Eglises de S. Pierre & de S. Jean de Latran, & fit plusieurs monumens qu'il orna de peintures à la grecque. Il mourut des fatigues, que lui avoient causés ses nombreux travaux, à l'âge de soixante-sept ans. Son portrait étoit peint par Spinello, dans l'ancienne Eglise d'Arrezo.

*

PIERRE LAURATI de Sienne, vivoit encore en 1312; il fut disciple de Pierre Barthelemi Bologhini de Sienne, & un des artistes de son tems qui donna le plus de grace à ses figures.

*

GADDO GADI passa pour un des meilleurs dessinateurs de son siécle. Il fut ami de Cimabuë, & travailla en concurrence avec André Taffi. Il fut aussi employé à Rome à S. Jean de Latran, à Sainte Marie Majeure, & à S. Pierre; & fit plusieurs ouvrages à Florence, & dans d'autres villes d'Italie. Il vécut soixante-dix ans, & mourut dans l'année 1312. Il eut pour élève Taddée, son fils, qui se distingua en suivant les traces de son pere.

※

Don Lorand, Moine du Couvent des Saints Anges à Florence, fut distingué dans la peinture & dans la musique. Il finit ses jours à cinquante-cinq ans, en 1315.

※

Thomas, surnommé *il Giottino*, acquit une grande réputation dans la peinture, & laissa plus de considération que de fortune. Il fit beaucoup d'élèves, entre lesquelles l'on compte Jean Tosficani d'Arezzo, Michel-Jean Delponte & Lipo, qui furent tous distingués dans leur art. Il mourut à trente-deux ans, dans l'année 1335.

※

Cristophane Buonamico, disciple d'André Taffi, étoit d'un caractère fort enjoué, il fut ami de Bocace, qui en parle dans le Décameron, de Bruno & de Calendrino, peintres en réputation, avec lesquels il fut en société pour plusieurs ouvrages. Il mourut en 1340, à l'âge de soixante-huit ans.

*

AMBROISE LORENZETTI de Sienne, fut fort ingénieux dans ses compositions, & fort facile dans l'exécution de ses ouvrages. Il mourut âgé de quatre-vingt-trois ans, en 1340.

*

ETIENNE peignit sous le cloître du Campo-Santo à Pise, la Transfiguration de Nôtre-Seigneur. Il fit plusieurs ouvrages à Florence & à Milan. On peut dire qu'après Giotto, il fut un de ceux qui contribuerent le plus au progrès de son art. Il mourut à Sienne dans un âge fort avancé, en 1349.

*

DUCCIO de Sienne, fut considéré dans son art, & vivoit en 1350.

*

JEAN DA PONTE, surnommé *il Jouvanni*, étoit un des artistes les plus estimés de son tems. Il mourut en l'année 1365, à l'âge de cinquante-neuf ans.

*

AGNOLO-GADDI fut encore un des bons peiutres d'hiftoire. Il eut fes enfans pour difciples, & mourut l'an 1378.

*

BERNA de Sienne, vécut jufqu'à l'année 1381, & laiffa plufieurs grands ouvrages fort eftimés. Il fut un des premiers qui peignit bien les animaux.

*

SPINELLO D'Arezzo, a été occupé aux principaux ouvrages de peinture qui s'exécuterent de fon tems à Florence & à Arezzo fa patrie, où il mourut, en 1400.

*

GHERARDO STORNINA fut confidéré à Florence, fa patrie, pour fes talents dans la peinture, & pour fes qualités perfonnelles. Il vécut quarante-neuf ans, & mourut en 1403.

*

PAUL VECOLLO, toujours occupé à Florence, mourut à l'âge de quatre-vingt-fix ans, en 1432.

*

ÉCOLE FLORENTINE.

TADDEO BARTOLO vécut jufqu'en l'année 1436, & fut confidéré parmi les meilleurs peintres de fon tems.

*

FRERE PHILIPPE LIPPI, de l'Ordre des Carmes, travailla à Florence, à Piftoia, & en d'autres villes, où il laiffa des preuves de fa capacité. Il mourut en 1438, âgé de cinquante-fept ans.

*

MASOLINO DA PARICOLO, mourut à l'âge de trente-fept ans, en 1440.

*

ALESSO BALDOVINETTI vécut quatre-vingt ans. Il fut eftimé par fes talens dans la Peinture; mais regardé comme un des hommes le plus bifarre. Sa mort arriva l'an 1448.

*

LAZARO VASARI d'Arezzo, travailla à Pérouse & à Florence, & fut fçavant dans fon art & dans les lettres. Il mourut à foixante-douze ans, en 1452.

*

FRERE JEAN de Fiéfole, de l'Ordre de S. Dominique, ne fit que des tableaux de dévotion qui furent fort recherchés. Il mourut en 1455, âgé de soixante-dix-huit ans.

*

Pierre de la Francesca peignit dans le Vatican des tableaux qui furent détruits par Jules II, pour en faire peindre d'autres par Raphaël; ses talents lui ont cependant mérité un rang entre les artistes les plus estimés de son tems. Il joignit la géométrie à la peinture, & mourut vers l'an 1458.

*

Cosme Rosselelli peignit à Rome le palais Pontifical, & la chapelle Sixte. Il vécut soixante-huit ans, & mourut en 1484.

*

Lippo fut regardé comme un des meilleurs artistes de son tems, & mourut assassiné vers l'an 1490.

*

Taddeo Gaddi fut filleul de Giotto, & élève de ses disciples. Il passa pour un des bons dessinateurs de l'Ecole Florentine.

*

Mariotto Abertinelli, élève de Cosme Rosegli, fut considéré entre les bons artiſtes. Il fit pluſieurs ouvrages publics, & forma pluſieurs diſciples; les plus diſtingués ſont, le Comte Julien Bugiardini, le Franſeque, Florentin, Inocent, d'Imola, & Viſino, de Florence. Il vécut juſqu'à l'an 1512.

*

SANDRO BOTTICELLO travailla pour le vieux Duc Laurent de Médicis, & fut appellé à Rome par Sixte IV. Malgré ſes talents, il eut peu de fortune, & mourut en l'année 1515, âgé de ſoixante-huit ans.

*

SIMON de Sienne, travailla avec Giotto au Campo Santo de Piſa, & fut regardé comme un des bons artiſtes de ſon tems.

*

FRANCIA BIGIO peignit très-bien l'architecture, le payſage & les animaux. Il fut eſtimé de Dolce, & mourut dans un âge avancé, en l'année 1525.

*

DOMINIQUE PULIGA fut employé par les Princes étrangers, & auroit eu beaucoup de réputation, s'il ne se fut point trop livré à ses plaisirs. Il mourut à cinquante ans, en 1527.

*

LAURENT GHIBERTO travailla à Rimini, à Florence, & dans plusieurs villes d'Italie, où il acquit la plus grande réputation. Il eut pour disciples Philippe Brunelefchi, Masolino da Panicolo, Nicolas Lamberti, Parri Spinelli, Antoine Filareto, Paul Ucello, Antoine Delpollajolo, & plusieurs autres, qui ont tous été habiles dans leur art. Il vécut soixante-quatorze ans, & finit vers l'an 1528.

*

LAURENT DI CREDI termina beaucoup ses ouvrages, & fut fort employé à Rome, où il mourut en 1530, âgé de soixante-dix-huit ans.

*

ALEXANDRE ABBONDINO fut disciple de Michel-Ange.

*

FRANÇOIS GRAUNACCI, élève de Michel-Ange, fut excellent peintre d'architecture & de perspective. Il vécut soixante-sept ans, & mourut en 1543.

*

JACQUES surnommé *Lindaer*, avoit été disciple de Ghirlandajo, & attaché à Michel-Ange. Il fit plusieurs ouvrages à Rome & à Arezzo, & passa pour grand dessinateur. L'on voit encore de ses ouvrages au palais Médicis à Rome. Il mourut à soixante-huit ans.

*

JULIEN BUGIARDINI fut contemporain de Michel-Ange, & vécut soixante-quinze ans. Il mourut à Florence en 1556.

*

VINCENT de Saint-Ganignano, est au nombre de ceux que Vasari place au rang des bons artistes.

*

RIDOLFO GHIRLANDAJO étoit d'une famille destinée pour la peinture. Ses freres, David & Benoît, furent bien reçus en France de François I, qui les combla de bienfaits. Ridolfo, après avoir vécu avec la plus grande considération dans son art, mourut en 1560, âgé de soixante-quinze ans.

*

DOMINIQUE GHIRLANDAJO fut occupé aux travaux les plus considérables qui se firent en peinture de son tems, tant à Florence, que dans la plus grande partie des villes d'Italie. Il ne vécut que quarante-quatre ans, & eut pour disciples David & Benoît Ghirlandajo, Sebastien Mainardi de Saint-Geminiano, & le fameux Michel-Ange, François Granaccio, Nicolas Cieco, Jacques del Tedesco, & Jacques del Indaco, Baldini, Bandinelli & d'autres, qui ont tous été de célèbres artistes Florentins.

*

ANDRÉ BOSCOLI, paysagiste, fut surpris en dessinant les dehors d'une forteresse, & manqua d'y perdre la vie. Il étoit bon musicien & bon poëte. Il mourut en 1606.

*

ALEXANDRE ALLORI naquit à Florence en 1535, & fut élève de son oncle le Bronzino. Il étoit sçavant anatomiste. Il vécut soixante-douze ans, & mourut en 1607.

*

AUGUSTIN GIAMPELLI travailla pour Clement VIII au Vatican, & fut fait Président de la fabrique de S. Pierre. Il mourut en 1640, âgé de soixante-deux ans.

*

GÉRARD, peintre en miniature vécut dans le siécle.

*

DELLO fut un des premiers qui fit des petits tableaux d'histoire. Il mourut à la Cour d'Espagne, où il étoit attaché, à l'âge de quarante-neuf ans.

✱

NICOLAS SOGGI orna des Eglises & plusieurs palais de ses ouvrages, tant à Rome & à Florence, qu'en plusieurs autres villes d'Italie.

✱

BARTHELEMI peignit l'histoire & la miniature.

✱

BENOZZO fit très-bien l'histoire & le portrait. Il eut pour disciples Zanobi & Machiavel, Florentin. Il finit sa vie à l'âge de soixante-dix-huit ans.

✱

JACOPO CASENTINO fit nombre d'ouvrages à Florence & à Pise, & vécut jusqu'à l'âge de quatre-vingt ans.

✱

LAURENT RICCI, mort à cinquante-cinq ans, a laissé plusieurs ouvrages dans les Eglises de Florence, sa patrie, qui lui ont mérité la plus grande considération dans son art.

✱

Pesello Peselli fut estimé entre les peintres Florentins. Il mourut à trente-un ans.

*

Parri Spinelli fut regardé comme un des plus sçavants dessinateurs de son tems. Il finit ses jours à quarante-six ans.

*

André Commodo, élève de Cigoli.

*

Jean-Antoine Sogliani donnoit beaucoup d'expression à ses figures; il travailla longtems à Pise.

*

Masaccio de Saint-Jean, fut un des premiers qui réussit au portrait. Il mourut à vingt-six ans.

*

Rafaellino del Garbo donna d'abord de grandes espérances, & laissa peu-à-peu décliner son talent. Il mourut à cinquante-huit ans, en 1724.

*

Augustin Melisi, disciple de Bilivet, fut estimé dans son art. Il vécut jusqu'à l'âge de soixante-dix ans, & mourut dans le dix-huitieme siécle.

ECOLE
VÉNITIENNE.

LEs Peintres Vénitiens se sont montrés supérieurs dans le coloris, & dans la science du clair-obscur. Ils y ont réussi d'une maniere aussi séduisante, mais plus noble que les Flamands, qui ont, à cet égard, acquis tant de célébrité.

Leur composition est ingénieuse, leur touche est spirituelle & agréable; mais ils ont quelquefois négligé la correction du dessein; l'expression, cette partie de l'art qui parle à l'ame, n'est pas toujours ce qui caractérise leurs ouvrages.

On leur pardonne ce défaut dans l'enchantement où jette la magie des tableaux de leurs grands maîtres, & principalement de ceux du Titien, le plus célèbre d'entr'eux, & sans contredit le plus grand coloriste de l'Univers.

PEINTRES
DE
L'ÉCOLE VÉNITIENNE.

JEAN BELLIN,
Giovanni Bellini.

Dans le quatorzieme siécle, parurent à Vénise les freres Jean & Gentile Bellin, fils de Jacques Bellin, qui leur enseigna la peinture. Le plus estimé des trois fut Jean Bellin, qui se distingua particuliérement par un beau coloris. Il fut le premier qui fit connoître à Vénise cette belle partie de la peinture dans laquelle l'Ecole de cette ville s'est renduë si recommandable.

La réputation de Jean Bellin s'étant répandue dans les Etats de Vénise, par le grand nombre d'ouvrages qu'il fit dans différentes Eglises, & dans les palais des premiers de cette République; son nom parvint à la cour de Constantinople. Le Sénat connoiffant le goût de Mahomet II pour les arts, crut ne pouvoir lui faire un préfent plus agréable, que celui des ouvrages de Bellin. Ce prince en fut fi charmé, qu'il demanda cet artifte. Les Sénateurs lui ordonnerent de fe rendre à Conftantinople; Bellin préfenta à l'Empereur un de fes tableaux, dont ce Prince fut frappé, ainfi que de fon portrait, qu'il avoit fait de mémoire, & qui étoit parfaitement reffemblant. Mahomet voulut fçavoir enfuite fi Bellin pourroit fe peindre lui-même. Cet artifte y réuffit au point, que le Sultan crut qu'il avoit un génie furnaturel.

Mahomet le combla d'honneurs, & lui offrit toutes les graces qu'il pouvoit defirer. Bellin fe contenta de lui demander une lettre pour fa République; le Sultan parut très-fenfible à ce défintéreffement; il la lui donna, & y joignit les plus grands éloges.

Le Sénat, à fon retour, lui affigna une penfion fur le tréfor de l'Etat, pour lui marquer le cas qu'il faifoit de fe stalents, & pour le fixer dans fa patrie.

Quand Bellin fut affoibli par l'âge, il ne s'occupa plus qu'à faire des portraits, auxquels il donnoit une très-grande reffemblance, il joignoit à ce talent effentiel pour ce genre de peinture, un beau ton de couleur & un fini précieux. L'amour qu'il eut pour fon art le fit travailler jufqu'à la fin de fa vie, dont le cours fut de quatre-vingt-dix années. Il mourut à Vénife, où il fut généralement regretté, autant pour fes qualités perfonnelles, que pour fes talents.

Cet artifte eut pour élèves *le fameux Giorgion, Jacques de la Montagne, Rondinel de Ravenne, Benoît Loda* de Trévifan. Ce fut auffi dans fon école que commença le fameux *Titien, Sébaſtien Delpiombo, François Baſſan*, & plufieurs des meilleurs peintres Vénitiens.

Jean Bellin fut le premier qui fit des tableaux à l'huile dans l'Etat de Vénife, en ayant adroitement fçu tirer le fecret d'*Antoine* de Meffine, en 1430.

ANDRÉ MANTEIGNE,

Andrea Mantegni.

MANTEIGNE naquit dans un village près de Padoue, en 1431. Pendant ses premieres années, il fut employé à garder les troupeaux: son inclination pour la peinture cherchant à se développer, il s'occupoit à les dessiner, au lieu d'en prendre soin ; ce que ses parens ayant remarqué, ils le placerent chez *Jean Squarcione*, peintre qui avoit acquis alors de la considération dans son art.

André fit tant de progrès par son application, & sçut si bien se faire aimer de son maître, qu'il l'adopta & l'institua son héritier.

Il fut chargé à dix-huit ans du tableau du maître autel de *Sainte Sophie* de Padoue, & s'acquitta si parfaitement de cet ouvrage, ainsi que de plusieurs autres qui lui avoient été confiés, que *Jacques Bellin*, peintre célèbre, charmé de ses talens, lui donna sa fille en mariage.

Il se perfectionna & corrigea la trop grande sécheresse qu'il avoit d'abord contractée. Il fit pour le Duc de Mantoue, le Triomphe de Jules

César; ce tableau, par fa belle & ingénieufe compofition, a acquis le nom du *Triomphe de Manteigne*, & eſt gravé fur neuf feuilles en clair-obſcur.

Le Pape Innocent VIII l'ayant demandé pour peindre dans fon palais du Vatican, le Duc ne voulut point le laiſſer partir, fans lui marquer l'eſtime particuliere qu'il faifoit de fes talents, & le créa Chevalier de fon ordre, avant fon départ pour Rome.

Cet artiſte eſt l'inventeur de la gravure au burin, & le premier qui en ait fçu tirer des eſtampes. Il commença fes eſſais par pluſieurs planches en étaim, & grava nombre de fes deſſeins.

Après avoir acquis la plus grande confidération, & avoir été comblé de bienfaits par pluſieurs Souverains, *André Manteigne* mourut à Mantoue en 1517, âgé de foixante-fix ans.

Il s'étoit appliqué à l'architecture qu'il avoit exercée, & il écrivit un Traité fur cet art, où il s'étoit diſtingué autant que dans la peinture.

Il eut beaucoup d'élèves, & eut la gloire d'être le maître du fameux Correge.

✱

TITIEN VECELLI,

Tiziano Vecelli da Cadore.

CE peintre si célèbre, naquit à Cador dans le Frioul, en 1477. Il entra d'abord chez *Gentile* Bellin, & ensuite chez Jean Bellin, son frere, de-là dans l'école du Giorgion, qui, dans la suite, en devint jaloux, & le congédia. Il se fit d'abord connoître par les portraits dans lesquels il excelloit, ayant parfaitement réussi à faire ceux de plusieurs nobles de Venise, le Sénat lui donna, pour récompense de ses talents, un office de trois cens écus de revenu.

Sa réputation s'étant répandue chez les étrangers, les Souverains voulurent être peints par ce grand maître. Il fit le portrait de Paul III, lorsqu'il étoit à Ferrare. Il se rendit à Urbin pour y peindre le Duc & la Duchesse de cette principauté; il fit ensuite celui de Soliman II, Empereur des Turcs, ainsi que ceux de François I & de Charles-Quint. Plusieurs Doges & plusieurs Papes ont été peints par cet habile artiste.

Personne ne s'est plus attaché à imiter la nature, que le Titien; il peignoit encore mieux les femmes que les hommes. Il excelloit aussi dans le paysage. Il avoit les idées grandes & nobles dans les sujets sérieux, ingénieuses & agréables dans ceux qu'il tiroit de la fable. Son caractère tendre & sensible se peignoit dans ses ouvrages; dont le nombre considérable a prouvé la fécondité de son génie.

Il fit souvent des fautes contre le costume & quelquefois aussi des anachronismes, en réunissant des personnages qui ont vécu dans des siècles différens; mais on a attribué ces défauts à sa complaisance pour ceux qui lui demandoient des tableaux.

Son génie étoit noble & délicat, ses attitudes simples & vraies, ses airs de tête, quoiqu'admirables, manquoient quelquefois d'un peu d'expression. Il consultoit peu l'antique, & répétoit souvent les mêmes sujets; mais son coloris sembloit réfléchir la lumière, & lui a mérité le rang de premier peintre du monde dans cette partie la plus séduisante de son art. Il avoit plus de finesse que le Giorgion, & une plus grande richesse dans les accompagnemens & les accessoires de ses sujets. Ses portraits particulierement sont inimitables. Cet artiste avoit encore l'art du bien dessiner & peindre les enfants. Il est le premier qui leur ait donné les graces & la

M

caractère de leur âge. Ses paysages sont non-seulement estimables par la belle magie de couleur qui y régne, mais encore par le sçavant dessein des branches des arbres représentées dans leur véritable disposition perspective. Ses fabriques sont encore remarquables par leurs formes gothiques, qui nous retracent parfaitement le goût d'architecture de son siécle; ses sites ont aussi un caractère qui lui est propre, & qui donne à ses tableaux une singularité piquante.

Le Titien ayant eu ordre d'aller en Espagne pour faire un troisieme portrait de Charles-Quint, & peindre son fils Philippe, Roi d'Espagne, l'Empereur l'honora à Barcelone du titre de Comte Palatin, en 1552, lui donna une pension considérable sur la chambre de Naples, le fit Chevalier de l'ordre de S. Jacques à Bruxelles, établit ses deux fils, & les mit parmi les officiers qui l'accompagnoient dans ses marches. Il l'envoya à Inspruck faire les portraits du Roi & de la Reine des Romains. Un jour que Charles-Quint le regardoit peindre, l'artiste, animé par la présence du Monarque, laissa tomber un de ses pinceaux que ce Prince ne dédaigna pas de ramasser; le Titien confus, lui fit toutes les excuses qu'il lui devoit; cet Empereur, sans croire déroger à sa grandeur, voulut bien lui répondre que le Titien méritoit d'être servi par Céfar. La confidération que lui marqua Charles-Quint, lui fit des jaloux; ce fut à eux que ce Prince répondit, qu'il pouvoit faire des Ducs & des Comtes, mais qu'il n'y avoit que Dieu qui pût faire un homme comme le Titien.

Après cinq années de féjour en Allemagne, le Titien retourna à Vénife, où il peignit plufieurs tableaux bien différemment des premiers, & dans lefquels il ne fondoit point fes teintes; fes couleurs étoient vierges & fans mélange, auffi fe font-elles confervées fraîches & dans tout leur éclat jufqu'à ce jour.

Les tableaux de cette feconde maniere étoient moins finis, & ne font leur effet que de loin, aulieu que les premiers faits dans la force de fon âge & d'après nature, étoient tellement terminés, qu'on peut les regarder de près, comme dans une diftance plus éloignée. Son grand travail y étoit caché par quelques touches hardies qu'il mettoit après coup, pour déguifer la fatigue & la peine qu'il fe donnoit à perfectionner fes ouvrages.

Entre un nombre infini de chef-d'œuvres de ce grand artifte, diftribués dans les Eglifes, & dans les plus belles galleries de l'Europe, on remarque particulierement une repréfentation de S. Pierre

Martyr, dont la composition, l'expression & la force lui donnent un rang éminent parmi les morceaux les plus recherchés. Le fond de ce tableau représente un Paysage d'autant plus admirable, que l'effet soutient la beauté des figures, qui semblent détachées du tableau.

Tous les honneurs dont le Titien fut comblé, ont été obtenus par la considération qu'inspiroient ses talents. Il a joui d'une parfaite santé jusqu'à l'âge de quatre-vingt-dix-neuf ans, conservant dans l'âge le plus avancé le feu de la jeunesse, & les saillies de l'imagination. Il mourut à Vénise pendant la peste en 1576. On rapporte que sur la fin de sa carriere, sa vue s'étant affoiblie; il voulut retoucher ses premiers tableaux qu'il ne croyoit pas d'un coloris assez vigoureux; mais ses élèves mirent dans ses couleurs de l'huile d'olive qui ne séche point, & ils effaçoient son nouveau travail pendant son absence. C'est ainsi qu'ils nous ont conservé plusieurs chefs-d'œuvres du Titien.

Il a laissé pour élèves, François *Vecelli*, son frere, Horace *Vecelli*, son fils, qui excelloit dans le portrait, Paris *Bordone*, que François I fit venir en France en 1538, & le Tintoret. Les autres élèves du Titien sont, Jean *Calker*, *Girolamo da Titiano*, *Marco Vecelli*, son neveu, Jacques *Palme* le Vieux, *Nadalino da Murano*, *Damiano Mazza*, Lambert *Zustris*, Sebastien *del Piombo*, Christophe *Schwartz*, & *Giovani Fiamingo*.

Le Roi possède vingt-huit Tableaux de ce Maître:

SÇAVOIR,

Le Portrait de François I.
Celui d'un homme vêtu de noir tenant un gand.
Un autre homme aussi vêtu de noir.
Tarquin & Lucrece.
Persée & Androméde.
La Maîtresse du Titien.
Une Vierge.
L'Enfant Jesus.
Sainte Agnès & S. Jean.
Une Vierge avec son Fils & deux Anges.
Une Sainte Famille avec S. Jean.
Un S. Jerôme à genoux dans une grotte.
Les Pélerins d'Emaüs.
Une Madeleine.
Jesus-Christ porté au tombeau par ses disciples.
La Vierge.
L'Enfant Jesus.

Sainte Catherine, appellée *la Vierge au lapin blanc*.

Un *Ecce Homo* entre deux soldats.

Une Vierge avec l'Enfant Jesus.

Saint Etienne.

S. Ambroise & S. Marc.

Le Portrait du Marquis del Guasto avec une Femme & un Amour.

Jupiter amoureux d'Antiope, & transformé en Satyre.

Le Concile de Trente.

Deux portraits, dont l'un représente un Vieillard.

Le portrait d'un homme qui tient une lettre.

M. le Duc d'Orleans a aussi de lui,

Une Sainte Famille.

Le portrait de l'Empereur Othon.

Celui du Comte Castiglione.

Celui du Titien.

Un Concert de plusieurs hommes & femmes.

Le portrait de Charles-Quint, armé & à cheval.

Celui de Philippe II.

Une Femme habillée de noir.

Le portrait de Clément VII, assis dans un fauteuil.

Actéon & Diane.

Les Bains de cette Déesse avec la Nymphe Calisto.

Une Sainte Famille.

La vie humaine représentée par trois Enfans nuds, & par plusieurs autres figures.

Vénus à la coquille.

La Maîtresse du Titien à sa toilette.

La Tentation de Notre Seigneur.

Diane qui poursuit Actéon dans une forêt.

Vitellius.

Vespasien.

Un Tableau connu sous le nom de la Cassette du Titien.

L'Enlévement d'Europe.

L'Esclavone appuyée sur un Maure.

Une Veuve.

Venus qui se mire.

Persé & Androméde.

L'Education de l'Amour.

Le portrait d'une Femme en habit noir.

Une Madeleine à demi-corps.

Noli me tangere.

Philippe II, Roi d'Espagne avec sa maîtresse,

LE GIORGION,

Giorgio Barbarelli.

Giorgio Barbarelli, nommé communément le *Giorgion*, naquit à *Caftel Franco*, en 1478, dans le Trévifan.

Ce fut lui qui, le premier, fçut joindre la force à la fraîcheur du coloris. Il étudia à Venife fous *Jean Bellin*, fut camarade & enfuite maître du grand *Titien*. Ce qui avança le plus Giorgion dans la pratique de fon art, ce furent les ouvrages de *Léonard de Vinci*, qui lui apprirent à bien peindre, & lui donnerent cette touche légere qui le rendit un des plus célèbres artiftes de fon tems.

Il ne faifoit rien que d'après nature, fon goût de deffein approchoit de celui de l'Ecole Romaine, mais n'en avoit point la correction.

On admire dans fes ouvrages, la facilité de fon génie, l'abondance de fes penfées, le feu de fon imagination, le relief qu'il donnoit aux objets qu'il repréfentoit, & particulièrement l'harmonie de fes couleurs, & l'intelligence du clair-obfcur.

Il régne dans tous fes ouvrages une grande vérité, les chairs y paroiffent animées ; il a femblé donner l'efprit & la vie à fes portraits. Ses payfages ne font pas moins parfaits : leur touche égale leur beau coloris; il avoit, en habile homme, jugé de l'effet de fes couleurs, & fçavoit, par expérience, combien le tems peut en affoiblir l'éclat, ou en détruire la force ; il prévenoit ce qui pouvoit en attaquer la fubftance, en employant une préparation qui lui étoit particuliere.

Le Giorgion mourut à Venife en 1511, à l'âge de trente trois ans.

Sébaftien de Venife, dit Sébaftien *Delpiambo*, & le *Titien*, font les feuls élèves qu'on lui connoiffe.

Le Roi poffède du Giorgion,

Un Saint Sébaftien.

Saint Jofeph.

Sainte Catherine avec la Vierge, tenant fon Fils.

La Vie Paftorale, & les différens âges de l'homme.

Hérodiade tenant la tête de Saint Jean.

Le Portrait de Gafton de Foix.

Un Concert Champêtre.

Deux Joueurs d'inftrumens.

La Comédie fous la figure d'une femme.

M. le Duc d'Orléans possède aussi,

Un Cavalier blessé, au pied d'un Autel.
L'Amour piqué par une abeille.
Le Portrait de Gaston de Foix.
Saint Pierre, martyr.
Le Portrait de Pic de la Mirandole.
Une Adoration des Betgers.
L'Invention de la vraie Croix.

Milon Crotoniate qui veut séparer un gros tronc d'arbre.

Et le Portrait de Pordenon, sous la figure de David.

PORDENONE,

Giovanni Antonio Licinio Regillo, da Pordenone.

LE vrai nom de Jean-Antoine *Pordenone*, est Jean-Antoine *Licinio Regillo*. Il prit son surnom du bourg de *Pordenone*, dans le Frioul, où il naquit en 1484. Il suivit à Venise le goût du Giorgion, dont il devint l'ami. Il cherchoit comme lui à imiter les beaux effets de la nature. Il fit tant de progrès, que les Vénitiens le mirent souvent en concurrence avec le Titien. *Pordenone* croyant que ses rivaux vouloient attenter à sa vie, portoit toujours une épée, & avoit une rondache à côté de lui pendant qu'il travailloit dans le cloître de S. Etienne à Venise. Malgré ces précautions, ne se trouvant point en sureté dans cette ville, il alla travailler à Gênes, à Mantoue, & dans différents pays. Charles-Quint le fit venir auprès de lui, le combla de biens, & le fit chevalier. Le tems l'ayant guéri de ses terreurs imaginaires, il retourna à Venise, où le Sénat récompensa ses talents par une pension.

L'émulation que lui donnerent les ouvrages du Titien, ne lui fut pas inutile, elle lui inspira des compositions nobles & élevées, & lui fit produire plusieurs excellens morceaux, tant à l'huile qu'à la détrempe. Il coloroit aussi très-bien à fresque, & donnoit à ses tableaux autant de force que l'on en peut donner aux ouvrages peints à l'huile. Il avoit beaucoup de légereté dans l'exécution, un grand style dans la maniere de dessiner, & donnoit beaucoup de relief à ses figures. Il mourut à Ferrare, où il avoit été mandé par le Duc Hercule II, en 1540, âgé de cinquante-six ans.

Il eut pour élèves son neveu Jules *Licinio Pordenone*, & son gendre *Pomponio Amalteo da San Vito*.

Le Roi a de ce Peintre,

Un Saint Pierre, demi-figure, tenant un livre & des clefs.

Le Portrait d'un homme en fourure.

Au Palais Royal, on voit de lui:

Une Judith, demi-figure de grandeur naturelle.

Hercule arrachant une corne à Acheloüs transformé en Taureau.

La Femme Adultere.

SÉBASTIEN DEL PIOMBO,

Sebaſtiano del Piombo.

SÉBASTIEN DEL PIOMBO, connu auſſi ſous le nom de *Fra-Baſtien*, & de Sébaſtien de Veniſe, naquit en cette ville, en 1485. Il ſortit de chez Jean Bellin, & entra dans l'Ecole de Giorgion, où il prit le bon goût du coloris, & fit des tableaux qui paſſerent ſouvent pour être de ce maître. Ses talens naiſſans le firent eſtimer à Rome, où il s'attacha à Michel-Ange qui, l'aida ſouvent de ſes conſeils, lui donnoit des eſquiſſes, & l'idée de ſes tableaux ; ſouvent même il deſſinoit & diſpoſoit les figures ſur la toile : Michel-Ange, alors jaloux de Raphaël, & charmé de la beauté du coloris de Sébaſtien *del Piombo*, eſpéroit, qu'aidé de ſes deſſeins, il ſurpaſſeroit Raphaël & les autres peintres ; mais comme Sébaſtien employoit beaucoup de tems à finir ſes ouvrages, ſon goût devint trop ſec & trop froid, & ne répondit point aux idées de Michel-Ange.

Cet artiſte étoit ſi irréſolu dans ſes ouvrages, qu'il en commençoit pluſieurs à la fois, ſans en terminer aucun.

Le portrait étoit plus de son goût que l'histoire, il en a fait un grand nombre qui sont fort recherchés. Il est le premier qui ait peint à l'huile sur les murailles : il avoit trouvé le secret d'une composition de poix, de mastic & de chaux vive, pour soutenir ses couleurs, & les rendre toujours fraîches. Il mourut à Rome en 1547, âgé de soixante-deux ans.

Ce qui fait le plus d'honneur à ce peintre, est la concurrence où il fut avec Raphaël au palais Chigi, dans lequel il fit un Poliphême, & exécuta plusieurs autres sujets tirés de la fable. Une Chapelle qu'il peignit à *S. Pierre in Montorio*, acheva d'établir sa réputation, & le fit considérer comme un des meilleurs peintres de son tems. Il avoit été musicien dans sa jeunesse, & sur la fin de sa vie, il ne s'occupa plus que de la poësie. Lorsque le Pape lui eut donné l'office de la marque du plomb, dont il tira son nom, il ne fit plus que quelques portraits. Les desseins de ce célèbre maître faits à la pierre noire, sont dans le goût de ceux de Michel-Ange.

On ne lui connoît qu'un disciple, nommé *Tomaso Laurati*, Sicilien.

La Collection du Roi conserve de ce Maître

Une Visitation de la Vierge, peinte sur bois.
Le portrait de Baccio Bandinelli.

M. le Duc d'Orléans possède aussi de lui

Jupiter en Aigle enlevant Ganyméde, dessiné par Michel-Ange.
Le portrait de Michel-Ange.
Une Descente de Croix.
La Résurrection du Lazare, de grandeur naturelle, qu'on croit avoir été inventé & dessiné sur toile par Michel-Ange.

JEAN DA UDINE.

Giovanni Nanni da Udina.

JEAN NANNI, né à Udine, capitale du Frioul, en 1494, entra d'abord dans l'école de Giorgion; il vint ensuite à Rome dans celle de Raphaël, où il s'attacha particulierement à peindre d'une grande maniere les animaux, les oiseaux, les fruits, les fleurs, les ornemens & le payfage. Il deffinoit & copioit exactement d'après nature toutes les chofes dont il vouloit former ses tableaux. Il donnoit à ses arabefques des formes si singulieres & si originales, qu'il peut être regardé comme le premier dans ce genre. Jean *da Udine* avoit trouvé des grotefques dans les ruines du palais de Tite, qu'on appelle *Grottes*; & il fut le premier, qui, à l'imitation des anciens, remit en ufage cette sorte de travail. C'est ce qui engagea Raphaël à lui faire peindre la plus grande partie des ornemens de la gallerie du Vatican; il l'employa même dans quelques-uns de ses tableaux. Ce fut lui qui retrouva le fecret du beau ftuc des anciens; il conduifit en conféquence séquence dans les mêmes galleries, tous les travaux de cette nature. Ayant achevé un ouvrage que le Pape vint voir, un domeſtique courut pour lever un tapis qu'il venoit de peindre, croyant qu'il couvroit quelque choſe que l'on vouloit faire voir à Sa Sainteté, ce Pontife, qui partagea la même erreur, lui témoigna ſa ſatisfaction par une récompenſe qu'il lui fit accorder.

Le beau ton de couleur & la légéreté qui régne dans ſes ouvrages, quoique d'un genre bien inférieur à l'hiſtoire, méritent les plus grands éloges. Il finit ſes jours à Rome en 1564, à l'âge de ſoixante-dix ans. On ne lui connoît aucun élève.

JACQUES DA PONTÉ,

Giacomo da Ponte.

JACQUES DA PONTE, nommé communément le Baſſan, né à Baſſano dans les états de Veniſe, en 1510, s'inſtruiſit d'abord ſous ſon pere François Baſſan, il ſe forma enſuite à Veniſe ſur les ouvrages du Titien & du Parmeſan. Il joignit à la beauté du coloris, une imitation exacte des objets qu'il peignoit ; il choiſiſſoit ſouvent

N

dans l'Ecriture-Sainte, des sujets de la vie domestique, tels que des nôces, des cênes, & des apprêts de festins, prenant ordinairement ses modèles dans sa basse cour & dans sa cuisine; sa femme, ses enfans, & ses valets lui fournissoient aussi les originaux pour les personnages de ses tableaux. Peu curieux du costume, il habilloit ses figures toujours de la même maniere, & en répetoit souvent les attitudes : ses compositions sont presque toujours confuses, & se ressemblent assez généralement; ses draperies un peu manierées, & quelquefois pesantes, cachent souvent les pieds & les mains, qu'il sembloit éviter de peindre, pour accélerer davantage son travail.

Comme il peignoit avec une extrême facilité, il a laissé un grand nombre de tableaux. Ayant fixé sa résidence à Trévisan, il les envoyoit vendre à Venise, ils y étoient fort estimés; mais on en fit encore plus de cas, lorsqu'on apprit que le fameux *Titien* avoit acheté quelques-unes de ses productions.

La maniere de peindre du *Bassan* est vigoureuse & d'un bon style, ses couleurs locales sont bien placées, sa touche est ferme, & exprime parfaitement bien les objets qu'il a voulu représenter. Quoique ses couleurs ne soient point fonduës, les teintes en sont si justes & si harmonieuses, qu'elles produisent toujours leur effet. Il réussissoit également à faire des portraits. Ses tableaux d'histoire sont fort recherchés; mais ils sont souvent défectueux par l'ordonnance, & manquent de vraisemblance pittoresque & poétique.

La mort enleva cet habile homme en 1592, à l'âge de quatre-vingt-deux ans.

Il eut quatre fils qui furent tous ses élèves; *François* & *Léandre* se firent une grande réputation, *Jean-Baptiste* & *Jerôme* se sont presque bornés à copier les ouvrages de leur pere, & à les multiplier.

Ses desseins sont, pour la plûpart, heurtés & indécis, on en reconnoît l'auteur à ses figures rustiques, & à une maniere d'ajustement qui lui est propre.

On trouve dans la collection du Roi, douze tableaux de ce Maître.

Jesus au tombeau.
Jesus portant sa croix.
La Flagellation.
La Nativité.
Noë faisant construire l'Arche.
Noë y faisant entrer les animaux.
Noë offrant un sacrifice.
Les Nôces de Cana.

Le Déluge.
Une Vendange.
Les Pélerins d'Emmaüs.
Le Frappement du Rocher.

M. le Duc d'Orléans a de lui :

Le Portrait d'un Vieillard à mi-corps & vêtu de noir.
S. Jerôme devant un Crucifix.
La Circoncifion de Notre Seigneur.
Le Portrait du Baffan de grandeur naturelle.
Celui de fa Femme tenant un livre.

A l'Hôtel de Toulouse, il y a de ce Peintre quatre deffus de porte qui repréfentent,

Un Payfage avec plufieurs figures.
Des gens qui vont fe coucher.
Une Cuifine.

JACQUES TINTORET,

Giacomo Robusti, il Tintoretto.

Tintoret, dont le vrai nom étoit *Jacques Robusti*, naquit à Venise en 1512. Il fut quelque tems disciples du *Titien* qui en devint jaloux au point de le congédier. Il passe pour le génie le plus fécond que l'on connoisse dans la peinture; un grand morceau lui coutoit moins de tems à exécuter, qu'à un autre de l'inventer; il aimoit si fort son art, & ses idées étoient si vives, qu'il proposoit souvent de peindre les grands ouvrages des couvents pour le déboursé des couleurs. La grande composition de ses tableaux en égale l'expression.

Il écrivit sur la porte de son cabinet :

Il disegno di Michel-Angelo : & il colorito di Titiano.

C'étoit un avertissement qu'il se donnoit à lui-même de prendre toujours ces grands maîtres pour exemples. Il étudioit ses draperies sur des figures de cire qu'il modeloit, & qu'il ajustoit d'une maniere singuliere. Il excelloit aussi dans le portrait.

Tintoret étoit plus hardi dans ses productions que *Paul Veronèse*; mais il lui est très-inférieur pour les graces & la richesse de l'ordonnance. Il peignoit au premier coup, sa couleur est vierge, & placée d'une justesse sans égale, ce qui en conserve la fraîcheur & la maintient dans toute sa pureté. Un beau feu anime ses ouvrages, ses idées, quoiqu'assez extraordinaires, ont distingué cet artiste, & lui ont mérité le rang qu'il tient dans la peinture.

Cependant une fougue de génie dont il n'étoit pas le maître, lui fit faire quelques tableaux médiocres, & l'ont rendu quelquefois inégal. On reproche à ce peintre un mouvement trop violent dans les attitudes des figures de ses sujets de dévotion. Ses tableaux en général sont peu terminés, & la rapidité avec laquelle il les exécutoit, le rendit souvent incorrect. Il mourut à Venise en 1594, âgé de quatre-vingt-deux ans.

Il eut pour élèves deux de ses enfans; *Dominique Tintoret*, & sa fille *Marie Tintoret*, *Belizaire Coredizio*, *Jacques Palme*, le jeune, *Paul Franceschi*, *Martin de Vos*, & *Jean Rothenhamer*, ont beaucoup suivi sa maniere.

On voit de lui dans le cabinet du Roi :

Le Portrait d'un homme tenant un mouchoir.
Celui d'une Vénitienne.
Suzanne avec les Vieillards.
Le Portrait d'un homme appellé *la Longue Barbe*.
La Magdeleine aux pieds de J. C. chez Simon le Pharisien.
Notre Seigneur faisant la Cêne avec ses disciples
Une Descente de Croix.
Le Martyre de S. Etienne.

Au Palais Royal, il y a du Tintoret :

Le Portrait d'Henri III.
Celui d'un homme appuyé sur un prié-Dieu.
Une Présentation au Temple.
La Conviction de S. Thomas.
Un Consistoire.
Une Descente de Croix.
Le Titien & l'Arétin, deux portraits ovales en regard.
Les Ducs de Ferrare, pere & fils.
L'allaitement d'Hercule par Junon.
Une Léda.

ALEXANDRE BUONVICINO,
Aleſſandro Buonvicino.

CET Artiſte qui fut ſurnommé *il Moretto*, naquit à *Rovata* en 1514, dans le territoire de Breſcia, & s'appliqua à l'étude de la peinture dès ſa jeuneſſe, avec tant de ſuccès, qu'il parvint à être un des plus diſtingués entre les élèves du Titien; deſorte que les portraits de Buonvicino ſont comparés à ceux de ce grand maître, & ſes tableaux répandus dans nombre d'Egliſe & de palais, ont ſouvent trompé les connoiſſeurs, & paſſé pour être du Titien, dont il imitoit parfaitement la maniere.

Bonvicino donnoit à ſes ouvrages un très-beau fini, un coloris tendre & animé, il peignoit toujours d'après nature; ſes compoſitions ſont nobles, majeſtueuſes & pleines de dignité, particulierement dans les ſujets de dévotion. Il mettoit ſes figures bien enſemble, & leur donnoit toujours l'expreſſion du ſentiment qu'il vouloit rendre. Ce peintre finit ſes jours dans la ville de Breſcia, & fut inhumé dans l'Egliſe de S. Clément, après avoir vécu dans un âge avancé, ſans que l'on puiſſe dire l'année de ſa mort, ni s'il a eu des élèves.

PAUL FARINATO,

Paolo Farinato.

La famille de FARINATO s'étoit retirée à Vérone en 1262, pour se sauver des factions Guelfe & Gibeline. Elle donna le jour, en 1522, à *Paul Farinato*, qui, cédant au penchant qu'il avoit pour le dessein, fut mis sous la conduite de *Nicolas Golfino*, dont on voit de bons ouvrages à Vérone.

Le génie du jeune élève ne tarda pas à se développer : la chaleur & la vivacité de son imagination, se faisoient remarquer même dans les premieres études qu'il fit de son art, il parvint, en peu de tems, à être regardé comme un bon dessinateur, & on le vit bientôt peindre à fresque, & colorier d'une maniere ferme & vigoureuse.

Après avoir orné de tableaux plusieurs Eglises, il traita divers sujets tirés de l'histoire de Verone, sa patrie, dont il enrichit la Salle du Conseil. Il peignit une Bataille remportée par ses Concitoyens sur l'armée Impériale, le pillage du camp, la fuite des troupes de l'Empereur, & le Triomphe des troupes victorieuses. rentrant dans la ville de Verone. Différens Palais de fon pays furent embellis par fes tableaux, dont la plus grande partie font fur des fujets de la fable.

Sa réputation s'étant répandue, on le follicita de toutes parts, pour obtenir de fes ouvrages.

Philippe II, Roi d'Efpagne, paffant par Villefranche, vit un tableau repréfentant la Sainte Vierge, de la main de cet artifte, dont il voulut fur le champ faire l'acquifition, enchanté de l'air de candeur & de modeftie qu'il trouva dans la figure de la Mere du Sauveur.

Farinato exerçoit avec fuccès la fculpture & l'architecture, il joignoit encore à fes talents la perfpective.

Ses compofitions font toujours animées & pleines de feu; fon deffein, fans être d'une grande correction, joint à beaucoup de vérité, de la juftefse dans l'enfemble de fes figures, & beaucoup de fineffe & de vérité dans les expreffions; fon coloris qui tient de celui de l'Ecole Vénitienne, eft ferme & lumineux.

Il fut admis dans l'Académie des Filarmonici, & regardé comme un de fes meilleurs membres. Il finit fes jours à l'âge de quatre-vingt-quatre ans, en 1606, emportant avec lui les regrets des artiftes & des principaux citoyens du lieu de fa naiffance.

ANDRÉ SCHIAVONE,
Andrea Schiavone.

CE Peintre naquit à *Saint-Benigo*, en Dalmatie, en 1522. Il étudia à Venife les ouvrages du Giorgion, du Titien & du Parmefan. On le regarde comme un des plus grands coloriftes de l'Ecole Vénitienne. Sa maniere eft vague & agréable, fes compofitions fpirituelles, fes draperies font larges & de bon goût, fes têtes de femmes très gracieufes & bien deffinées, celles des vieillards bien touchées, les différentes attitudes de fes figures bien choifies & fçavamment contraftées. La facilité avec laquelle il opéroit, l'a rendu fouvent incorrect. Il peignoit parfaitement bien le payfage, & fe diftingua particulierement dans les portraits, qu'il faifoit très-reffemblants & d'une fraîcheur de couleur admirable. Il avoit coutume de faire fes teintes quelques jours avant de s'en fervir, & prétendoit qu'elles fe purifioient de leur graiffe, & fe maintenoient plus fraîches par cette maniere de les employer. Les Eglifes de Rome & plufieurs palais font embellis de fes ouvrages. On voit de lui dans la Bafilique de

S. Pierre, deux grands tableaux, & le plafon de la Chapelle Grégorienne. Il mourut à Venise en 1582, âgé de soixante ans. Il fut étroitement lié d'amitié avec l'Arétin qui l'aida de ses conseils dans ses différentes compositions.

Le Roi a de ce Peintre :

Un S. Jerôme dans un paysage.

M. le Duc d'Orléans :

Un Philosophe.
Un Christ mort.
Pilate qui se lave les mains.
Un Christ au tombeau.

JÉROSME MUTIAN,

Girolamo Mutiano.

JÉROSME MOTIANI prit naiffance dans la Terre d'*Aquafredda*, au territoire de Brefce, de la noble famille des Mutian, en 1528. Il vint à Venife pour étudier le Tintoret, & les autres grands maîtres de cette fameufe Ecole. Il alla enfuite à Rome, où il acheva de fe perfectionner; il s'y fixa, & devint un grand deffinateur. Ses têtes font expreffives, & fon coloris vigoureux. Il ornoit fes tableaux de très-beaux fonds de payfage, dont la touche des arbres, quoiqu'imitée des Flamands, eft extrêmement précieufe. Tout ce qu'il faifoit étoit étudié d'après nature, rien n'étoit négligé fur-tout dans les draperies & les habillemens de fes portraits, qu'il terminoit avec la plus grande vérité. Ce fut lui qui trouva le moyen de faire un nouveau maftic pour mieux appliquer la mofaïque.

Il mourut à Rome en 1590, âgé de foixante-deux ans, après avoir établi l'Académie de Saint-Luc, dont il fut élu chef. Il paroit que Céfar Nebbia de la ville d'Orviette, a été un de fes élèves.

Le Roi a de ce Maître:

L'Incrédulité de S. Thomas.

M. le Duc d'Orléans:

Un Tableau représentant S. Jérôme à genoux devant un Crucifix, de grandeur naturelle.
Une Résurrection du Lazare dans un paysage.

PAUL CALIARI,

Paolo Caliari Veronese.

PAUL CALIARI VERONESE naquit à Vérone, en 1532. Il entra d'abord chez Badile, son oncle, qui passoit pour le meilleur artiste de Vérone. Bientôt son mérite l'éleva au-dessus de ses rivaux, il vint à Venise, où il se distingua d'une maniere particuliere, & reçut pour marque de considération une chaîne d'or. Il accompagna à Rome le Procurateur *Grimani*, Ambassadeur de la République, & fit, à la vue des statues antiques & des ouvrages de Raphaël, des progrès qui lui mériterent, à son retour, l'honneur d'être créé Chevalier de S. Marc. Le Guide disoit que, s'il avoit à choisir parmi les peintres, il désireroit être Paul Veronèse; que dans les autres, on reconnoissoit l'art, aulieu que dans les ouvrages de Paul, la nature se montroit dans toute sa vérité.

Ce peintre étoit recommandable par ses grandes ordonnances, par la majesté de ses compositions, & le beau choix des sujets. Il donnoit à ses têtes autant de grace que de noblesse, les mouvements de ses figures étoient doux & leurs expressions naturelles.

Ses ouvrages sont surtout remarquables par la fraîcheur & la beauté du coloris. Il sçavoit orner ses sujets de beaux fonds d'architecture; aucun peintre n'a donné plus de grandeur & de magnificence au sujet qu'il a traité. Il évitoit de peindre noir, & donnoit le plus de lumiere qu'il lui étoit possible dans les fonds qui accompagnoient ses figures. Ses couleurs étoient pures & fraîches, & posées avec tant de liberté & de facilité, qu'elles conservent leur éclat sans altération; ce peintre ne glaçoit que les draperies qu'il faisoit dans la maniere d'Albert Durer.

On lui reproche d'avoir négligé le costume dans quelques-uns de ses ouvrages, & l'on dit aussi avec raison, que plusieurs figures de ses tableaux manquent d'attention à l'action principale; telles sont celles qu'il a placées sur le devant du grand tableau des difciples d'Emmaüs qu'on voit chez le Roi à Verfailles.

Il eut pour difciples fes deux fils qui ont marché dignement fur les traces de leur pere, & qui ont fini une partie des ouvrages qu'il avoit laiffés imparfaits. Les Nôces de Cana qu'il a repréfentées dans le Réfectoire de S. Georges Majeur du palais de S. Marc, forment un des plus beaux morceaux qui foit au monde.

Ce grand peintre mourut à Venife en 1588, âgé de cinquante-fix ans. Ses ouvrages font trop répandus & trop connus, pour qu'on en puiffe faire l'énumération.

Le Roi poſſéde vingt-ſix Tableaux de ce Maître.

SÇAVOIR:

Le fameux Banquet chez Simon le Lépreux.
Les Pélerins d'Emaüs.
Judith avec Holopherne.
Rébecca qui donne à boire aux Chameaux d'Ifaac, en préfence d'Eliezer, fon ferviteur.
Bethfabée fortant du Bain.
Le Martyre de S. Maurice.
Jefus-Chrift guériffant la belle-mere de Saint Pierre.

Une

Une Nativité.

Le Crucifiement de Notre Seigneur.

Un Chrift au Tombeau.

L'Hémoroïffe de l'Evangile.

L'Apparition de Jefus-Chrift à S. Pierre & à S. Paul.

Un Portement de Croix.

L'Entrée de Henri III dans Venife.

Venus & Adonis.

L'Adoration des Mages.

Cinq différens tableaux repréfentant la Sainte Famille, dans quelques-uns defquels on voit plufieurs Saints & Saintes.

La Sainte Vierge enlevée par les Anges.

Moïfe fauvé des eaux, fujet double avec des changemens.

Efther chez Affuerus.

Perfée & Androméde.

On voit de lui au Palais Royal,

Les Difciples d'Emmaüs.

L'Enlévement d'Europe.

Léda.

Mars défarmé par Vénus.

La Mort d'Adonis.

Mercure.

Mars & Vénus liés par l'Amour.
Un Portrait de la Fille de Paul Véronèse.
Paul Véronèse entre le Vice & la Vertu.
Quatre deffus de porte, dont les fujets font: la Sageffe, compagne d'Hercule, le Refpect l'Amour, le Dégoût & l'Infidélité.
Mars & Vénus.
L'Embrafement de Sodôme.
Les Ifraëlites fortant d'Egypte.
Le Jugement de Salomon.
Moïfe fauvé des Eaux.

JOSEPH PORTA,

Giuseppe Porta.

Joseph Porta, surnommé *Salviati*, du [nom] de son maître, naquit à *Castello-Nuovo [de]lla Grafignana*, en 1535. Il devint habile à [pei]ndre à fresque, & son coloris vigoureux te[no]it de celui des meilleurs maîtres. Trop atta[ch]é à l'anatomie, il marquoit les muscles avec [ex]cès, ce que les anciens ont quelquefois affecté, [po]ur montrer à quel dégré ils possédoient la con[no]issance du corps humain. Il inventoit facile[me]nt, donnoit de l'expression & de la grace à [ses] figures, & fut un de ceux qui sçut joindre [la] maniere Romaine au coloris Vénitien.

Le Pape Pie IV le fit venir à Rome pour pein[dr]e dans la Salle Royale du Palais du Vatican. [Il] y représenta l'Empereur Frédéric baisant les [pi]eds d'Alexandre III. Le Pontife, qui lui avoit donné ces tableaux, lui marqua sa satisfaction [en] lui donnant mille écus d'or, somme alors très[co]nsidérable.

Beaucoup d'autres ouvrages l'occuperent & [a]rrêterent à Rome pendant plusieurs années, [ap]rés lesquelles il se rendit à Venise, où il partagea

O ij

ses loisirs entre les mathématiques qu'il possédoit supérieurement, & la chymie, dans laquelle il espéroit découvrir de nouvelles couleurs pour peindre à fresque. Dans une maladie qu'il eut, il jetta au feu ses desseins, ses écrits & les figures de mathématiques qu'il avoit tracés.

Salviati finit ses jours dans la ville de Venise en 1585, âgé de cinquante ans.

M. le Duc d'Orléans a de ce Peintre,

L'Enlevement des Sabines, de grandeur naturelle.

L'on voit aux Célestins dans la Chapelle d'Orléans, une Descente de Croix, de la main de ce peintre.

DARIUS VAROTARI,
Dario Varotari.

LE pere de cet artiste, d'une noble famille, quitta, pour cause de Religion, la ville d'Arzentine en Allemagne, & vint s'établir à Verone, où il eut pour pour fils, en 1539, *Dario Varo-tari*. Ce peintre montra de bonne heure toutes les dispositions qu'il avoit pour le dessein & les mathématiques. Il étudia d'abord l'architecture; mais ayant fait connoissance en même tems avec Paul Véronèse, il se mit dans son Ecole, où il se distingua en peu de tems par ses progrès, & mérita d'être regardé comme un de ses meilleurs élèves.

S'étant fixé à Venise, il peignit pour la salle des Podestats, un grand tableau représentant l'Alliance entre le Pontife Pie V, le Roi Catholique & le Doge Louis Mocénigo; les portraits furent faits d'après nature, la vérité qui régne dans toutes les parties de cet ouvrage commença la grande réputation de Varotari, & lui procura un nombre infini de travaux pour les Eglises, où il traita avec succès plusieurs sujets de l'Histoire Sacrée, tant à fresque qu'à l'huile. Il peignit aussi dans plusieurs palais différenss traits de l'Histoire Profane, où il sçut répandre autant de graces & de variétés, qu'il avoit mis de force & de pathétique dans les morceaux tirés de l'Evangile.

Varotari cultiva aussi l'architecture avec succès. Il éleva plusieurs palais considérables, qu'il décoroit ensuite de ses ouvrages de peinture.

Il fit voir une imagination vive & ingénieuse dans toutes ses compositions ; il imita son maître dans le coloris & dans le dessein, ainsi que dans la manière de draper & d'ajuster ses figures.

Dario Varotari mourut à l'âge de cinquante-sept ans, en 1596.

Il avoit eu pour élève son fils *Alexandre Varotari*; & une fille nommée *Claire Varotari*, qui parvint à faire singuliérement bien le portrait. Elle s'établit à Venise avec son frere, qui y étoit considéré comme un des meilleurs artistes.

PALME LE VIEUX.

Jacques Palme le Vieux, ainſi nommé pour le diſtinguer de ſon neveu Jacques Palme, dit le Jeune, naquit à Sérinalta, dans le territoire de Bergame, en 1540. Il entra à Veniſe dans l'école du Titien; ſans atteindre à la fineſſe & au moëlleux du pinceau de ſon maître, ſa maniere fut ſi conforme à la ſienne, qu'on le choiſit, après ſa mort, pour mettre la derniere main à un tableau d'une Deſcente de Croix, commencé par ce fameux artiſte, ce qu'il fit avec ſuccès.

Le Palme eſt plus eſtimé pour l'union des couleurs, pour leur fonte, que pour la fierté, la correction du deſſein, & la nobleſſe des penſées. Il faiſoit tout d'après nature, & terminoit avec ſoin les moindres détails de ſes ouvrages, & particuliérement les draperies. On apperçoit malgré ſon fini extrême, une facilité qui feroit croire qu'il finiſſoit au premier coup.

Ce peintre fondoit d'abord ſes couleurs, enſuite il repeignoit de nouveau, & ſe ſervoit de glacis, ce qui a rendu ſes chairs fraîches & vivantes. Ne perdant jamais de vue ſon ſujet, il le traitoit avec la même force & le même feu, jusqu'à ce qu'il fut terminé. Cet artiste s'étoit aussi très-distingué dans le portrait qu'il faisoit d'un ton de couleur vague & de bon goût; mais il a fort dégénéré dans la suite, & ses ouvrages trop finis sont devenus froids & sans goût. La mort de Palme arriva à Venise en 1588, à l'âge de quarante-huit ans. On dit qu'il eut pour disciples *Lorenzo Lotti*, de Bergame, *Boniface*, Vénitien, & *Santo Peranda*.

Le Roi a de ce Maître,

Jesus-Christ au Tombeau.
Une Vierge.
L'Enfant Jesus.
S. Joseph avec un jeune homme à genoux.
Une Sainte Famille avec huit figures.

Au Palais Royal, on voit de lui:

Une Vénus couchée.
Sainte Catherine.
Une Sainte Famille.
Hérodiade.
Un Doge de Venise assis dans un fauteuil.
Le Portrait d'une Jeune Fille.

*

FELIX RICCIO,

Felice Riccio, Brufaforci.

Vérone fut la patrie de *Felix Riccio*, surnommé *Brufaforci*, qui naquit en 1540. Il reçut de fon pere, peintre diftingué, les premiers principes de fon art. Les progrès rapides qu'il y fit le mirent en état de mériter, dans un âge encore tendre, d'être admis dans le corps académique des Filarmonici.

Après la mort de fon pere, il fe rendit à Florence, & fut reçu chez Jacques Ligorio de Vérone, peintre du Grand Duc. Il étudia dans cette école fameufe la grande maniere du deffein, & étant retourné dans fa patrie, il fit voir par plufieurs ouvrages, les progrès qu'il avoit faits, particuliérement dans une Flagellation de Notre Seigneur, dont les figures nues paroiffent tenir de l'école de Michel-Ange. Ses fuccès lui procurerent un nombre infini d'autres travaux publics pour les Eglifes de Vérone, & des autres villes de l'Etat de Venife. Il fit auffi plufieurs portraits dans lefquels il réuffit fupérieurement.

Il orna la grande Salle du Conseil de Vérone, sa patrie, de plusieurs morceaux tirés de l'histoire de cette ville. On y voit des marches d'armées & des combats, où sont exprimés avec force les différentes actions qui en sont les objets.

Cet artiste avoit de la chaleur dans l'imagination, & mettoit beaucoup d'expression dans ses caractères; son dessein tenoit de celui des meilleurs maîtres de l'Ecole Florentine, & son coloris a toute la force & la vigueur qu distinguent les peintres de son pays.

Il périt malheureusement, ayant été empoisonné par sa femme à l'âge de soixante-cinq ans, en 1605, très-regretté de l'Académie de Filarmonici, dont il étoit un des membres, ainsi que des premiers citoyens de Vérone, qui avoient pour lui une estime particuliere.

PALME LE JEUNE,

Giacomo Palma, Il Giovine.

JACQUES PALME naquit à Venife en 1544. On le dit difciple du Tintoret, dont il a affez fuivi le goût, il alla à Rome, où il étudia Raphaël, Michel-Ange & Polidore. De retour à Venife, il fut préféré à fon oncle, furnommé *Palme le Vieux*, pour fa compofition, fon génie & la diftribution de fes figures. Il fçut donner plus de légéreté à fes draperies, dont les plis larges étoient heureufement rompus & cadencés. Il fut fouvent en concurrence avec le Tintoret, Paul Véronèfe & le Giufeppin. Piqué de l'émulation de fe foutenir auprès de ces grands artiftes, il fit des efforts qui l'égalerent à fes concurrens.

Palme changea enfuite fa maniere de peindre, pour en prendre une plus expéditive, & l'amour du gain prévalut fur celui de la gloire. Cet habile peintre termina fa carriere, en 1628, dans la quatre-vingt-quatrieme année de fon âge.

Il a beaucoup travaillé à Rome & à Venife, & dans les principales villes d'Italie; où il s'eft fait eftimer, non feulement par fes talents pour la peinture, mais auſſi par ſon érudition & la gayeté de ſon caractère ; ce qui engageoit le Chevalier *Marini* & le *Guarini* à le voir ſouvent.

Le ſeul élève qu'on lui connoiſſe, eſt Jacques *Abarelli*.

Le Roi n'a qu'un ſeul Tableau de ce Maître, qui repréſente,

Un Chriſt couronné d'Epines.

JEAN CONTARINO,

Giovanni Contarino.

LE célèbre Titien fut le maître de Jean Contarino, dont la naiſſance eſt de l'annnée 1549. Il reçut de ſon pere tous les ſecours néceſſaires, non-ſeulement pour l'étude des belles-lettres ; mais auſſi pour la peinture. Ses heureuſes diſpoſition le mirent bien-tôt en état de paroître avec éclat parmi les bons artiſtes. Il commença par des portraits, où il réuſſit d'une maniere diſtinguée ; mais ſon génie prenant l'eſſor, il fit pluſieurs grands ouvrages qui furent autant de preuves de la fécondité de ſon pinceau.

A l'âge de trente ans, Contarino fut invité par l'Empereur Rodolphe II, à se rendre en Allemagne, pour faire le portrait de ce prince; & étant à cette cour, il traita avec succès plusieurs fables des Métamorphoses. Il passa à Inspruck, où il continua d'exercer ses talents. De-là il revint à Venise, sa patrie, où il reparut vêtu des habits de distinction qu'il avoit reçus de l'Empereur. Il fut très-employé par ses concitoyens qui le chargerent successivement des travaux pour leur Eglises & pour leurs maisons particulieres.

Les talents de cet artiste sont remarquables, non-seulement par la couleur qu'il avoit prise dans l'Ecole du Titien, mais encore par un dessein élégant & des compositions toujours ingénieuses.

Contarino mourut à Venise à l'âge de cinquante-six ans, en 1605.

MARIE TINTORET,
Maria Tintoretti.

Marie Tintoret, fille du célèbre Tintoret, vint au monde en 1560. Son pere prit un soin particulier de cultiver & perfectionner les heureuses dispositions qu'il lui trouva. Ses talents se développerent pour le portrait, où le Tintoret, lui-même, étoit si habile. La réputation de Marie augmentant de jour en jour, plusieurs Souverains de l'Europe voulurent l'attirer dans leur cour; mais son pere ne put se résoudre à s'en séparer. Elle joignoit à ses talents une belle voix qu'elle sçavoit accompagner de plusieurs instruments. La mort l'enleva à Venise en 1590, dans sa trentieme année. Sa touche étoit légére & spirituelle, un coloris brillant & vigoureux soutenoit la ressemblance de ses portraits.

On voit d'elle au Palais Royal,

Un Tableau représentant un homme assis, vêtu de noir, ayant une main sur un livre ouvert, posé sur une table, où il y a un Crucifix, un écritoire, une pendule & des papiers.

LÉONARD CORONA,

Leonardo Corona.

LE Chevalier Ridolfi assure qu'il n'est point sorti de génie plus fécond de la ville de Murano, que Léonard Corona, qui naquit l'an 1561. Son pere, peintre en miniature, le mit à Venise dans l'Ecole de Rocco de Saint-Silvestre, qui étoit plus brocanteur que peintre; mais il avoit chez lui les plus beaux tableaux de l'Ecole Vénienne, qu'il faisoit copier, & dont il faisoit commerce. Ce fut sur ces fameux ouvrages que le jeune Léonard forma les talents qui l'ont distingué, & qui lui ont mérité une place entre les premiers artistes de son siécle.

Il fut employé, en concurrence avec Paul Véronèse, à Venise pour le palais Ducal, où il représenta plusieurs sujets tirés de l'Histoire de la République. Les Eglises & les maisons Religieuses de l'Etat Vénitien, occuperent successivement son pinceau, & lui procurerent les occasions de montrer la fécondité de son génie, & les talents qu'il avoit reçus de la nature. Sa maniere qu'il devoit au meilleur maître de l'Ecole

Vénitienne, en avoit le caractère. Son coloris ferme & vigoureux, tient de celui du Titien & de Paul Véronèse. Son deffein, fans avoir la grandeur de celui des Ecoles Romaine & Lombarde, a de la fineffe & de la vérité, ainfi que fes expreffions qu'il a fçu varier, felon la diverfité des fujets qu'il a traités.

Il voyagea dans l'Etat Vénitien, alla à Padoue, à Vérone, & peignit dans plufieurs Eglifes des coupoles & nombre de tableaux d'autels. Il revint à Venife, où il eut peine à répondre à l'empreffement de ceux qui défiroient occuper fon pinceau. Sa réputation augmentant toujours, à mefure qu'il plaçoit fes ouvrages dans les Eglifes & les Couvents, où ils étoient deftinés, lui en procura un fi grand nombre, qu'il en laiffa plufieurs imparfaits, lorfqu'il termina fa carriere à l'âge de quarante-quatre ans, en l'année 1605.

LACTENCE CAMBERA.

Lattentio Cambera.

CRÉMONE fut la patrie de Lactence Cambera. Son pere, qui exerçoit le métier de tailleur, le destinoit au même état; mais son génie se développa dès son enfance, & des desseins qu'il faisoit sans principes ayant été remarqués par Antoine Campo, ce peintre l'engagea à étudier dans son Ecole, où son application le fit devenir en six années, un des meilleurs coloristes de son tems. A dix-huit ans, il alla à Brescia, & se lia dans cette ville avec le Romanino, qui lui donna sa fille, en lui cédant pour dot les principales entreprises qui lui étoient destinées; cet artiste eut alors un vaste champ pour exercer la fécondité de son génie, & la facilité qu'il s'étoit acquise par son extrême assiduité à l'étude de la nature.

Après avoir terminé, avec le plus heureux succès, nombre de grands sujets d'histoire dans la ville de Brescia, il se rendit à Parme, où le Duc l'avoit demandé pour peindre la principale Eglise; ce Prince fut si satisfait de son travail, qu'il désira de se l'attacher; mais de nouvelles occupations l'appellerent à Brescia, où étoit sa famille, & l'y retinrent plusieurs années. Il passa ensuite à Venise, où il fit beaucoup d'ouvrages, tant pour des Eglises, que pour des particuliers. La vivacité de son génie le rendoit également propre à traiter les sujets sacrés & profanes, dans lesquels il mettoit du sentiment & de la poësie.

La mort termina ses travaux à l'âge de trente-deux ans. On ne connoît de ses disciples que Geovitta de Brescia, qui a beaucoup approché de sa maniere.

TIBERE TINELLI,

Tiberio Tinelli.

LA ville de Venise est la patrie de Tibere Tinelli, qui naquit en 1586, & dont le nom est devenu célèbre dans la peinture.

Il fut assez heureux pour recevoir les premieres leçons de cet art du chevalier Contarino, élève du Titien, & il apprit de lui les principes du beau coloris. Il passa aussi dans l'école du Bassan, qui lui enseigna la maniere de bien peindre les portraits; mais voulant s'élever à la premiere partie de son art, il s'appliqua à étudier la nature, l'histoire, & tout ce qui y a rapport. Il commença dans un Couvent de Religieuses à représenter plusieurs sujets de l'Evangile.

Les ouvrages de cet artiste qui se trouvent dans les Eglises de Venise, de Vérone & de Padoue, font voir une composition aisée, une belle couleur, un dessein assez correct, & beaucoup de facilité dans l'exécution. Ses portraits, qui sont en grand nombre, ont un mérite qui ne le distingue pas moins que ses tableaux d'histoire.

Il eut occasion de faire, en l'année 1633, le portrait en pastel de M. Hesselin. Ce portrait fut présenté, à son retour, à Louis XIII.

Ce Prince, qui s'occupoit de la peinture en pastel, désira faire venir ce peintre auprès de sa personne. Tinelli promit de se rendre aux ordres de ce Monarque. Louis XIII le fit décorer, par avance, du cordon de S. Michel; ce qui étoit une faveur particulière, & qu'on n'accordoit qu'aux personnes distinguées par leurs places & leurs talents.

Ce fut M. le Duc de Crequy, Ambassadeur extraordinaire pour le Roi auprès de la République de Venise, qui le reçut Chevalier au nom de Sa Majesté.

Malgré cette faveur & d'autres graces qui lui étoient offertes, Tinelli ne remplit point ses engagemens. Sa mere, qui craignoit de le perdre pour toujours, l'empécha de venir en France, & d'y jouir des bienfaits du Roi. Il resta à Venife, & y mourut en 1638, âgé de cinquante-deux ans.

CHARLES CALIARI
VÉRONÈSE.

Carlo Caliari Veronefe.

LA nature qui accorde quelquefois des talents héréditaires à une famille, avoit prodiguée fes bienfaits à celle de Paul Véronèfe : trois de fes fils fe diftinguerent, Charles, Gabriel & Benoît; mais Charles, l'aîné des enfans de ce fameux artifte, fit entrevoir dès fes premieres années les plus heureufes difpofitions. Les leçons de fon pere & une application réfléchie, le firent bientôt parvenir à cette facilité d'exécution qui diftingue les grands artiftes. Un génie heureux & pittorefque caractérife fes compofitions, fon deffein eft d'une maniere grande & fimple, & toujours foutenu d'un coloris fier & vigoureux. Les Eglifes & les maifons Religieufes de Venife & du Trévifan, fe font enrichies de fes ouvrages.

Paul Véronèfe, accablé d'années & de travaux, voyoit fleurir fes dignes rejettons; Charles déjà en état de le feconder, fut chargé, à la mort de fon pere, de terminer fes ouvrages, fes fuccès furent fi heureux, qu'ils l'engagerent à fe charger d'une infinité d'entreprifes. Elles épuiferent fon foible témpéramment, & le firent périr à la fleur de fon âge, dans fa vingt-fixieme année, en 1596, emportant les regrets univerfels de fa patrie, qui retrouvoit en lui les talents de fon pere.

ANDRÉ POZZO,

Andrea Pozzo.

ANDRÉ POZZO né à Trente dans le Tirol, en 1642, fe forma, pour ainfi dire, lui-même par une profonde étude. Il embraffa l'état religieux en 1665, & entra chez les Jéfuites. Il s'appliqua dans le féjour qu'il fit à Venife, à travailler fur les tableaux du Titien, de Paul Véronèfe, & du Cangiage, qui lui donnerent une maniere forte & vigoureufe. Après avoir étudié l'architecture & la perfpective, il apprit l'optique & la catoptrique, dont il s'eft fervi très-avantageufement dans les sujets qu'il a traités. Son génie étoit fécond, ses compositions sont grandes & nobles, il les sçavoit orner de paysages, de fleurs & de fruits, qu'il rendoit avec beaucoup de vérité. Son coloris étoit vague & lumineux, ses caractères variés, & les groupes de ses figures bien distribués.

Tous ces différents talents le firent regarder comme un des meilleurs artistes de son temps. Il a beaucoup travaillé dans plusieurs maisons de son ordre. Il fut appellé en Allemagne par l'Empereur, où il fit, entr'autres grands ouvrages, les décorations de la salle de spectacle, & le catafalque de l'Empereur. Il avoit une si grande facilité à faire le portrait, qu'il peignoit quelquefois de mémoire & très-ressemblant, tant son imagination se remplissoit des objets qui l'avoient frappé. Il mourut à Vienne en 1709, âgé de soixante-sept ans.

La quantité d'ouvrages, qui sont sortis de ses mains, tant en peinture qu'en architecture, est considérable. Nous avons de lui deux volumes de Perspective qui sont fort estimés & avec raison. Ses élèves sont inconnus.

FRANÇOIS TRÉVISAN,

Francesco Trevisano.

LA ville de Trévise donna, en 1656, la naissance & le nom à François Trévisan. Ayant dès son enfance manifesté ses talents pour la peinture, ses parens l'envoyerent à Venise, & le placerent dans l'école d'Antoine *Zanchi*, où il étudia avec succès. Les ouvrages du Titien, de Paul Véronèse & du Tintoret, furent ensuite les principaux objets de son application. Il se forma un coloris clair & vigoureux, & vint à Rome pour se perfectionner dans le dessein. Il y fit tant de progrès, qu'il fut choisi pour exécuter les principaux ouvrages qui se présenterent dans les Basiliques de S. Pierre & de S. Jean de Latran. Il fit, pour cette premiere, l'esquisse d'une coupole, dont Sa Sainteté fut si satisfaite, qu'elle la fit exécuter en mosaïque.

Les Eglises d'Italie, les palais de Rome & les cabinets des Princes étrangers, ont tous contribué à la gloire de ce maître, & il y a trouvé de brillantes occasions d'exercer ses talents.

Son coloris vague & lumineux dans les grands

ment dans ~~~~~~~~~~~ dignement l'honneur de
étoit féc~ ~~~~~~~~~~~; & il ne réuffit pas moins
bles, il ~~~~~~~~~~~ bleaux.
& de ~~~~~~~ tions du Trévifan font pleines de
rité. ~~~~~~~ font variées avec goût, fes drape-
ça ~~~~~~~ larges & foutenues, fon pinceau, quoi-
~~~~~~~ ne perd rien de fa fineffe & de fa

Tous ces talents réunis, affurent à ce maître
une place diftinguée entre les célèbres artiftes
de l'Ecole d'Italie.

SÉBASTIEN RICCI,

Sebaſtiano Ricci.

SÉBASTIEN RICCI né à Belluno, dans les états de Veniſe, en 1659, entra chez *Frédéric Cervelli*, d'où il fortit, pour aller ſe perfectionner à Bologne, & enſuite à Rome, puis il parcourut Florence, Modène, Milan & Veniſe, où il s'arrêta, y ayant acquis beaucoup de réputation. Il alla à Vienne, & y travailla pour le Roi des Romains; de-là il retourna à Florence, où le Grand Duc l'employa pendant pluſieurs années. La Reine d'Angleterre l'ayant atté à Londres, il paſſa par Paris, fut reçu à l'Académie Royale de Peinture, & préſenta pour ſa réception un tableau, dont le ſujet eſt une Allégorie en l'honneur de la France. Il mourut, à ſon retour, à Veniſe, en 1734, âgé de près de ſoixante-quinze ans.

Ricci étoit grand dans ſes compoſitions, ſes penſées étoient nobles, & quoiqu'il eut un génie fertile, elles étoient toujours réfléchies & bien ordonnées. Son coloris étoit frais & vigoureux, & la touche de ſon pinceau eſt légere. Rempli d'amour pour le travail, il entreprenoit pluſieurs grands ouvrages à la fois, ce qui l'obligea de peindre de pratique, & de négliger la nature, en s'abandonnant trop au caprice de ſon imagination. Pour faire ſortir davantage ſes figures, & leur donner plus de relief, il chargeoit de brun ſes contours, & fouilloit extrêmement ſes draperies, ce qui rendit par la ſuite ſes ouvrages un peu noirs & durs.

ALEXANDRE VÉRONÈSE,

Alexandro Turchi Veronese, detto l'Orbetto.

ALEXANDRE VÉRONÈSE s'appelloit *Turchi*, autrement *l'Orbetto*. Il naquit à Vérone en 1660. Il eut pour premier maître Felix *Ricci*, mais il étudia particulierement la couleur du Correge, & les airs de tête du Guide. Il alla à Venise, ensuite à Rome, où son goût devint très-épuré par la vue des belles choses, qu'il trouva dans cette ville.

Son coloris est vigoureux, son dessein peu correct; mais les graces qu'il sçut répandre dans ses tableaux, lui donnerent dans son art un rang très-distingué. Sa coutume étoit de commencer un ouvrage sans faire d'esquisse ni de dessein; à mesure qu'il le finissoit, il plaçoit ses figures les unes près des autres avec tant de succès, qu'elles s'accordoient souvent & par la proportion & par l'ensemble. Tout ce qu'il dessinoit étoit d'après la nature; il ne l'a jamais abandonnée.

Cependant, quoique ses tableaux soient finis & fort soignés, il seroit à souhaiter qu'il eût fait un meilleur choix de ses attitudes & de ses draperies, & qu'il eût souvent mieux raisonné ses compositions. On distingue en lui deux manieres, la premiere qu'il s'étoit faite à Venise, & la seconde bien meilleure qu'il avoit prise à Rome, où il mourut après avoir fait beaucoup de tableaux de chevalet, en 1670, à l'âge de soixante-dix ans.

Le Roi possède deux tableaux de ce Maître,

Le Mariage de Sainte Catherine.
Le Déluge.

M. le Duc d'Orléans,

La Chasteté de Joseph, peinte sur une pierre de touche.
L'Apparition des Anges à Abraham.

M. le Duc de Penthièvre a aussi de ce Maître,

Rachel qui donne à boire au serviteur d'Abraham.
La Mort d'Antoine & de Cléopâtre.

✱

ANTOINE BALESTRA,

Antonio Baleſtra.

ANTOINE BALESTRA, né à Vérone, en 1666, entra dans l'école de *Gioʒeffi*, de-là il paſſa à Veniſe, où il ſe mit ſous la direction d'Antoine *Bellucci*, grand coloriſte; il s'attacha particulierement à étudier le Titien, le Giorgion & Paul Véronèſe, & c'eſt dans cette étude qu'il trouva les grands principes de l'art, la magie des couleurs, la belle intelligence du clair-obſcur. Il ſe rendit à Rome dans l'école du fameux *Carlo Maratti*; & il y puiſa le grand goût de Raphaël & des Carraches. De-là il paſſa à Naples, où les ouvrages de Lanfranc, de Jordane & de Solimene, lui firent acquérir de nouvelles perfections. De retour dans ſa patrie, il s'y fit connoître par l'étendue de tous ſes talents; ſon génie étoit vaſte & ſolide; quelque grande que fut la penſée d'un ouvrage, *Baleſtra* la rendoit toujours avec l'élévation convenable.

On perdit cet habile homme à Vérone en 1740, âgé de ſoixante-quatorze ans. Il reçut de la nature un avantage des plus rares, c'eſt qu'il peignit mieux dans sa vieillesse que dans son printems. Le plus distingué de ses disciples fut *Pietro Rotario*.

ROSA ALBA CARIERA.

CETTE fille célèbre naquit à Venise en 1672. Après avoir montré ses dispositions pour la peinture dès les premieres études qu'elle fit de son art, elle devint l'élève du Cavalier *Diamantino*, qui se distinguoit alors à Venise par la fraîcheur de son coloris; elle peignit d'abord à l'huile, ensuite elle s'attacha à la miniature, & enfin plus particulierement au pastel, où elle s'acquit une si grande réputation, que toutes les Académies de l'Europe s'empresserent à la recevoir.

On trouve dans ses portraits au pastel une grande maniere, beaucoup d'exactitude dans la ressemblance : le coloris de ses chairs est d'une vérité surprenante. Ses ouvrages son répandus dans les plus beaux cabinets de l'Europe. Elle fut reçue à l'Académie de peinture de Paris le 26 Octobre 1720, sur un tableau en pastel représentant une Muse. Elle fit le portrait du Roi pendant son séjour dans cette capitale, & en sortit comblée d'honneurs, pour se rendre à Vienne en Autriche, où elle peignit l'Empereur Charles VI, & les Princesses de la famille Impériale. Ayant été par tout honorée & récompensée dignement, elle retourna à Venise, où elle mourut en 1757, âgée de quatre-vingt-cinq ans. Elle a laissé des biens très-considérables, que ses talents lui avoient procurés. Rosa Alba faisoit ses plaisirs de la musique, & touchait supérieurement le clavecin.

JACOB AMIGONI.

Giacobbo Amigoni.

ENTRE les peintres de la moderne Ecole de Venise, on doit placer Jacob Amigoni. L'auteur de la derniere Histoire des Peintres de cette ville, ne marque point le lieu de sa naissance, ni de quel maître il reçut les premiers principes. Sa manière de peindre est pâteuse & fondue, & son pinceau moëlleux conserve toute la fraîcheur & la force de son coloris ; ses idées étoient gracieuses, & se portoient vers les objets agréables ; soit que ses sujets fussent tirés de l'Histoire Sacrée, soit qu'ils le fussent de l'Histoire Prophane, il sçut toujours leur donner de l'agrément.

Il voyagea en Flandres, & acquit, par la vue

des fameux ouvrages de ce pays, de la légéreté & de la fineſſe dans ſes teintes; ſon deſſein, ſans être de la plus grande exactitude, a cependant des formes heureuſes, & tient de celui de l'Ecole Romaine.

Il voyagea en Angleterre, & en Allemagne, & fut ſe fixer en Eſpagne au ſervice de Sa Majeſté Catholique, où il mourut dans l'année 1752, âgé de ſoixante-dix-ſept ans.

JEAN-BAPTISTE PIAZETTA,

Giovambattiſta Piazetta.

CE peintre naquit à Veniſe en 1682. Il eut pour premier maître Molinani, peintre aſſez médiocre, mais il paſſa après dans l'Ecole de Bologne, pour ſe former ſur les ouvrages des Carraches & des Guerchin. Cette étude lui donna une grande maniere, & lui fit ſur-tout connoître le clair-obſcur. Il revint enſuite dans ſon pays, où il fut employé à divers grands ouvrages qui le rendirent célèbre, & le firent connoître dans toute l'Italie.

Piazetta étoit lent dans ſon travail, & toujours mécontent de ce qu'il faiſoit, au point de recommencer quatre ou cinq fois le même tableau. On lui reproche de n'avoir pas mis assez de correction dans ses ouvrages, défaut qu'il auroit peut-être évité, s'il eût étudié dans l'Ecole Romaine, & consulté les figures antiques.

Ce peintre mourut à Venise en 1754, âgé de soixante-douze ans.

On compte parmi ses disciples *Giuseppe Angeli, Francisco Capella, Domenico Maffioto* & *Kerens*.

JEAN-BAPTISTE TIÉPOLO,
Giovambattista Tiepolo.

LA nature accorda dès l'enfance à Jean-Baptiste Tiépolo le talent de la peinture. Ses heureuses dispositions se perfectionnerent dans l'école de Lazarini, qui fut étonné de la célérité de ses progrès, & de l'intelligence particuliere qu'il annonçoit pour le clair-obscur.

Il devint bien-tôt en état de se soutenir par lui même, & l'on vit de lui des compositions ingénieuses qui le firent regarder comme un des premiers artistes de son tems. La beauté de son coloris & la grace avec laquelle il sçavoit draper & ajuster ses figures, produisoient un effet piquant & agréable.

On

On lui reproche cependant, avec raison, trop de négligence dans le deſſein, & quelquefois des idées un peu trop bizarres; mais le charme qu'il a ſçu répandre dans ſes ouvrages, ſemble compenſer & faire oublier ces défauts.

Tiépolo parcourut la Lombardie, & voyagea dans pluſieurs villes de l'Allemagne; il fut enſuite appeilé à la cour du Roi d'Eſpagne, où il fut employé, l'eſpace de huit années, aux plus grands ouvrages pour les palais de ce Monarque, qui le récompenſa d'une maniere vraiment royale.

Les ouvrages de Tiépolo, qui ſont à Veniſe, & la plûpart peints à freſque, ſont d'un coloris vague & lumineux; la facilité qu'il avoit dans l'exécution de ſon art, lui a fait produire une infinité d'ouvrages, tous dignes de ſa réputation.

Entre ſes élèves, on diſtingue particulierement *Fabio Canal*.

Tiépolo, célèbre, mourut à Veniſe en 1770, à l'âge de ſoixante-dix-ſept ans.

JOSEPH NOGARI.

Oiuseppe Nogari.

CET artiste qui fut disciple de Balestra, naquit à Venise en 1699. Il ne s'attacha point à suivre scrupuleusement la maniere de son maître, il sçut s'en faire une, qui lui devint particuliere.

Son génie peu facile pour les grandes compositions, le détermina à se fixer au portrait, où il parvint à se faire une réputation distinguée. Son dessein étoit toujours fidèle à la nature, & son coloris d'une fraîcheur & d'un brillant qui sembloient réfléchir la lumiere.

Il s'attacha à faire des têtes de caractère, & particulierement de vieillards & de vieilles, où il mit tant de finesse & de vérité, qu'elles seules auroient pu lui faire une réputation. Elles se trouvent dans différens cabinets de l'Europe, où elles se soutiennent auprès des ouvrages du meilleur coloris.

Une partie de ces têtes ont été gravées, & donnent une idée, autant que des estampes le peuvent faire, des talents de Joseph Nogari.

Il mourut à Venise en 1763, âgé de soixante-quatre ans.

AUTRES PEINTRES
De l'École Vénitienne.

ANTONIO, bon peintre à fresque, fut fort occupé dans son tems. Il mourut âgé de soixante-quatorze ans, en 1384.

*

FRANÇOIS FLORE & JACOBELLO, son fils, furent les premiers qui firent naître le bon goût de la peinture à Venise. François mourut en 1416.

*

VICTOR PISANELLI, de Vérone, fut choisi par plusieurs Papes pour travailler dans les chapelles de leurs palais, & pour les Eglises. Il vivoit en 1450.

*

FRANÇOIS MONSIGNORI, naquit à Vérone en 1455. Il fut disciple de Mantegna, & parvint à se distinguer dans son art. François II de Mantoue, eut pour lui la plus grande considération. Il vécut jusqu'à l'âge de soixante-quatre ans, & mourut en 1519.

*

FRERE JOCONDE MONSIGNORI, Dominicain, frere du précédent, fut bon peintre & bon architecte. Louis XIII le fit venir en France pour conftruire le Pont-au-Change de Paris. Il fut lié avec tous les fçavans de fon fiécle, & particulierement avec Sannazar. Il eut un autre frere nommé Jérôme, qui fut auffi Dominicain, & diftingué dans la peinture.

✶

DONATO, élève de Jacobello, vivoit avec confidération dans fon art, en 1459.

✶

VICTOR SCARPACCIA étoit bon peintre d'hiftoire, de portrait & de perfpective. Padoue, Vérone & Venife exercerent fes talents. Il fit le portrait de Petrarque, dont il étoit l'ami.

✶

FRANÇOIS MORONI de Vérone, fils & écolier de Dominique Moroni, prit la maniere de fon pere, mais il fut plus pur dans le deffein. Il mourut à cinquante-cinq ans, en 1529.

✶

JEAN-MARIE FALCONETTO, de Vérone, frere de Jean-Antoine Véronèfe, fut élève de fon pere dans la peinture. Il étudia l'architecture & réuſſit également dans ſes deux arts. Il mourut à l'âge de ſoixante-ſeize ans, dans l'année 1534.

※

JOSEPH PORTA, ſurnommé *Salviati Grafagnino*, parce qu'il étoit élève de Salviati, naquit en 1535, fut employé par pluſieurs ſouverains Pontifes, & mourut à Veniſe, à cinquante ans.

※

LIBERALE, de Vérone, travailla beaucoup à Veniſe, dans ſa patrie, & mourut à quatre-vingt-quatre ans, en 1536. Ses diſciples ſont Jean-François & Jean Garoti, François Torbido, ſurnommé *le More*, & Paul Cavazzola, qui furent tous diſtingués dans leur art.

※

ALEXANDRE MAGANZA, fils de Jean-Baptiſte, naquit à Veniſe en l'an 1556. Après avoir reçu les premiers principes de peinture de ſon pere, il entra dans l'école de Jean-Antoine de Faſolo, & fit enſuite pluſieurs ouvrages qui le mirent en réputation. Il fut auſſi poëte, & mourut de la peſte en l'année 1640, âgé de quatre-vingt-quatre ans.

※

Pietro Malombra, noble Vénitien, se rendit recommandable dans la peinture en 1556.

*

Dominique Ricci, de Vérone, surnommé *Brusasorci*, imita les bons artistes de l'Ecole Vénitienne, & se fit une maniere particuliere, avec laquelle il fut considéré comme un des meilleurs peintres de son tems. Il étoit aussi bon musicien & excellent joueur de luth. Il mourut en 1567, âgé de soixante-treize ans.

*

Baptiste Zelotti étudia avec Paul Véronese, & fut disciple de Badile; ses pensées ingénieuses & extraordinaires, & un coloris vague & lumineux, le firent choisir pour travailler dans la grande Salle du Conseil, & dans la Bibliothéque de Venise, en 1570.

*

Gentile Fabriano fut estimé de Michel-Ange, qui fit l'éloge de ses talents. Il étoit en société, pour ses entreprises, avec Victor Pissano de Vérone.

*

ORAZIO VECELLI, fils du Titien, se distingua dans le portrait, & sçut très-bien imiter la maniere de son pere. Il perdit aux expériences de l'Alchymie, la plus grande partie du bien que son pere lui avoit laissé, & mourut jeune, en 1576.

※

LORENZINO DI TITIANO, fit plusieurs ouvrages à Venise, en 1583.

※

CHARLES SARACCINO, surnommé *Carlo Veneziano*; né en 1585, imita la maniere du Caravage.

※

FRANÇOIS MONTEMEZZANO, de Vérone, approcha beaucoup de la maniere de Paul Véronese. Il fut empoisonné à la fleur de son âge, en 1600.

※

CHARLES RIDOLFI, né à Venise, en 1602, se distingua particulierement dans la peinture, & s'appliqua à la poësie & à l'éloquence; il a écrit un ouvrage sur les merveilles des Arts, & la Vie des Peintres Vénitiens. Il fut fait Chevalier par Innocent X.

※

Felice Ricci, de Vérone, fils de Dominique, fut employé à Florence & dans plusieurs villes d'Italie. Il peignit le portrait, l'histoire & l'architecture, & vécut jusqu'à l'âge de soixante-cinq ans. Il mourut en l'année 1605.

✻

Bortolo Scaliger, disciple de Varotari, peignit avec une belle couleur & avec grace. Il fut bon ingénieur & bon mathématicien.

✻

Laurent Lotto fut élève de Gorgion, & associé dans plusieurs grands travaux avec Jacques Palme.

✻

André Vincentino, fut élève du jeune Palme. Il se distingua dans le dessein & dans le coloris. Il peignit dans la Salle du Conseil & dans les Antepregadi de Venise, plusieurs grands tableaux qui lui obtinrent une distinction particuliere entre les artistes. Il vécut jusqu'en l'année 1614, âgé de soixante-quinze ans.

✻

Bortolo Donati fut un bon coloriste & un bon dessinateur. Il fut très-occupé à Venise & dans l'Italie.

✻

JEAN-BAPTISTE ZELOTTI, de Vérone, se forma sur les ouvrages de Paul Véronèse, & lui fut quelquefois comparé. Il fit plusieurs plafonds dans le Palais Ducal, & dans la Bibliothéque de S. Marc. Il vivoit en 1628.

*

CATHERINE TARABOTI, élève d'Alexandre Varotari, mérita d'être placé au rang des plus habiles artistes Vénitiens.

*

JEAN-BAPTISTE BILLONI, de Padoue, disciple d'Apollodore di Porcia, fit l'histoire avec succès; mais il réussit encore mieux au portrait. Il mourut en 1636, âgé de soixante ans.

*

ANTOINE MUZIO, imitateur du Paluce & de Paul Fiammingo, travailla en Espagne, où il fut très-considéré.

*

BAPTISTE D'ANGELO, surnommé *del Mauro*, de Vérone, ainsi nommé, parce qu'il étoit écolier de François Torbido, nommé *le Maure*, qui lui donna sa fille en mariage, en considération de ses talents.

ZENON, de Vérone, travailla à Rimini, & se fit un nom dans la peinture. Il mourut en 1636.

*

ALEXANDRE VAROTARI, de Vérone, nommé *Padouanino*, fut fils & écolier de Dario Varotari, & mérita une distinction particuliere pour ses talents, ainsi que sa sœur nommée *Claire*, qui parvint à très-bien peindre le portrait. Il mourut en 1640, âgé de soixante ans.

*

AUGUSTIN LITERINI, naquit à Venise en 1642. Il fut élève de Pierre de la Vecchia, & fut considéré pour son génie & sa facilité. Il enseigna son art à Barthelemi, son fils, & à une fille qu'il avoit, nommée *Catherine*; tous deux se distinguerent entre les bons artistes.

*

BAPTISTE FRANCO fut en concurrence avec Paul Véronèse & le Tintoret, pour les plus grandes entreprises qui se faisoient en peinture de son tems; ce qui peut faire juger de la supériorité de ses talents.

*

ANTOINE CALZA, né à Vérone dans l'année 1653, fut bon peintre de batailles, il se rendit à Rome pour trouver le Bourguignon, & recevoir des principes de cet habile maître, dont il sçut si bien profiter, qu'il en prit tout-à-fait la maniere.

*

ANDRÉ DALCASTAGNE DI MUGELIO, vécut très-considéré pour ses talents dans la peinture, jusqu'à l'âge de soixante-onze ans. Il eut pour disciples André-Jacob del Corso, qui fut bon peintre d'histoire, Pisanello, Marchino, Pierre del Poutajola, & Jean da Roverzano, & plusieurs autres. Il fut associé avec Dominique, Vénitien, assez bon peintre.

*

CÉSAR DELLE NINFE chercha à imiter le Tintoret. Il peignit à fresque, & fit plusieurs ouvrages à l'huile : son génie étoit capricieux & bisarre.

*

PAUL FARINATO, de Vérone, a laissé des ouvrages qui l'ont fait considérer entre les plus habiles de son tems.

*

Nicolas Avanzi, de Vérone, travailla à Rome & à Urbin, en 1663.

*

Pietro Négri, célébré par Sandrart, a peint nombre d'ouvrages dans Rome, & dans d'autres villes d'Italie. Il avoit beaucoup de force dans le coloris, & de facilité dans l'exécution. Il mourut en 1673.

*

Giulio Carponi naquit à Venise en 1611, & fut écolier d'Alexandre Varotari. Son génie facile lui fit faire beaucoup de desseins d'invention, comme des songes, des baccanales, des triomphes, des sacrifices des danses, &c. Il fit nombre de tableaux à Vicence & à Vérone, où il mourut, en 1674.

*

Héliodore Forbicini, de Vérone, peignit les grotesques avec beaucoup d'esprit, d'une maniere ingénieuse, vague & légere.

*

Charles Sali naquit à Vérone en 1688. Il eut pour maître Alexandre Marchesini, & ensuite Antoine Balestra. Il prit le goût des peintres Romains, & fut fort employé à Venife & dans fa patrie, où il fut très-confidéré.

*

FELICE TORELLI, né à Vérone en 1686, fe forma une maniere de peindre claire & vigoureufe, & chercha à imiter le Baroche. Plufieurs villes d'Italie font ornées de fes ouvrages. Il mourut à trente-un ans, en 1717.

*

JEAN-ANTOINE PELLEGRINI, né à Venife en 1675, fut un des plus ingénieux peintres de fon tems. Il peignit à la Compagnie des Indes un très-grand plafond, où il réunit toute la Mythologie dont cet ouvrage étoit fufceptible. Il étoit peu correct, & fa facilité l'emportoit fouvent, & lui faifoit négliger les régles de fon art. Il mourut à Venife en 1741.

*

PIERRE GRADIZI, de Vérone, diftingué dans fon art, fut infcrit au nombre des Académiciens de Venife.

*

DOMINIQUE MAGGIOTTO fut eftimé dans fon art, & très-occupé à Venife.

*

ALEXANDRE LONGHI, fils de Pierre, fut bon peintre de portrait.

*

ANTOINE CANAL fut un des meilleurs payſagiſtes de ſon tems, il s'appliqua à l'étude de la nature, & ſe fit une maniere vague & légere. Il travailla beaucoup en Angleterre, & il mourut en l'année 1768, âgé de ſoixante-onze ans.

*

FABIO CANAL, élève de Tiépolo, ſuivit la maniere de ſon maître, & fut très bon coloriſte. Il a fait beaucoup de grands ouvrages à Veniſe, & vivoit encore en 1768.

ECOLE
LOMBARDE.

CETTE École a réuni dans un dégré éminent les qualités qui font le charme de la peinture, une riche ordonnance, des contours coulans, une expreſſion noble & ſçavante, un pinceau gracieux, & un beau coloris.

Le Correge en eſt comme le fondateur. Le Correge, que les graces inſpiroient, & dont le goût dirigeoit le pinceau, a donné à l'École Lombarde, un éclat que le Guide, l'Albane & les Carraches ont dignement ſoutenu.

PEINTR

PEINTRES
DE
L'ÉCOLE LOMBARDE.

FRANÇOIS FRANC.
FRANCESCO FRANCO.

CE Peintre naquit à Bologne, en 1450, & fut d'abord orfévre. Il s'adonna à graver des médailles, & y excella; mais son génie se trouvant trop resserré dans cet art, il se détermina à étudier la peinture, pour laquelle il se sentoit une forte inclination. Il devint en peu de tems un des plus habiles artistes de son pays.

Le Duc d'Urbin lui fit faire beaucoup d'ouvrages dans son palais. Il en fit aussi plusieurs pour les principales villes d'Italie.

Ses compositions sont fécondes, mais peu animées. Cependant, quoique son dessein soit froid, il a une sorte de correction assez surprenante dans ces premiers siécles de la renaissance de la peinture. Le coloris de Franc est harmonieux, & semble annoncer celui dans lequel se sont distingués les maîtres de l'Ecole de Lombardie. Son pinceau, d'un fini extrême, a souvent trop de sécheresse & de dureté. Ce peintre eût sans doute pris une maniere plus grande & plus élevée, s'il eût vû Rome & les statuës antiques.

La réputation naissante de Raphaël lui inspira le plus ardent desir de voir ses ouvrages. Il étoit alors trop âgé pour faire le voyage de Rome, il se contenta d'exposer par lettres à ses amis, ses regrets à cet égard. Ils en firent part à Raphaël qui déjà avoit oui parler du mérite & de l'habileté de Franc, & qui lia volontiers avec lui un commerce d'honnêteté. Raphaël peignoit alors un tableau représentant Sainte Cécile pour une Eglise de Bologne. Il l'adressa à Franc dès qu'il fut achevé, & le pria, par une lettre, de vouloir bien y corriger les fautes qu'il y pourroit trouver, & ensuite de le faire placer. Franc fut d'abord transporté de joye à la vuë du tableau, mais ensuite vivement touché de rencontrer un ouvrage si supérieur aux siens, il tomba dans une mélancholie qui le conduisit au tombeau, quelque tems après, en 1518, âgé de soixante-huit ans.

FRANÇOIS PRIMATICE,

Francesco Primatici.

CE célèbre artiste, connu aussi sous le nom de l'*Abbé de S. Martin de Bologne*, à cause d'une Abbaye de ce nom qui est à Troyes, & que François I lui avoit donnée, naquit à Bologne en 1490, de parens nobles, & se mit dans l'école d'*Innocenzio da Imola*, peintre estimé, & passa ensuite dans celle de *Bagna Cavallo*, élève de Raphaël.

Primatice fut attiré en France, en 1531, par François I; sa capacité dans la peinture & dans l'architecture, lui gagna la confiance du Roi, qui fut cependant obligé de le renvoyer en Italie, pour faire cesser la jalousie qui s'éleva entre lui & Maître Roux; ce dernier étant mort, il revint en France avec cent vingt-cinq figures antiques, quantité de bustes, & les creux de la colonne Trajane, du Laocoon, de la Venus de Médicis, de la Cléopatre, & celles des plus fameuses figures; toutes ces antiques furent jettées en bronze & placées à Fontainebleau.

Après la mort de François I, il fut employé par Henri II, François II & Charles IX.

Le Primatice avoit une composition sçavante; sa touche étoit légere, & son ton de couleur assez vrai; mais sa maniere expéditive lui faisoit négliger la correction & le naturel; on le trouve presque toujours manieré. Ses principaux ouvrages ont été faits à Fontainebleau.

Le Primatice étoit non-seulement un grand peintre, mais encore un habile architecte. Le Château de Meudon, où il a fait plusieurs peintures, a été bâti sur ses desseins, ainsi que le tombeau de François I à S. Denys. Il mourut à Paris, en 1570, âgé de quatre-vingt ans.

ANTOINE CORREGE,

Antonio Allégri, Corregio.

ANTOINE CORREGE, né à Corregio, dans le Modenois, en 1494, & dont le vrai nom étoit Antoine *Allegri*, paſſe pour avoir eu trois maîtres; mais on n'en reconnoît aucun dans ſes ouvrages. Il eſt regardé comme le fondateur de l'Ecole de Lombardie. Le Correge, conduit par la nature, ſans le ſecours des beaux modéles que nous ont laiſſé les anciens, ni ſans avoir vû Rome ni Veniſe, ſçut réunir le grand goût de deſſein de l'Ecole Romaine au beau coloris des peintres Vénitiens. Il ſe forma lui-même une idée des plafonds, en imagina les racourcis & l'optique, & fournit les premiers exemples de ce genre d'ouvrages.

Le Correge étoit né avec un génie heureux, & avoit toutes les diſpoſitions néceſſaires pour la peinture. Il s'éleva de lui-même à la perfection de ſon art; ſes compoſitions ſont fécondes & d'une riche ordonnance; les actions de ſes figures ſont juſtes & vraies, leur expreſſion eſt ſi naturelle, qu'elles paroiſſent reſpirer. Tout plaît dans les tableaux de cet artiſte : il y régne une intelligence & une harmonie admirable, une fraîcheur & une force de coloris qui donne de la rondeur & du relief à tous les objets qu'il traite.

Il s'attacha particulierement aux graces, il donnoit à ses femmes une expression douce, & un sourire si agréable, qu'elles font naître la volupté : leurs ajustemens, leurs cheveux, tout paroît inspirer le même sentiment; ses draperies, dont les plis sont larges & coulans, sont peintes d'une maniere moëleuse, & font leur effet de près comme de loin. Ses paysages aussi sont touchés très-légerement, & sont d'une fraîcheur admirable. Tous ces talents réunis ont étonné tous les peintres de son tems, ainsi que ceux qui les ont suivis.

Il n'a peut-être manqué au Correge que de sortir de son pays, & de voir les antiquités & les tableaux de Rome & de Venise, pour devenir le premier peintre du monde. On lui a quelquefois reproché des idées un peu bizarres, de légéres incorrections, & des caractères de têtes répétés. Ses contours, qui souvent ne sont pas exactement corrects, sont toujours d'une grande maniere.

On raconte qu'à la vue de quelques ouvrages de Raphaël, qui furent vraisemblablement transportés dans son pays, ne put s'empêcher, de dire en admirant e talent de ce grand artiste, cela est fort beau; mais je suis peintre aussi : *Auche io son pittore.*

Ce grand homme mourut à Correge en 1534, âgé de quarante ans. Il joignit à ſes talents des connoiſſances réelles dans diverſes ſciences, telles que l'architecture & les mathématiques. Ses tableaux de chevalet ſont très-rares, & d'une cherté ſurprenante.

On ne lui connoît d'élèves que Bernardo Soiaro; mais tous les peintres ſe ſont fait un devoir de le prendre pour maître & pour modéle.

Le Roi poſſéde de lui les Tableaux ci-après.

Jupiter en ſatyre, & Antiope endormie à côté de l'Amour.

Une Vierge.

L'Enfant Jeſus.

Saint Joſeph & Saint Jean.

Saint Jérôme.

Une Vierge.

L'Enfant Jeſus.

La Magdeleine qui baiſe les pieds de l'Enfant Jeſus.

Saint Jérôme qui tient un rouleau de papier.

Un *Ecce Homo* couronné d'épines.

L'Homme ſenſuel.

La Vertu héroïque couronné par la gloire.

Le Mariage de Sainte Catherine.

Il y a dans la Collection du Palais Royal:

Une Magdeleine regardant un Crucifix.
Un *Noli me tangere.*
La Fable d'Io.
L'Enseigne du Mulet.
Une Sainte Famille peinte sur bois.
Le Duc Valentin qui tient un poignard.

Deux Etudes, dont l'une représente huit têtes dans des attitudes différentes; l'autre plusieurs têtes de même, avec quelques figures à mi-corps.

Le Rougeau : c'est le portrait d'un gros garçon fort rouge.

Une Vierge.
Danaë.
L'Education de l'Amour.
L'Amour qui tient son arc.

POLIDORE CALDARA,

Polidoro Caldara, da Caravagio.

POLIDORE DE CARAVAGE, dont le vrai nom étoit *Caldara*, naquit à Caravage dans le Milanois, en 1495. Il alla à Rome dans sa jeunesse, & il devint peintre en voyant travailler Jean *da Udine*, & les autres artistes qui étoient employés aux loges du Vatican. Il lia une étroite amitié avec Mathurin de Florence qui l'aida de ses conseils. Polidore le surpassa en peu de tems, & s'attacha à la correction du dessein; aucun morceau antique ne lui échappa. Eclairé par ces modéles, il se forma un goût sûr, par le moyen duquel il parvint à la plus grande célébrité.

Il fut occupé par Raphaël aux galleries du Vatican, & se distingua dans les frises qu'il fit au-dessous des grands tableaux de cet artiste, dans les chambres de ce palais, & particulierement dans celle de Constantin.

Il fit à Messine un grand tableau à l'huile représentant Jesus-Christ portant sa croix; ce morceau rassemble une multitude de très-belles figures qui prouvent combien il étoit capable de repréſenter les plus grands ſujets. Il s'étoit appliqué à l'architecture, & fit élever dans cette ville des arcs de triomphe à la gloire de Charles-Quint, lorſqu'il y paſſa après ſon expédition de Tunis.

Les figures de Polidore étoient correctement deſſinées & bien enſemble. Il s'eſt approché plus qu'aucun autre du ſtyle & de la maniere antique; mais plus particulierement encore dans l'imitation des bas-reliefs. Ses diſpoſitions étoient nobles, ſes attitudes naturelles, ſes airs de tête expreſſifs & bien caractériſés, il fut fidéle au coſtume dans l'ajuſtement de ſes figures, & fit des vaſes & des trophées, dont le ſtyle eſt ſi parfaitement dans le goût des anciens, qu'ils paroiſſoient être ſortis plutôt de leurs mains, que de celles d'un artiſte de ces derniers ſiécles.

Dans ſes différents ouvrages, on reconnoît que, ſi Polidore ſe fût livré à de grandes compoſitions, elles l'auroient rendu encore plus célèbre; ſon coloris vigoureux en auroit ſoutenu le caractère. Il prit le parti avec ſon ami, de s'attacher au clair-obſcur, & particulierement à celui qu'on nomme *Sgraffiato*, dont la couleur griſe imite l'éſtampe; il avoit auſſi un talent particulier pour le payſage.

Etant fur le point de retourner à Rome, il fut affaffiné par fon domeftique, en 1543, âgé de quarante huit ans.

Le Roi poſſéde de cet Artiſte :
Une Affemblée des Dieux.

Et M. le Duc d'Orléans :
Les trois Graces.

FRANÇOIS PARMESAN,

Francefco Mazzuoli, detto il Parmefano.

FRANÇOIS MAZZUOLI, dit *le Parme-fan*, parce qu'il naquit à Parme en 1504, montra dès fa plus tendre jeuneffe, des difpofitions naturelles pour la peinture. Il avoit fait, dès l'âge de feize ans, plufieurs morceaux qui annonçoient les plus heureufes difpofitions.

Le defir de fe perfectionner le fit aller à Rome à l'âge de vingt ans. Il y porta trois de fes tableaux qui étonnerent les plus habiles peintres.

Clément VII le choifit, peu de tems après, pour peindre la falle des Papes.

Les ouvrages de Raphaël & de Michel Ange lui enfeignerent la correction, & lui donnerent une grande maniere, à laquelle il joignit de la légereté & des graces, ce qui le fit nommer *Il Rafaëllino*, le Petit Raphaël. Vafari, dans l'Eloge qu'il fait de cet artifte, dit que l'efprit de Raphaël avoit paffé dans la perfonne du Parmefan.

Il donna à fes figures des proportions fveltes, des contours flexibles, des attitudes fouples & parfaitement bien contraftées. Ses expreffions font fçavamment menagées, & fes têtes portent le caractère de la beauté. La légereté de fes draperies deffine le nud & montre l'enfemble de fes figures. Il avoit un art particulier pour bien faire valoir la fraîcheur de fon coloris, en oppofant des couleurs qui contraftent harmonieufement les unes avec les autres.

L'efprit qui régne dans fes compofitions, la correction du deffein, la fineffe de l'expreffion & les graces, tout fe trouve réuni dans les ouvrages de ce maître, qui mourut à Parme, en 1540, âgé de trente-fix ans. Il eut fait beaucoup plus d'ouvrages, s'il ne fe fût point occupé à la chymie & à graver. On lui doit cependant l'invention de la maniere de graver les deffein avec plufieurs planches au noir & au blanc.

Il étoit tellement occupé de fon art, que, travaillant tranquillement pendant le fac de Rome, en 1527, il fut furpris par des foldats; mais il ne fut pas auſſi heureux que Protogene en pareille circonſtance ; car il fut fait priſonnier, & obligé de payer ſa rançon.

Ses élèves ſon Jérôme Mazzuoli, ſon couſin, Caccianemici, gentilhomme Polonois, Baptiſte de Parme, ſculpteur.

Le Roi poſſéde de cet Artiſte :

Une Vierge & Sainte Elizabeth.
Une autre Vierge.
L'Enfant Jeſus.
Saint Jérôme.
Un Ange.
Un Evêque.

On voit dans la Collection du Palais Royal:

Une Sainte Famille.
La Vierge avec ſon Fils.
Saint Joſeph & Saint François.
Le Mariage de Sainte Catherine.
Une autre Sainte Famille.

PELEGRINO TIBALDI.

CE peintre que l'on croit né à Milan en 1522, se forma sur les ouvrages de Michel-Ange, qu'il tâcha d'imiter dans le dessein. La réputation que lui firent ses tableaux à Rome, à Bologne, & dans différentes villes d'Italie, inspira à Philippe II Roi d'Espagne, l'envie de le faire venir, pour peindre le Cloître & la Bibliothéque de l'Escurial. Il s'en acquitta si bien, que ce Monarque lui donna cent mille écus d'or, & le titre de Marquis.

Pelegrino ensuite s'attacha à l'architecture & à la sculpture; il réussit particulierement dans les figures de stuc, dont plusieurs ont servi de modéle à Annibal Carrache pour la gallerie du palais Farnèse. Saint Charles Borromée le choisit pour bâtir le palais de la Sapience à Pavie, & la ville de Milan le nomma architecte du Dôme, & premier ingénieur des Etats. Il mourut dans cette ville en 1592, à l'âge de soixante-dix ans.

Quelqu'habile que fût *Tibaldi*, les graces ne guiderent point son pinceau. Quoique son dessein fut vigoureux & d'un grand style, il n'étoit pas de la plus grande correction; il s'attacha peu à la légereté des draperies, qu'il fçut cependant jetter largement & d'une grande maniere. Il entendoit bien le clair-obscur; par la belle intelligence de ses ombres, & par son beau ton de couleur, il a rendu intéressant tout ce qu'il a représenté dans ses tableaux : il étoit exact dans la perspective linéale, & sçavoit enrichir ses fonds par de beaux paysages.

Comme il étoit fort entendu dans les Fêtes & les Pompes Funébres, on le chargea, en 1581, du Catafalque de la Reine Anne d'Autriche, femme de Philippe II.

Louis Carrache, qui avoit pris *Tibaldi* pour son modéle, le nommoit *le Michel-Ange réformé*. Il disoit qu'il avoit fçu modérer la fierté du dessein de ce grand maître, & le rendre plus agréable, sans rien diminuer de la sublimité de sa maniere.

Ses élèves sont *Girolamo Mirvoli*, & *Gio-Francesco Bezzi*, nommé *Nosadella*.

CAMILLE PROCACCINI,

Camillo Procaccini.

CE peintre vit le jour à Bologne en 1546. Au sortir de l'école de son pere, il entra dans celle des Carraches, avec son frere Jules, qui fut aussi un peintre très-distingué.

Il étoit vague & agréable dans son coloris, ingénieux dans ses compositions; il dessinoit légérement & avec élégance, cherchant le gracieux des têtes du Parmesan, & les contours ressentis de Michel-Ange, Il acheva de se perfectionner à Rome, & fit à *Reggio* un Jugement Universel, & un S. Roch qui guérit les pestiférés, morceau que le Duc de Modene a mis en concurrence avec un beau tableau d'Annibal Carrache, représentant le même Saint faisant l'aumône

Il donnoit à ses fresques un coloris vigoureux & une fraîcheur qui les faisoit comparer aux plus beaux ouvrages à l'huile. Ses figures ont toutes beaucoup de mouvement, leurs expressions sont variées, leurs ajustemens & leurs draperies sont distribuées avec intelligence.

Il s'abandonnoit quelquefois trop à la facilité de fon pinceau, & fut fouvent incorrect, ce qui lui a mérité de juftes reproches.

Il travailla à Bologne, en concurrence avec les Carraches; enfuite retiré avec fa famille à Milan, il contribua beaucoup à y établir une fameufe Académie de Peinture. De-là il fe rendit à Rome avec le Comte *Pietro Vifconti*, fon protecteur. Procaccini fut choifi par le Duc de Parme pour travailler au Dôme de Plaifance, conjointement avec Louis Carrache.

Il vécut jufqu'à quatre-vingt ans, & finit fes jours à Milan en 1616.

Ses difciples ont été *Califto Toccagni*, *Giatinto di Medea*, & *Lorenzo Franchi*.

JULES CÉSAR PROCACCINI,

Giulio Cesare Procaccini.

Jules-César Procaccini, né à Bologne en 1548, fut élève des Carraches. Il s'étoit fait un grand goût de deffein, & avoit acquis une légéreté & une facilité furprenante. Il fut long-tems à Rome, à Venife & à Parme occupé des ouvrages de Michel-Ange, de Raphaël, du Correge & du Titien.

Procaccini fe brouilla avec les Carraches, & s'abandonna avec l'un d'eux à une vivacité peu pardonnable, ce qui le contraignit de quitter Bologne, & de fe retirer à Milan, où il devint chef de l'Académie. Il travailla beaucoup pour le Roi d'Efpagne, & fut mandé à Gênes pour orner le palais Doria.

Ses ouvrages décorent plufieurs Eglifes de Milan, & particulierement le Dôme, où il a peint plufieurs miracles de S. Charles. On voit à Gênes au deffus de la porte de l'Annonciata, un très-beau tableau de la Cêne. Il étoit moins capricieux dans fes compofitions que fon frere Camille, plus correct, plus étudié, & plus naturel. Son goût de couleur étoit vigoureux, & fon pinceau facile. Il sçavoit enrichir ses ouvrages de tous les attributs qui pouvoient y convenir, & leur donnoit un grand effet par son intelligence dans le clair-obscur.

Son caractère doux & honnête, & ses talents, le firent généralement regretter à Milan, où il mourut en 1626, âgé de soixante-dix huit ans.

Son neveu *Ercole Juniore*, fut au nombre de ses élèves.

Carlo-Antonio Procaccini, son troisieme frere, s'est fait un nom dans les tableaux de paysage, de fleurs & de fruits.

LOUIS CARRACHE,

Luigi Caraccio.

CE peintre naquit à Bologne en 1555. Il entra d'abord dans l'école de Prospero Fontana. De là il vint à Florence, & entra chez Dominique Passignani, chef d'une fameuse Académie.

Louis étudia sans relâche à Florence, & ensuite à Parme, à Mantoue & à Venise, les ouvrages des plus grands maîtres, & se perfectionna tellement, qu'à son retour à Bologne, il surpassa tous les peintres de cette ville, par le caractère & la fierté de fon deffein, & par la force de fon coloris.

Louis Carrache entreprit de réformer, dans la Lombardie, le goût maniéré des Sabattini, Paffignani, Procallini & du Pafferotti. Il établit avec fes coufins Auguftin & Annibal, une Académie, qui devint fameufe dans la fuite, & forma un grand nombre d'habiles artiftes, malgré l'envie & la jaloufie de fes confreres.

Son nom vola jufqu'à Rome, où il fut demandé par le Cardinal Farnèfe, pour peindre la gallerie de fon palais. L'amour qu'il avoit pour fon pays, & la confidération qu'il s'étoit acquife dans la place de chef de l'Académie, l'empêcherent d'accepter ces propofitions, & il envoya à fa place fon coufin Annibal.

Ce célébre artifte a enrichi la plus grande partie des Eglifes de Bologne, & nombre de villes d'Italie de fes diverfes productions, ainfi que les plus beaux cabinets de l'Europe.

Son imagination étoit fi fertile, qu'il compofoit un fujet de vingt manieres différentes. Sçavant dans le payfage, plus gracieux qu'Annibal, auffi correct que lui, il s'étoit fait une maniere qui tenoit des diverfes écoles, & du beau idéal des ftatuës antiques.

Il mourut à Bologne en 1719, âgé de soixante-quatre ans.

Ses disciples sont Annibal Carrache, *Francesco Brizio, Luca Massari, Luigi Valesio, Lorenzo Garieri*, & *Alessandro Albini*.

Le Roi a de cet Artiste:

Une Nativité du Sauveur.
L'Adoration des Rois.
L'Histoire d'Omphale.
Une Annonciation.
Une Vierge tenant l'Enfant Jesus.

Au Palais Royal, il y a aussi de lui:

Un *Ecce Homo*.
Un Couronnement d'Epines.
Une Descente de Croix.
Sainte Catherine endormie.
Le Mariage de Sainte Catherine avec l'Enfant Jesus.

AUGUSTIN CARRACHE,

Agoſtino Carraccio.

AUGUSTIN CARRACHE naquit à Bologne en 1557; il étudia d'abord ſous Proſpero Fontana, enſuite il devint élève de Bartolomeo Paſſerotti, puis de Louis Carrache, ſon couſin; mais il perdit à la gravure, un tems qu'il auroit dû donner entierement à la peinture, car il n'étoit point inférieur en cet art à ſon frere & à ſon couſin. C'eſt ce qu'il a prouvé dans pluſieurs tableaux, à Bologne, à Parme, à Vienne, & principalement à Rome. On voit de ſa main dans la Gallerie Farneſe, l'Aurore & Cephale, & le triomphe de Galathée. Dans une petite chambre du même Palais, il a peint les travaux d'Ulyſſe.

Ses compoſitions ſont ſçavantes, ſes figures ſont d'un deſſein correct; il leur donnoit beaucoup de grace, mais ſes têtes n'ont ni la grandeur, ni la fierté de celles d'Annibal. Il n'étoit jamais content de ſes ouvrages, quoiqu'il s'appliquât avec le plus grand ſoin à les perfectionner. Il diſoit que l'oreille étoit la partie du corps la plus difficile à deſſiner. Il en modela une beaucoup plus grande que nature, pour en connoître la structure; ce modele fut depuis appellé *l'Orechione d'Agostino*.

Ce célèbre artiste, prévenu par la mort à Parme en 1602, âgé de quarante cinq ans, laissa imparfait un grand Tableau du Jugement Universel, qu'il avoit déja beaucoup avancé.

On voit de lui au Palais Royal;

Un Tableau, dont le sujet est le Martyre de S. Barthelemy.

ANNIBAL CARRACHE,
Annibale Corraccio.

LA ville de Bologne donna la naissance, en 1560, au célèbre Annibal Carrache; il fut élève de son cousin Louis Carrache. L'étude du dessein & de la peinture furent ses seules occupations. Il se proposa pour modeles, Michel-Ange, Raphaël & le Parmesan. Il chercha à imiter la douceur du Correge, & le beau coloris du Titien. Il puisa dans ces sources un style noble, un dessein grand & correct qui le caractérisent particulierement, un coloris tendre & vigoureux, & de belles expressions.

Il corrigea par ce moyen la maniere dure & noire qui étoit en usage dans l'Ecole de Lombardie; son pinceau devint moëlleux, fondu & agréable. Ses compositions présentent peu de figures, mais elles sont sages & bien raisonnées. *Annibal Carrache* ne croyoit pas qu'on pût faire entrer plus de douze figures sans confusion dans un tableau, & disoit qu'on ne devoit jamais se le permettre, à moins d'y être contraint par la nature du sujet. Il dessinoit aussi bien les arbres de ses paysages, que le nud de ses figures, & les touchoit avec une extrême légereté.

Ses grands talents terrassèrent l'envie, & forcerent ses rivaux à reconnoître sa supériorité, surtout après qu'il eut joint à ses nombreux travaux la fameuse Gallerie du Palais Farnèse, à laquelle il employa huit années; cet ouvrage que l'on peut regarder comme un beau poëme, faisoit dire au Poussin, qu'Annibal avoit surpassé tous les Peintres qui l'avoient précédé, & s'étoit surpassé lui-même.

Annibal qui excelloit dans les portraits, faisoit aussi très-bien, ceux qu'on appelle carricatures, & donnoit souvent à des animaux & à des vases, la figure d'un homme qu'il vouloit tourner en ridicule. Il dessinoit si facilement, & sa mémoire étoit si fidele, que son pere, dans un voyage à

Crémone, ayant été dévalifé par des voleurs, Annibal qui l'accompagnoit les remarqua, & les deffina parfaitement chez le Juge, où fon pere portoit fa plainte. Ils furent reconnus & rendirent ce qu'ils avoient pris.

Annibal avoit toujours négligé la lecture, & l'étude des belles lettres, il avoit fouvent befoin d'être guidé par fon frere. Auguftin, qui joignoit à fon art celui de la Poëfie. Les derniers ouvrages de ce peintre font d'un deffein plus prononcé que les premiers, mais d'un peinceau moins tendre, moins fondu & moins agréable.

En terminant fa vie à Rome, en 1609, à l'âge de quarante-neuf ans, il demanda à être inhumé dans l'Eglife de la Rotonde, auprès de Raphaël.

Il fortit de fon école les plus fameux artiftes, tels qu'*Antoine Carrache* fon neveu, *l'Albane*, *le Guide*, *le Dominicain*, *Lanfranc*, *Innocenzo Tacconi*, *Pietro Facini*, *Leonello Spada*, *Gio Battifta Viola*, *Jacques Cardone*, *le Schidone*, *Antonio Maria Penico*, *Sifto Badalocchio*, *Jean-Francefco Grimaldi*, *Bolognefe*, & *Pierre-Paul Gobbo Delli Frutti*.

Le Roi poffede de ce grand Peintre;

SÇAVOIR:

Un S. Sebaftien.

S. Jean prêchant dans le Défert.

Un Paysage où l'on exécute un concert sur l'eau.
Le Sacrifice d'Abraham.
Absalon suspendu.
Le Portrait du Médecin Boissy.
La Priere au Jardin.
Une Nôce de Village.
Deux Martyres de S. Etienne.
L'Assomption de la Vierge.
L'Annonciation.
Un Paysage où l'on voit un Hermite regardant une Image.
La Vierge.
L'Enfant-Jesus dormant.
S. Jean, tableau qu'on appelle *le silence du Carrache*.
Un Paysage représentant Herminie tenant une houlette.
La Chasse du Carrache.
Jesus-Christ qu'on met au Tombeau.
Sa Résurection.
Deux Nativités.
La Pêche du Carrache.

On voit du même Artiste au Palais Royal;

Un Crucifix.
S. Roch avec un Ange.
S. Jerôme & la Magdeleine.

Le Calvaire.
L'Enfant Prodigue.
Une Descente de Croix.
La Samaritaine.
Les Bains de Diane.
La Toilette de Vénus.
Deux S. Etienne.
S. Jean qui montre le Messie.
La Vision de S. François.
Le Martyre de S. Etienne.
S. Jean avec une Gloire dans le haut du tableau.
Une Sainte Famille connue sous le nom du Raboteux.
La Procession du S. Sacrement.
Une Sainte Famille, appellée le Repos.
Le Paysage au Batelier.
Le Paysage aux Chevaux.
S. Jean qui dort.
S. Jean au Désert.
S. Roch.
Danaë de grandeur naturelle.
Le Portrait d'Annibal.
Celui d'un Homme vêtu de noir, portant la main à son visage.
Hercule étouffant des Serpens.
Vénus & l'Amour, Tableau ovale.

LE SCHIDONE,

Bartolomeo Schidone.

BArthelemy Schidone naquit à Modene vers l'an 1560 ; quoiqu'il fût élève des Carraches, il suivit entierement la maniere du Correge ; il doit à ce grand maître les graces qu'on remarque dans ses tableaux. Il étoit parvenu à en imiter si parfaitement le style, qu'on confond souvent ses ouvrages avec les siens. Il fut fort occupé par le Duc *Ranuccio* de Parme, qui le combla de biens, & qui lui fit peindre tous les portraits de sa maison. Il fit plusieurs ouvrages à Plaisance, à Modene, & dans quelques autres Villes d'Italie.

Sans être extrêmement correct, le dessein de cet artiste a des graces. Il donnoit à ses figures de beaux airs de tête, & beaucoup d'expression ; sa couleur est animée, & la touche de son pinceau est ferme & vigoureuse. La malheureuse passion qu'il avoit pour le jeu, lui fit perdre beaucoup de tems. Le Cavalier Marin fut plus de cinq ans à le solliciter pour obtenir son portrait. Il perdit un jour une grosse somme qu'il n'étoit pas en état d'acquitter ; il en fut si touché, qu'il mourut de douleur à Parme, en 1616, âgé d'environ cinquante-six ans.

M. le Duc d'Orleans possede de ce Peintre ;

Une Sainte Famille.
Une Vierge qui montre à lire à l'Enfant-Jesus.

MICHEL-ANGE
DE CARRAVAGE,

Michele-Angelo Amerigi da Caravagio.

MICHEL ANGE DE CARAVAGE, dont le nom propre étoit *Amerigi*, naquit, en 1569, dans le Milanois, au Château de Caravagio, dont il prit le nom. Sans autre maître que la nature, sans avoir étudié les ouvrages des grands artistes, & sans consulter l'antique, il se forma une maniere extraordinaire, qui lui fit beaucoup de partisans. Dans cette nouvelle carriere il parut chercher la force & la couleur de Giorgion ; mais il étoit beaucoup plus dur, & ses ombres étoient plus fortes & plus tranchées.

Comme il ne faisoit rien que d'après nature,

& qu'il donnoit à fes lumieres un ton fuave, agréable & beaucoup de vérité, il fut imité par le *Manfredi* & le *Valentin*, & il auroit prefque entraîné toute l'école des Carraches, & particulierement le Guerchin, le Guide & le Dominicain, fi fon incorrection & le mauvais choix qu'il faifoit de fes fujets, ne leur eut infpiré du dégoût.

Le Caravage étoit peu propre aux grandes compofitions, il fe plaifoit fouvent à imaginer des fujets où l'on voyoit des effets de nuits; fes couleurs locales étoient fi bien placées, fes lumieres fi bien entenduës, que Rubens en fut frappé, & le reconnut pour fon maître dans le clair-obfcur.

Il fut heureux d'exercer fon talent dans un tems où l'on ne peignoit que de pratique, & où l'on ignoroit cette parfaite imitation de la nature, qu'il fçavoit fi bien faifir, fur-tout dans les portraits, où fes teintes étoient plus adoucies, & la touche de fon pinceau plus légere & plus moëlleufe. Il ignoroit la perfpective linéale & aërienne, mais il fuppléoit à ce défaut par des fonds noirs, qui néanmoins font fouvent défagréables.

Ayant eu une querelle avec le Jofepin, qui refufa de fe battre avec lui, parce qu'il n'étoit point gentilhomme, il alla à Malte, dans le deffein de fe faire recevoir Chevalier Servant; ce que le grand Maître lui accorda, en confidération de fes talents, & pour le récompenfer de différents ouvrages qu'il avoit faits pour lui ; alors il repartit pour Rome, dans l'intention de fe venger du Jofepin, mais il mourut, après avoir été volé, au port d'Hercule, en 1609, âgé de quarante ans.

Ses difciples furent Barthelemy *Manfredi*, Charles *Saracino* de Venife, Jofeph *Ribera*, dit l'Efpagnolet, Gerard-Honthorft d'Utrecht, & *Gio Carlo* , Loth de Munich.

Le Roi a du Caravage ;

Le Portrait du Grand Maître Vignacourt, en pied.
La Mort de la Vierge.
Une Bohêmiene qui dit la bonne avanture.
Et un S. Jean-Baptifte.

M. le Duc d'Orléans a auffi ;

Le Sacrifice d'Abraham.
Une Transfiguration.
Un Jeune Homme qui joue de la Flûte.

LE GUIDE,

Guido Reni.

CE Peintre, connu sous le nom de Guide, naquit à Bologne en 1575, & apprit les premiers principes de la peinture de Denys Calvart, bon Peintre Flamand; il passa ensuite dans l'école de Louis Carrache. Le Guide suivit quelque tems la maniere du Caravage, qu'il quitta pour en prendre une plus claire, plus vague, plus noble & plus agréable. Le desir de voir les statues antiques, & les tableaux de Michel-Ange, & de Raphaël, le conduisit à Rome avec l'Albane; il y fut employé aux plus grands ouvrages dans les différentes Églises.

Le Pape qui le considéroit, prenoit plaisir à le voir travailler à la Chapelle de son Palais, & vouloit qu'il se couvrit en sa présence.

Le Josepin, peintre célebre, & son ami, dit un jour au Saint Pere, dans une de ses visites : nous travaillons nous autres comme des hommes, mais le Guide travaille comme les Anges.

Les têtes du Guide sont comparables à celles de Raphaël, soit dans la correction du dessein, soit dans la finesse de l'expression. Cet art & les
graces

ÉCOLE LOMBARDE.

graces qui lui étoient particulieres, n'étoient dûes qu'à sa maniere d'exprimer les passions. Il possedoit si parfaitement l'idée de la beauté, qu'il la faisoit briller même dans un visage pénétré de douleur, comme dans les têtes de Vierges; il la faisoit remarquer aussi dans un visage flétri par le sang, comme dans celui du Christ, où il a exprimé d'une maniere sensible, avec les souffrances de l'humanité, la majesté & la grandeur de la divinité.

Une composition riche & noble, un coloris frais où l'on voit passer le sang par le transparent des teintes, un dessein grand, correct, la légereté & la finesse de la touche, le coulant & le moëlleux du peinceau, des draperies larges parfaitement bien développées, des extrêmités délicates & bien terminées, caractérisent le talent du Guide, auquel, pour la noblesse & les graces, aucun peintre ne peut être comparé.

Cet artiste n'en étoit pas en orgueilli, il disoit de lui-même, que les grands qui le visitoient, ne venoient point le voir, mais seulement ses ouvrages.

L'œil étoit, selon lui, la partie la plus difficile à bien représenter; c'est celle où il s'est le plus appliqué, & qu'il a rendue plus parfaitement qu'aucun autre artiste.

Son école étoit souvent composée de près de

T

deux cents étudiants, auxquels il se faisoit un plaisir de développer toutes les parties de son art. Il écoutoit volontiers les critiques que l'on faisoit de ses ouvrages, & suivant l'exemple d'Apelles, il se cachoit derriere ses tableaux pour entendre ce qu'on en disoit.

D'un caractere naturellement doux & honnête, il eût été toujours heureux, si le démon du jeu n'eût point troublé les plus beaux jours de sa vie, & rendu sa fin malheureuse à Bologne, en 1641, âgé de soixante-sept ans.

L'on compte parmi ses disciples, *Guido Cagnacci, le Sirani, Simon Cantarini da Pesaro, Francesco-Gessi, Giacomo Sementa, Flaminio Torri, Marescotti, Girolamo Rossi, Rugieri, Canati, Bolognini, Pietro Ricci*, & quantité d'autres.

On voit de lui dans le Cabinet du Roi;

Une Charité Romaine.
Deux Magdeleines, pleurant devant le Crucifix.
Une Tête de Christ couronnée d'Epines.
Samson & Dalila.
Une Vierge & l'Enfant-Jesus qui dort.
L'Union du Dessein & de la Couleur.
Jesus-Christ au Jardin des Oliviers.

ÉCOLE LOMBARDE.

a Couseuse vêtue de blanc, autrement la
ge assise travaillant au linge, accompagnée
ois Anges.
ne autre vêtue de Rouge.
ne Vierge & l'Enfant-Jésus, avec S. Jean
lui baise les pieds.
 Jean dans le Désert.
 François en méditation.
[ercule enlevant Déjanire.
[ercule tuant l'Hydre.
e même combattant Acheloüs.
[ercule sur le Bucher.
ne Fuite en Egypte.
rois tableaux de S. Sebastien.
n Saint Jean.
ne Magdeleine.
ne Sybille.
esus-Christ & la Samaritaine.
a Vierge & son Fils avec Sainte Catherine.
a Vierge à l'Oiseau.
n Enfant jouant avec des Tourterelles.
)avid tenant la tête de Goliath.

Au Palais Royal;

ne Magdeleine portée sur un nuage.
rigone, demi-figure.
uzanne prête à se baigner.

La même avec les Vieillards.
Une Vierge vêtue de bleu.
Hérodiade de grandeur naturelle.
Une Magdeleine à mi-corps.
Une Sybille avec un Turban.
Un *Ecce Homo.*
Une *Mater Dolorosa.*
Une Tête de Magdeleine.
Sainte Apolline attachée à un poteau.
David & Abigaïl.
Saint Bonaventure assis dans un fauteuil.
Saint Sebastien.
La Décollation de S. Jean - Baptiste, avec plusieurs Figures.
Notre Seigneur couché sur la Croix.
La Vierge & l'Enfant-Jesus qui dort.

Dans la Gallerie de l'Hôtel de Toulouse;

Un grand Tableau qui représente l'enlévement d'Hélene par Paris.

FRANÇOIS ALBANI,

Francesco Albani.

Bologne est le lieu où naquit, en 1578, François *Albani*, qui, dès sa plus tendre jeunesse, fit connoître son inclination pour la peinture. Il en apprit les premiers principes chez Denys Calvart; il entra ensuite chez les Carraches, & après il se rendit à Rome avec le Guide, où il devint, par le secours de l'étude, un des plus agréables peintres de son tems.

L'Albane peignoit parfaitement les femmes & les enfans, auxquels il donnoit une carnation vive & animée. Leurs contours simples & coulants, lui convenoient mieux que ceux des corps musculeux des hommes; & l'on peut dire aussi que les sujets gracieux étoient plus analogues à son génie, que les actions fières & terribles.

Il se fixa à Bologne, où il épousa en secondes nôces, une très-belle femme qui devint le modele de toutes les divinités qu'il représentoit dans ses tableaux. Il en eut douze enfans qui étoient si beaux, qu'ils lui servirent non-seulement pour peindre les grouppes charmants de petits amours, dont il enrichit ſes belles compoſitions, mais encore qui furent les originaux d'après leſquels le Pouſſin, l'Algarde, & François Flamand, étudierent les graces enfantines de la Nature, dont ils ont embelli leurs chefs d'œuvres.

Il ſe plaiſoit dans les maiſons de campagne qui lui appartenoient, & qu'il avoit décorées de boſquets & de fontaines agréables, c'eſt-là qu'il méditoit ſes ouvrages voluptueux. Inſpiré par les graces, il puiſoit dans les ingénieuſes fictions de la fable, les ſcênes riantes dont il varioit ſes tableaux, qu'il ſçavoit encore embellir par des ſites agréables, par de beaux payſages, & par une noble architecture. Sa maniere de peindre étoit moëlleuſe, arrondie, & extrêmement fondue ; il diſoit que la nature étoit finie, & n'avoit point de touche ni de maniere ; il n'eſtimoit point les peintres, tels que Teniers, Bourguignon, & quelques autres dont le pinceau, quoique ſpirituel & léger, s'exprime par des touches heurtées & peu fondues. Il mépriſoit les ſujets bas, les ſcênes domeſtiques & les tabagies.

On lui reproche de n'avoir pas été toujours correct. Il répétoit auſſi trop ſouvent les mêmes caractères de tête dans ſes femmes, ſes vieillards, & ſes enfans. Il fut cependant préféré par le Carrache à ſes autres élèves, pour terminer la Chapelle de San Diego dans l'Eglife nationale des Efpagnols à Rome.

Il mourut à Bologne, en 1660, âgé de près de quatre-vingt-trois ans, & fut inhumé dans la fépulture des premiers nobles de la Ville.

Ses difciples furent Jean-Baptifte *Mola*, Pierre-François *Mola*, *Andrea Sacchi*, le *Cignani*, *Gio Maria Galli*, pere de Ferdinand, *Bibiena*, *Pietro Torri*, *Flippo Menzani*, *Pianori*, *Bonini Taruffi*.

Le Roi poſſede de cet Artiſte ;

Vénus à fa toilette, fervie par les Nymphes.

Trois différens Tableaux de Vénus & Adonis.

Les Nymphes de Diane qui coupent les aîles aux amours.

Salmacis & Hermaphrodite.

Une Vierge avec l'Enfant-Jefus, à qui des Anges préfentent des fleurs.

Cybelle avec les Saifons.

Mercure & Apollon.

Deux Annonciations.

Un Baptême de Jefus-Chrift par S. Jean.

Le même Saint prêchant dans le Défert.

L'Apparition du Sauveur à la Magdeleine.

Une Charité.

Une Sainte Famille.

Dieu le Pere dans une Gloire.
Adam & Eve chaffés du Paradis.
La Fable de Latone.
Ulyffe & Circé.
Joseph & Putiphar.
Apollon & Daphné.
Vénus, Vulcain & les Amours.
Les Bains de Diane.

 Ces Tableaux sont presque tous sur cuivre & très-finis.

Au Palais Royal on voit du même Artiste;

Salmacis dans un Paysage.
Une Sainte Famille.
Une autre sous le nom de la Laveuse.
La Communion de la Magdeleine.
Le Baptême de Notre Seigneur.
La Samaritaine.
Saint Laurent.
Justinien.
Un *Noli me Tangere*.
La Prédication de S. Jean.

JACQUES CAVEDONE,
Giacomo Cavedone.

CE fut à *Saffuolo*, dans le Modenois, que naquit Jacques Cavedone, en 1580. Il entra dans l'école des Carraches. Jamais peintre n'a trouvé une maniere plus belle & plus expéditive ; jamais difciple ne s'eft acquis une réputation fi rapide. Il fut eftimé, pendant un tems, égal à Annibal Carrache, & plufieurs de fes tableaux pafferent même pour être de ce grand Maître ; mais fes talents s'affoiblirent avec l'âge, & devinrent de la plus grande médiocrité.

Jacques Cavedone, dans fes bons tableaux, rendoit parfaitement les contours du nud, & d'une maniere en même tems plus fimple que tous les autres peintres.

Il mourut à Bologne, en 1660, âgé de 80 ans. Il eut pour élève, fon fils ; *Ottavio Coradi*, *Battifta-Cavazza*, le *Torri*, le *Sirani*, & le *Borboni*.

Il y a au Palais Royal, deux Tableaux de ce Maître.

Une Vierge affife, donnant à teter à l'Enfant-Jefus, avec S. Etienne & S. Ambroife.

Et une Junon endormie.

JEAN LANFRANC,

Giovanni Lanfranco.

Jean Lanfranc, né à Parme en 1581, fut mis dans l'école des Carraches, où il fit bientôt des progrès étonnans, & qui furent secondés par la vue des ouvrages du *Correge*. Lanfranc étoit charmé des racourcis admirables qu'on trouve dans ses coupoles, & il disoit que c'est dans les voûtes où il faut représenter les figures en différens racourcis que l'on reconnoît l'intelligence de l'artiste.

Raphaël & Michel-Ange, étoient l'objet continuel de ses études. Il se fit une maniere de dessiner grande & noble: aucun peintre n'a drapé ses figures avec plus de grandeur, ni mieux développé les draperies; le jet de ses plis est formé avec un art surprenant; ses compositions sont majestueuses & élegantes; ses grouppes bien liés & bien distribués, font reconnoître la facilité & l'abondance de son génie. Un clair obscur bien entendu, soutenu d'un coloris vigoureux, un pinceau ferme, conduit par une main légere, sont les traits qui caractérisent ce grand Peintre, auquel on reproche cependant d'être quelquefois incorrect, & de donner un peu dans le goût du Caravage. Né pour les grandes machines, & supérieur dans l'optique, & le racourci des plafonds, il se surpassa dans la coupole de S. André de Laval à Rome, & à Naples dans l'Eglise des Saints Apôtres, dont la voûte représente leur Martyre. La Chapelle de Trésor de S. Janvier, est encore peinte de sa main; plusieurs Eglises de Rome & de Naples, sont ornées de ses belles fresques, qui étoient toujours supérieures à ses tableaux à l'huile. Dans les derniers tems de sa vie, il consultoit peu la nature, & faisoit tout de pratique.

Il mourut à Rome, en 1647, âgé de soixante-six ans, comblé d'honneurs & de bienfaits par les Papes Paul V, & Urbain VIII; ce dernier le fit Chevalier.

Il eut pour élèves le *Chevalier Benaschi*, Piémontois, *Giacinto Brandi*, & *François Perrier*, Peintre François.

Le Roi possede six Tableaux de ce Maître.

Un Saint Augustin.

Saint Guillaume à genoux devant Jesus-Christ qui couronne Marie, dans une Gloire où sont placés plusieurs Anges.

L'Adieu de S. Pierre & de S. Paul.
Agar & fon fils Ifmael.
Diane & Pan dans un Payfage.
Mars & Vénus.

On voit de lui au Palais Royal;

Le Portrait d'une Femme.
Une Annonciation.
Une Charité Romaine.

DOMINIQUE ZAMPIERI,

Domenico Zampieri.

LA ville de Bologne, féconde en grands artiftes, donna la naiffance, en 1581, à Dominique *Zampieri*, dit le Dominicain. Il étudia les principes de la peinture, chez Denys Calvart qui le maltraita, l'ayant trouvé copiant des deffeins d'Annibal Carrache, dans l'école duquel il fe retira auffi-tôt.

La maniere lente & pénible avec laquelle il étudioit, le fit furnommer par fes camarades, le Bœuf, ce qu'Annibal ayant entendu; leur dit que *le fillon qu'il traçoit nourriroit un jour la pein-*

ture. Cette prédiction s'est bien vérifiée, les ouvrages du Dominicain étant devenus par leur excellence une source où les artistes ont puisé les principes les plus sûrs.

L'Albane & le Dominicain étoient amis, mais leur liaison excitoit leur émulation sans causer entr'eux aucune jalousie. Il travailla à Rome en concurrence avec le Guide. Autant les graces & le suave du pinceau de cet artiste, charmoient tout le monde, autant la correction du dessein, & les expressions naturelles du Dominicain lui gagnerent les suffrages des véritables connoisseurs.

Entre les nombreux travaux qu'il a faits à Rome dans les Eglises où il a été occupé plus qu'aucune autre peintre, on remarque particulierement dans celle de S. Jerôme de la Charité, la mort de ce Pere d'Eglise qui reçoit le saint viatique.

Le fameux Poussin, en parlant des plus beaux tableaux de cette grande Ville, comptoit la Transfiguration de Raphaël pour le premier, la Descente de Croix de Volterre pour le second, & pour le troisieme, ce tableau du Dominicain, & il ajoutoit qu'il ne connoissoit point de peintre après Raphaël, qui eût aussi bien exprimé les passions. Aussi lorsque cet artiste étudioit ses expressions, il fe rempliffoit tellement du fujet qu'il vouloit repréfenter, qu'il pleuroit quelquefois amèrement, ou fe mettoit en fureur. Le Carrache l'ayant furpris dans un pareil enthoufiafme, l'embraffa en lui difant qu'il apprenoit de lui en ce moment la pratique la plus effentielle de fon art.

Sa renommée, en s'accroiffant, donnoit lieu à de nouvelles marques de jaloufie de la part de fes ennemis. Ils en vinrent au point d'employer pour détruire fes ouvrages, les moyens les plus honteux ; ils parvinrent jufqu'à corrompre le maçon qui préparoit les enduits de l'ouvrage à frefque qu'il peignit dans la Chapelle du Tréfor de Saint Janvier à Naples. Ils firent mêler de la cendre avec de la chaux pour les corrompre & les faire tomber : foible reffource de l'ignorance contre les talents fupérieurs, & qui n'a été que trop fouvent employée pour détruire les plus beaux ouvrages ; le petit Cloître des Chartreux à Paris, monument immortel des talens de le Sueur, l'eft auffi d'une jaloufie de pareille nature.

Le Dominicain, frappé de ces mauvaifes manœuvres, fe chagrina & craignit qu'on n'en voulut à fa vie, & que quelqu'un ne le fit empoifonner. Ne fe fiant plus à perfonne, même à fa femme, il changeoit tous les jours de mets, & les apprêtoit lui-même ; il termina enfin fa vie à Naples en 1641, âgé de foixante ans.

Zampieri deffinoit tout d'après nature; quand il remarquoit dans une perfonne quelque habitude de corps extraordinaire, ou quelques mouvemens finguliers, il fe retiroit chez lui pour les deffiner. Ses études fur le modele, & fes cartons lui coutoient tant de tems & d'argent, qu'il ne lui reftoit prefque rien de ce qu'on lui donnoit pour fes ouvrages.

Les tableaux faits à la hâte n'étoient point de fon goût, & perfonne n'a plus terminé fes grands ouvrages. Il fçavoit accorder les membres de fes figures, & leur mouvement à l'expreffion, & au fentiment de l'ame. Une grande compofition noble & bien ordonnée, fe trouve réunie dans fes tableaux, à un coloris tendre qui, fans avoir de grandes ombres, produit le meilleur effet; fes fonds font vagues, & le payfage en eft bien touché. Il étoit fçavant dans l'architecture; Grégoire XV le nomma fon premier peintre & architecte du Vatican.

Il traitoit auffi bien les fujets de dévotion, que ceux où les graces doivent préfider.

S'il étoit permis de reprocher quelque chofe au Dominicain, ce feroit une touche un peu pefante, des draperies trop rétrecies, quelque féchereffe dans fes tableaux à l'huile, défauts qui ne fe rencontrent point dans fes frefques.

On ne connoît que quatre disciples de ce grand peintre, André *Camassei*, *Antonio Barba Longa* de Messine, *Gio Agnolo Canini*, & *Francesco Cozza*, Sicilien.

Le Roi possede de cet habile Homme;

Renaud & Armide.
Timothée devant Alexandre.
Un Paysage avec des Pêcheurs.
Adam & Eve, chassés du Paradis.
L'Amour traîné dans un Char.
Le Ravissement de S. Paul.
La Vierge à la Coquille.
La Vierge avec S. Antoine de Padoue.
Un Paysage où l'on voit Hercule qui tire Cacus de sa caverne.
David célébrant les louanges de Dieu.
Sainte Cécile chantant.
Enée sauvant son Pere.
Un Concert de Musique.
Une Magdeleine.
Hercule combattant Achéloüs.
S. Augustin lavant les pieds de Jesus-Christ, sous la figure d'un Pélérin.

On voit aussi de lui au Palais Royal ;

Un Sacrifice d'Abraham.
Une Sybille.
S. Jean l'Evangeliste.
S. François.
S. Jérôme.
Un autre S. Jérôme avec un beau Paysage Maritime.
Un Portement de Croix.
Et un petit Paysage avec plusieurs Barques.

LE GUERCHIN.

Giovanni-Francesco Barbieri.

CE Peintre, surnommé *le Guerchin*, du nom *Guercio*, qui signifie Louche, naquit à *Cento*, en 1590, près de Bologne. Il ne dût, pour ainsi dire, qu'à lui-même la perfection où il a porté son art, ayant fait une étude particuliere des ouvrages des grands maîtres, & sur-tout de ceux des *Carraches* dont il étoit l'élève. Il donna dans la maniere du Caravage, trouvant celle du Guide & celle de l'Albane trop foibles. Il étoit persuadé que le coloris étoit la partie la plus essentielle de la peinture.

L'histoire de cet art présente peu d'artistes qui ayent autant travaillé que le *Guerchin*. Sans compter les ouvrages qu'il a faits pour plusieurs potentats, on voit de lui nombre de plafonds & coupoles, & plus de cent tableaux d'Autel, entre lesquels celui qui est dans S. Pierre de Rome, représentant Sainte Petronille, doit tenir le premier rang ; on le regarde comme le plus beau tableau de cette superbe Eglise.

Aucun peintre n'a travaillé plus vîte que le Guerchin. Il peignoit au premier coup.

Pressé par des Religieux de faire un Pere Eternel pour leur maître autel, la veille de leur fête, il le peignit au flambeau en une nuit. Le *Tiarini*, bon peintre de Bologne, en fut si surpris, qu'il lui dit : *Seigneur Guerchin, vous faites ce que vous voulez, & nous faisons ce que nous pouvons.*

Le Guerchin prenoit sa lumiere d'en haut, pour donner de plus grandes masses à ses ombres, qu'il rendoit aussi très-vigoureuses; ce qui donnoit tant de relief à ses figures, & tant de force à ses tableaux, que les autres ouvrages des peintres, excepté ceux du Caravage, ne pouvoient presque plus se soutenir auprès des siens.

Chriſtine, Reine de Suéde, en paſſant à Bologne, le voulut voir, & lui tendant la main, prit la ſienne, diſant qu'elle vouloit toucher une main qui opéroit de ſi belles choſes. Il vivoit honorablement, & reçut même un jour chez lui trois Cardinaux, qu'il fit ſervir à table par douze des mieux faits de ſes diſciples; ces Eminences furent enchantées de cette reception, & parlerent du Guerchin avec les plus grands éloges.

Il avoit refuſé la place de premier peintre du Roi d'Angleterre, & n'accepta point non plus celle que lui offroit le Roi de France, préférant ſa patrie à la fortune, & aux honneurs qui lui étoient propoſés.

Il laiſſa en mourant des biens conſidérables, & finit ſa vie à Bologne en 1666, âgé de ſoixante-ſeize ans.

Quoique peu de peintres ayent entrepris autant d'ouvrages que le *Guerchin*, il n'en a laiſſé aucun imparfait.

Les critiques lui reprochent d'avoir un peu négligé les expreſſions & la correction du deſſein, & de s'être un peu trop livré au coloris trop chargé du Caravage.

Il eut pour diſciples *Ercole Gennari*, *Benedetto Gennari*, & *Céſare Matteo Loves*, *Sébaſtien Bom-*

belli, Lucas *Scaramuccia*, & autres, *Mattia Preti* dit *il Calabrese*.

Le Roi posséde de cet Artiste :

Un Saint Jérôme grand comme nature.
Un autre Saint Jérôme s'éveillant au bruit de la trompette.
Une Vierge & un Saint Pierre pénitent.
Circé tenant un vase d'or.
Hercule qui combat l'Hydre.
Des Femmes au bain.

On voit de lui au Palais Royal,

Une Présentation de N. S. au Temple.
Une Vierge.
Un Christ couronné d'Epines.
David & Abigail.
Un Saint Jérôme éveillé par un Ange.

A l'Hôtel de Toulouse, il y a de ce Maître ;

Une Charité Romaine.
Esther & Assuerus.
Agar dans le Désert.
Coriolan qui reléve sa Mere & sa Femme prosternées à ses pieds.
Le Combat des Romains & des Sabins.

LE BOLOGNESE,

Giovanni - Francesco Grimaldi Bolognese.

JEAN-FRANÇOIS GRIMALDI, dit *le Bolognese*, doit sa naissance à la ville de Bologne, en 1606. Il entra dans l'école des Carraches, dont il étoit parent, & s'adonna plus particulierement au payfage, genre dans lequel il se diftingua. Il deffinoit affez bien la figure.

Sa réputation étant parvenue jufqu'à Paris, le Cardinal Mazarin l'y attira, & l'employa pendant trois ans à embellir le Louvre & fon palais. Il retourna enfuite à Rome, où il trouva beaucoup d'occupation, & y mourut, en 1680, âgé de près de foixante-quatorze ans, laiffant des biens confidérnbles à fix enfans, dont le cadet, nommé *Alexandre*, fut affez bon peintre.

Son coloris eft vigoureux & frais, fa touche belle & légere, fes fites heureux, fa frefque admirable, fon feuiller léger. Ses payfages qui font dans le goût des Carraches, peuvent fervir de modéles à ceux qui veulent s'attacher à ce genre de peinture; on les trouve cependant quelquefois un peu trop verds. Il sçavoit l'architecture, & gravoit très-bien à l'eau forte.

Le Bolognèse étoit lié d'amitié avec le fameux Algarde, & fut deux fois nommé Prince de l'Académie de S. Luc de Rome. Il fut généreux sans être prodigue. Il porta plusieurs fois de l'argent, sans se faire connoître, à un gentilhomme qui étoit dans le besoin; il se distingua encore par d'autres traits de générosité qui firent estimer ses vertus autant que ses talents.

On ne connoît aucun de ses tableaux chez le Roi, & l'on ne sçait point le nom de ses élèves.

AUGUSTIN METELLI,

Agostino Metelli.

CE Peintre naquit à Bologne en 1609. Sa jeunesse, jusqu'à seize ans, se passa dans la misere; ensuite il eut le bonheur d'entrer dans l'école du fameux *Girolamo Curti detto il Dentone*. Il se rendit si habile, qu'à l'âge de dix-sept ans, il fut recherché par un riche architecte, nommé *Alleoti*, qui voulut partager sa fortune avec lui, & l'adopter pour son fils; ce que Metelli refusa, pour ne pas abandonner ses pere & mere. Il s'affocia enfuite avec *Colonna*, & fit avec lui des ouvrages confidérables, tant en Italie qu'en Espagne, où Philippe IV les appella. Ce Monarque prenoit grand plaifir à le voir peindre, & montoit fouvent fur l'échaffaud, pour s'entretenir avec lui.

Metelli mourut à Madrid, après un féjour de dix ans, en 1660, âgé de cinquante-un ans.

Il peignoit très bien à frefque, & faifoit avec intelligence l'architecture & les ornemens; les plus fçavants architectes réformoient volontiers leurs idées fur fes avis.

Auguftin *Metelli* joignoit plufieurs talents à fon art, & difoit qu'un peintre, pour réuffir, devoit fçavoir un peu de tout. Il répétoit fouvent que deux chofes formoient l'habile homme, l'occafion de travailler en public, & l'émulation.

Lorfqu'il fe mit en voyage avec Colonna fon affocié, il répondit à ceux qui le confeilloient de prendre des précautions contre les voleurs : « il ne » m'importe guères qu'on me prenne mes hardes, » pourvu qu'on me laiffe les deux doigts de la main » avec lefquels je tiens mes pinceaux ». Il fut reçu à l'Académie de S. Luc de Rome, & pour fes talents littéraires à celle *de i Gelati* de Bologne, à laquelle il envoya fouvent des vers de fa compofition.

Ses élèves sont le Santi, l'Alboresi, le Monticelli, Giacomo Monti, Balthazaro Bianchini, Giacomo Friani, Prospero Mangini, le Mondivi, les Rolli & François Quaini.

PIERREFRANÇOIS MOLA,

Pietro-Francesco Mola.

CE fameux artiste naquit à *Coldre* dans le Milanois, en 1621; son pere, peintre & architecte, le mit à Rome chez le Chevalier Josepin, & ensuite chez l'Albane, qu'il quitta pour aller à Venise trouver le Guerchin, dont la maniere forte & vigoureuse, jointe aux ouvrages du Titien & du Bassan, le perfectionna entiérement; mais la jalousie du Guerchin lui fit quitter Venise. Il revint à Rome, où il se fit une grande réputation. Innocent X & son successeur Alexandre VII, l'occuperent aussi avantageusement pour sa gloire, que pour sa fortune. Louis XIV, instruit de ses talents, lui fit proposer de venir à sa cour; & lorsqu'il se préparoit à partir, une dispute qu'il avoit euë avec le Prince Pamphile, lui causa tant de chagrin, qu'il en mourut à Rome en 1666, âgé de quarante-cinq ans.

Le Mola avoit un génie vif & fécond; il étoit grand deſſinateur, encore plus grand coloriſte, quoique ſouvent un peu noir. Il excelloit dans le payſage & dans les caricatures : une facilité admirable ſe remarque dans tous ſes tableaux.

Il eut pour élèves Jean *Bonati*, Jean-Baptiſte *Pace*, Jean-Baptiſte *Buoncuori*, Antoine *Gherardi*, *Foreſt* & *Collandon*, peintres François.

On voit de lui dans la Collection du Roi,

Une Sainte Famille.

Un Saint Jean qui prêche dans le Déſert.

Saint Bruno auſſi dans le Déſert, avec un beau fond de payſage.

Deux Tableaux de même grandeur, l'un repréſentant Herminie viſitant les bleſſures de Tancrede, appuyé ſur ſon Ecuyer; & l'autre la même Herminie écrivant ſur un arbre le nom de Tancrede ſon amant.

Dans la Collection du Palais Royal,

Un Repos en Egypte.

Archiméde tenant un Compas, & un Soldat qui le bleſſe.

Une Prédication de Saint Jean.

Agar & Iſmaël.

CHARLES CIGNANI,

Carlo Cignani.

Charles Cignani, né à Bologne en 1628, eut pour premier maître *Battifta Cairo;* il entra enfuite dans l'école de *l'Albane*, qui l'aima comme fon propre fils, & même il publioit par tout, qu'il feroit le meilleur de fes élèves; il l'employoit fouvent à peindre dans fes propres ouvrages.

La réputation naiffante de *Cignani* lui procura bien-tôt les occafions de faire connoitre fes talents, plufieurs Princes s'empreffèrent d'employer fon pinceau. Son mérite lui fufcita beaucoup d'envieux, mais cela ne l'empêcha pas d'entreprendre la coupole de la *Madona del Fuoco* de la ville de Forli, où il repréfenta le Paradis : il y fit admirer fon génie. Son fils *Felice* l'aida beaucoup dans ce grand ouvrage qui l'occupa près de vingt ans. Il termina fes travaux par un tableau de la naiffance de Jupiter, qu'il peignit à l'âge de quatre-vingt ans, pour l'Electeur Palatin. Il mourut à Forli, en 1719, âgé de quatre-vingt-onze ans.

Le Pape Clément XI qui l'honoroit de fa protection, l'avoit déclaré Prince de l'Académie de Bologne.

Il ne voulut point accepter le titre de Comte & de Chevalier, que lui offroit le Duc François Farnèse : sa modestie lui avoit fait refuser cette même grace du Pape, & de plusieurs autres Princes. Tous ces témoignages de l'estime publique, multiplierent le nombre de ses admirateurs. Mais ses succès furent troublés par l'envie; on gâta plusieurs de ses tableaux, & l'on brûla les cartons qu'il avoit laissés.

Outre son fils *Felice* qui fut son disciple, il eut encore *Marc-Antoine Franceschini*, *Louis Quaini*, *François Mancini*, le *Lamberti*, & *Carle Luci*.

On trouve dans les ouvrages de *Cignani*, la fraîcheur & la force du coloris, la légéreté de la touche, la correction du dessein, la fertilité du génie, & une grande facilité à développer & à pincer les plis de ses draperies. Ce Peintre est un des plus gracieux de l'Ecole Lombarde; il s'attacha sur-tout à l'expression des passions de l'ame; la nouvelle maniere qu'il s'étoit faite tenoit de celle du *Guide* & du *Caravage*, à laquelle il joignoit souvent les graces du *Correge*. Les tableaux qu'il a voulu faire à la maniere des *Carraches*, paroissoient plus grands qu'ils ne le sont en effet, l'artifice de placer les sites & de disposer ses figures étoit encore un des talens de ce Peintre. On lui reproche cependant qu'il finissoit trop ses tableaux, & qu'il n'y mettoit pas assez de feu. Son coloris étoit quelquefois si fort, & il donnoit tant de relief à ses figures, qu'elles ne se lioient pas toujours avec le fond.

Le Roi possede de ce Peintre;

Une Descente de Croix.
Notre Seigneur qui apparoît, en Jardinier, à la Magdeleine.

On voit de lui au Palais Royal;

Un *Noli me tangere.*

PIERRE FRANÇOIS
Caroli,

Pietro Francesco Caroli.

LA perspective qui paroît avoir été ignorée, ou très-négligée par les anciens artistes, fut l'objet des études de *Pierre-François Caroli*. Il naquit à Turin l'an 1638, & commença, au sortir du College, à s'appliquer à la géométrie, à l'architecture & à la perspective. Son goût pour cette partie de la peinture, le détermina dans le choix de son état. Son application perfectionna ses talens, & fit rechercher ses ouvrages. Il alla à Venise, à Florence, & ensuite à Rome, où il se fixa, ayant été admis à l'Académie de Peinture. Il y fut si consideré, qu'il fut nommé Professeur perpétuel.

Caroli, quoique long à terminer ses compositions, traita un nombre assez considérable de sujets d'invention, & peignit les vues intérieures de plusieurs Eglises de Rome. Ces tableaux furent très-recherchés, non-seulement des habitans de cette grande Ville, mais encore des étrangers qui admiroient le beau coloris, l'exactitude, & le fini précieux de ses ouvrages.

Louis Garzi ornoit souvent ses tableaux d'architecture, de figures représentant des sujets d'histoire analogues à ses compositions.

Cet habile artiste mourut à Rome, à l'âge de soixante-dix-huit ans, en 1716.

LOUIS QUAINI,
Luigi Quaini.

Louis Quaini, né à Ravenne, en 1643, apprit de son pere les premiers élémens de la peinture. Il passa dans l'école du Guerchin, qui mourut peu de tems après. Quaini entra pour-lors dans celle du Cignani, son cousin germain, qui le mit en état d'acquerir de la réputation & des richesses. Il fit un voyage en France & en Angleterre, retourna ensuite auprès de Cignani, & lia une amitié très-étroite avec le Franceschini. Il s'associa avec lui pour tous les grands travaux dont il étoit chargé. Cignani les employoit souvent dans ses ouvrages, ou leur procuroit tous ceux qu'il ne pouvoit entreprendre. Il auroit été assez difficile de discerner l'ouvrage de Quaini d'avec celui du Franceschini, tant ils mettoient d'accord dans leurs travaux. C'étoit toujours le Quaini qui faisoit le paysage, l'architecture &

les autres ornemens qu'il entendoit encore mieux que le Francefchini qui peignoit les figures. Le Quaini a cependant fait feul plufieurs tableaux, où il a uni avec fuccès l'hiftoire à l'architecture. Son pinceau étoit facile, fa touche exprimoit bien les objets qu'il repréfentoit, & particulierement le feuiller des arbres, & la mouffe dont leurs écorces font fouvent chargées ; les moindres détails étoient recherchés & terminés avec foin. Les belles formes qu'il fçavoit donner à fes plans & à fes compofitions d'architecture, étoient rendues avec exactitude, par la perfpective lineale qu'il connoiffoit parfaitement, & à laquelle il joignoit l'harmonie & la dégradation de la perfpective aërienne.

Il mourut à Bologne, en 1717, âgé de foixante-quatorze ans. On ne lui connoît point d'élèves.

ANTOINE FRANCESCHINI,

Antonio Francefchini.

CE Peintre naquit à Bologne en 1648, & fut élèves de *Gio Maria Galli Bibiena*, pere du fameux *Ferdinand*. Après la mort de fon maître, il paffa dans l'école du *Cignani*, où il fe lia avec le *Quaini*, & ils travaillerent depuis toujours de concert; foit dans les différentes entreprifes qui leur furent offertes; foit dans celles où le *Cignani* les employa. Il fit cependant, ainfi que le *Quaini*, fon ami, diverfes ouvrages en particuliers, qui lui furent demandés par plufieurs Princes d'Allemagne & d'Italie, & par les Républiques de Venife & de Gênes.

Francefchini s'eft fupérieurement diftingué dans le coloris. Son pinceau eft d'une touche franche & légere, fes teintes fon bien placées & bien fondues. L'intelligence du clair-obfcur qu'on remarque dans fes compofitions, produifoit le plus grand effet. Il ajuftoit noblement fes figures, & fçavoit leur donner, felon leur caractère, de la grandeur & de la dignité. Sa maniere aifée de peindre lui faifoit regarder fon art comme un amufement. Un peintre, felon lui, ne pouvoit
réuffir

réuffir qu'en fuivant les belles formes de la nature, & l'expreffion de l'ame.

Le Pape Clément XI le fit travailler pour la Bafilique du Vatican, à de grands tableaux deftinés à être exécutés en Mofaïque, dont il lui marqua fa fatisfaction, en le nommant Chevalier de Chrift.

Il peignit à Gênes la grande Salle du Confeil, & la voute de l'Oratoire de l'Eglife du *Corpus Domini*. Il fut aidé dans l'architecture par Henry Affrier, & par Jacob Buoni de Bologne, le meilleur de fes élèves.

Il termina fa longue carriere par de grands tableaux qu'il fit pour le palais *Spinola*; & quoiqu'il les finit étant plus qu'octogenaire, ils ne fe fentoient point de la foibleffe d'un âge auffi avancé, & ils ont encore autant de fraîcheur & de légereté, que s'ils euffent été faits dans la force de fon âge.

Peu de tems après cet ouvrage, il finit fes jours dans fa quatre-vingt-unieme année, l'an 1729.

Cet artifte eut toujours une école nombreufe, où il fe plaifoit à répandre les lumieres qu'il avoit acquifes par fa longue expérience.

Entre les plus diftingués de fes élèves, on remarque *Jacob Buoni*, de Bologne, *Jacques Fran-*

ceschini, son fils, *Girolamo Gatti*, *Giacinto Garofalini*, *Francesco Meloni*, *Antonio Rozzi*, & *Luca Bistiga*.

JOSEPH DEL SOLE,

Giuseppe del Solé.

JOSEPH DEL SOLE, fils d'Antoine Marie *del Sole*, assez bon peintre de paysage, naquit à Bologne en 1654. Il fut élève de Lorenzo Pasinelli. Ses progrès annoncerent ses talents; & sa réputation s'étant accrue en peu de tems, lui procura des ouvrages aussi importans que lucratifs, dans lesquels il se distingua également; son école devint fameuse & fut remplie de bons élèves.

Joseph *del Sole* fut quelque tems imitateur de son maître Pasinelli, qu'il parvint à surpasser dans la composition & l'ordonnance des sujets d'histoire. Raphaël & les Carraches furent ses grands modéles; & sur la fin de ses jours, il s'attacha à imiter le Guide & Louis Carrache. Il étoit naturellement gracieux, correct, & entendoit bien le paysage, l'architecture, les ornemens & les animaux. Il s'occupa par délassement à peindre des fleurs, & il les rendit avec autant d'esprit que d'intelligence.

Quoique le genre de Joséph *del Sole* fut l'histoire, il a fait beaucoup de portraits, & il réussissoit parfaitement dans la ressemblance.

Il mourut près de Bologne, en 1719, âgé de soixante-cinq ans.

On distingue parmi ses disciples, *Felice Torelli, Cesare ; Giuseppe Mazzoni, Giam Batista Grati, & Francesco Monti.*

FERDINAND GALLI BIBIENA.

Ferdinando Galli Bibiena.

CET Artiste, aussi grand peintre que grand architecte, naquit à Bologne en 1657. Ayant perdu, à l'âge de sept ans, son pere Gio-Maria Galli, élève de l'Albane, il passa dans l'école du Cignani, qui lui développa tous les secrets de son art. Le jeune *Bibiena* sçut bien-tôt suivre son guide, plutôt en rival qu'en imitateur. Le Cignani s'étant apperçu de son goût décidé pour l'architecture, le fit successivement passer chez le Paradoffo, l'Aldrovandini, & Antonio Manini, les meilleurs maîtres de ce tems-là. Il le donna enfuite au Duc Rannucio Farnèfe, qui, à fon arrivée à Parme, décora *Bibiena* du titre de fon premier peintre & architecte. Il fixa alors fon féjour dans cette ville, où il demeura près de vingt huit ans; fa réputation & fon habileté le firent rechercher par plufieurs Princes. L'Empereur Charles I ayant défiré de l'avoir auprès de lui, il obtint fon congé du Duc de Parme, & paffa à Vienne, où ce Prince le nomma fon premier architecte, & fon peintre de fêtes & de théâtre. Bien-tôt la naiffance d'un Archiduc fut pour *Bibiena* une nouvelle occafion de faire briller fon fçavoir dans une fête fuperbe que donna l'Empereur.

Sa fanté s'étant fort dérangée, il obtint la permiffion de retourner en Italie en 1711, & d'y demeurer. Quoiqu'il n'eut alors que cinquante-quatre ans, il ne fe trouva plus en état de faire de grands travaux; il s'attacha à compofer deux volumes d'architecture, pour l'inftruction des artiftes.

Toutes les décorations qui ont paru de fon tems en Italie, étoient de fon invention. On trouve dans fes tableaux de chevalet, une belle ordonnance, & une grande intelligence de couleur. Peu l'ont égalé dans l'effet des perfpectives, dans les belles maſſes du clair-obſcur, & dans les décorations de théâtre.

Il mourut à Bologne, âgé de plus de quatre-vingt-deux ans : on ignore l'année de ſa mort; on ſçait ſeulement qu'il vivoit encore en 1739.

Son frere François a ſuivi le même goût, & il s'exerçoit encore à peindre l'hiſtoire.

Bibiena a laiſſé un grand nombre d'élèves, dont les plus diſtingués ſont, *Giuſeppe Civoli*, *Giovam-Battiſta Alberoni*, Pierre *Scandellari*, *Giuſeppe-Antonio Laudi*, & Robert *Clerici*.

JOSEPH MARIE CRESPI,

Giuſeppe Maria Creſpi.

GIROLAMO CRESPI, fut pere de Joſeph-Marie *Creſpi*, qui naquit à Bologne en 1665. Il fut nommé l'Eſpagnol. Son premier maître fut Angelo Michele Toni, qu'il égala; il paſſa enſuite dans l'école de Canuti, de-là dans celle du Cignani, & il acheva de ſe perfectionner ſous la conduite d'Antoine Burini. Il s'inſtruiſit beaucoup par les belles copies qu'il fit, des tableaux du Titien, de Paul Veroneſe, de Tintoret, & ſur-tout de

X iij

Baroche, dont il imita si bien la maniere, qu'un de ses tableaux fut vendu comme étant du Baroche. L'étude de ces grands maîtres fortifia extrêmement son coloris, ainsi que les ouvrages de Rembrant & de Rubens, dont il eût occasion de voir un grand nombre, lorsqu'il se fut attaché au Prince Eugene de Savoye.

 Cet artiste mettoit de l'esprit dans tous les sujets qu'il traitoit, & avoit acquis par une longue application, l'exécution la plus rapide.

 Crespi sçavoit donner à ses figures de grandes lumieres, se servant tantôt du soleil, ou d'un flambeau élevé, & souvent de la chambre noire. Pour les faire sortir davantage, il tenoit exprès ses fonds éteints & obscurs, & traitoit ses paysages de la même maniere, représentant des nuits & des mers agitées. Souvent il changeoit son style, dans les petits tableaux, qu'il terminoit avec un soin infini.

 Il est peu de peintres qui aient été aussi occupé, & qui aient produit plus de différens ouvrages. Il traitoit souvent des sujets très facetieux, & entendoit bien les caricatures. Il réussissoit parfaitement au portrait. Benoît XIV le fit son premier peintre & Chevalier de l'Eperon-d'Or, avec le titre de Comte Palatin.

Il mourut à Bologne, en 1747, âgé de quatre-vingt-deux ans, après avoir perdu la vue.

On admire fes ouvrages dans plufieurs villes d'Italie, entr'autres dans celle de Bologne fa patrie, à Parme, Mantoue, Ferrare, Modene, Bergame, Lucques, &c.

Ses enfans ont été fes élèves, & fe nommoient *Louis*, *Antoine* & *Ferdinand*; Louis qui étoit Chanoine & Camérier fecret de fa Sainteté, peignoit l'hiftoire, mais feulement pour fon amufement; Antoine s'exerçoit dans le même genre, & Ferdinand, Religieux Francifcain, travailloit en miniature.

JEAN-PAUL PANINI,

Giovanni-Paolo Panini.

LE dégré éminent où Jean-Paul Panini a porté l'art de rendre les ruines des monuments antiques, lui a mérité la premiere place dans cette partie de la peinture.

Cet artiste naquit à Plaisance vers l'an 1678. Après avoir commencé dans cette ville à s'instruire des principes de l'architecture, & de la perspective, il vint à Rome, où il étudia les ouvrages de Salvator Rose, & où il prit des leçons d'André Lucatelli. Il se fit dans les commencement, une maniere forte & vigoureuse, qui tiroit un peu sur le noir, mais il la quitta bien-tôt pour en prendre une claire & lumineuse, qui lui réussit beaucoup mieux. Aucun autre avant lui, n'avoit aussi bien fait distinguer la varieté de ces teintes que la vétusté & le laps de tems donnent au marbre & à la pierre.

Sans cesse occupé à la contemplation des célèbres monumens qu'il voyoit à Rome, il a sçu en saisir si parfaitement le caractère, qu'il en peignoit de fictifs avec la plus grande facilité. Les restes des édifices antiques n'ont pas en réalité plus de grandeur & de majesté, que n'en ont les ruines créées par son imagination dans ses tableaux ; il les ornoit d'ailleurs de figures convenables aux scênes qu'ils offroient, & leur prêtant ce double intérêt, il réunissoit tous les suffrages. Heureux s'il n'eût point été infidele aux regles de la perspective, que la fécondité de son génie lui a trop souvent fait négliger.

Il fut reçu à l'Académie des Peintres de Rome, & agréé à celle de Paris.

La réputation que lui procurerent ses talens, répandit ses ouvrages dans toute l'Europe, & le fit autant chérir des étrangers, qu'il étoit considéré dans Rome. Ses idées vastes & propres aux plus grandes choses, seconderent les vues du Cardinal de Polignac, pour les fêtes qu'il donna dans la Place Navone à Rome, à la naissance de M. le Dauphin. Il fit aussi des scênes de théâtre pour les Jésuites, où il a également fait connoître l'universalité, & la supériorité de ses talens.

Cet artiste célèbre mourut à Rome, sans avoir fait d'élèves, & fut généralement regreté des Romains & des étrangers.

SOFONISBE ANGOSCIOLA LOMELLINA,

Sofonisba Angosciola Lomellina.

AMILCAR *Angosciola* & *Bianca Ponzona*, d'une noble famille de Crémone, donnerent naissance à Sofonisbe *Angosciola*, qui se distingua dans différentes parties de la peinture, & particulierement dans le portrait. Elle reçut les premiers principes du dessein de Bernard *Campi*, & ensuite de Bernard *Gatti*, surnommé *il Soïaro*; elle fit des progrès si rapides, qu'elle fût bien-tôt en état de donner elle-même des principes de peinture, à trois de ses sœurs qui se nommoient Europe, Anne & Lucie, lesquelles se sont distinguées dans cet art.

La renommée de ses talens étant parvenue jusqu'à Philippe II, Roi d'Espagne, il l'a fit demander par le Duc d'Albe, l'an 1559. Elle se rendit à la Cour de ce Monarque avec son pere, étant accompagnée de deux Dames & de deux Gentilhommes que le Gouverneur de Milan, par une distinction toute particuliere, lui avoit accordé pour faire le voyage avec elle.

Lorsqu'elle eut terminé les portraits du Roi & de la Reine, Leurs Majeſtés lui témoignerent la ſatisfaction qu'ils en eurent, par le préſent d'un diamant de grand prix, & par une forte penſion.

Le Pape Pie IV, à qui elle avoit envoyé le portrait de ce Monarque, lui écrivit une lettre de félicitation ſur ſes talents, en lui envoyant un chapelet compoſé de pierres précieuſes & de reliques encadrées dans de riches ornemens.

Sofoniſbe avoit un pinceau léger, un coloris frais & tranſparent, dans lequel il ſembloit que l'on appercevoit le mouvement du ſang. Elle mettoit de la grace & de la vérité dans ſes têtes, & donnoit toujours à ſes figures les attitudes propres à leur âge, à leur caractère & à leur dignité. Elle avoit trouvé l'art de faire diſparoître la roideur & la ſécherefſe qui ſemblent inévitables quand on peint un modéle, à qui l'ennui donne toujours la plus froide contenance.

Elle peignit l'Infante Iſabelle-Claire d'Autriche, à ſon paſſage à Gênes, lorſqu'elle alloit épouſer l'Archiduc Albert. Ce portrait fut envoyé à Vienne, & confirma encore dans cette Cour les applaudiſſemens que l'on avoit accordés à ſes talents.

Sofoniſbe fut mariée par le Roi d'Eſpagne à

Don Fabrice de Moncada, feudataire de Sicile, avec une dot de douze mille ducats, & une penfion de mille écus, affignée fur la douane de Palerme. Etant devenue veuve, elle époufa en fecondes nôces Orazio Lomellini, d'une des plus nobles familles de la République de Gênes; avec l'âge, fes yeux s'affoiblirent, & elle perdit enfin la vue; mais elle prenoit plaifir à s'entretenir avec les artiftes des difficultés qui fe rencontroient dans la peinture, en y joignant les réflexions que fon expérience lui avoit acquifes dans cet art. Le fameux Vandyck fe regardoit comme fortuné d'avoir joui de fa converfation, & il répétoit fouvent qu'il avoit reçu plus de lumieres pour la perfection de fon art, d'une femme aveugle, que de l'étude qu'il avoit pu faire d'après les ouvrages des plus grands maîtres.

Etant parvenue à une extrême vieilleffe, *cette femme célèbre termina fes jours en l'année 1620,* & fut très-regrettée de fes concitoyens, & louée par tous les poëtes & les fçavans de qui elle avoit été connue.

✱

AUTRES PEINTRES

De l'École Lombarde.

FRANCO, de Bologne, peintre en miniature, fut appellé à Rome par Benoît IX, pour peindre fur des livres dans la Bibliothéque du Vatican. Il furpaffa Giotto, Olderigi da Gobbio, & mérita d'être célébré par le Dante. Il vivoit en 1303, & fut le chef de l'Ecole de Bologne.

*

CRISTOPHE, de Bologne, peignit avec fuccès dans cette ville, en 1380.

*

MASO, de Bologne, étoit regardé, en 1404, comme un très-bon peintre. Il peignit la coupole de l'Eglife Cathédrale de S. Pierre, qui a été détruite, & rebâtie depuis ce tems.

*

BARTHELEMI BRAMANTINO, peintre & architecte de Milan, fut un des premiers qui fit renaître les arts. Il fut occupé à Rome par Nicolas V, & fit nombre d'ouvrages en peinture &

en architecture dans les villes de Lombardie. Il vivoit en 1440.

*

ALEXANDRE ORAZI, de Bologne, fut un bon peintre à fresque, en 1440.

*

AMBROISE BEVILACQUA, peintre Milenais, fit plusieurs grands ouvrages dans sa patrie, qui lui méritèrent un rang distingué dans la peinture. Il vivoit en 1486.

*

MARC ZOPPO BOLOGNOSI, concurrent d'André Mantegna, fut avec lui disciple de Squarcione. Il travailla à Padoue, à Venise. Il eut pour élèves Francia & Lippo d'Almazio. Il vivoit dans l'année 1498.

*

CÉSAR DA SESTO, de Milan, fut le meilleur disciple de Léonard de Vinci. Il mourut en 1510.

*

PROSPER FONTANA naquit à Bologne en 1512. Les principes de la peinture lui furent donnés par Innocent d'Imola. Il étoit ingénieux dans ses compositions, & facile dans l'exécution. Quatre Papes l'occuperent fucceffivement. Jules III le nomma premier peintre du Palais Apoftolique. Il eut l'avantage d'être le maître des fameux Louis & Auguftin Carrache. Son goût pour les progrès de fon art, l'engageoit à donner des leçons de perfpective publique ; il affembloit chez lui tous les artiftes qui le confideroient ; ils prenoient fes confeils & le choififfoient toujours pour juge dans toutes leurs conteftations. En 1552, il eut une fille nommée Lavinie, que fes talents dans la peinture firent eftimer de plufieurs Princes & Souverains Pontifes.

*

ANDRÉ MANTEGNA, de Mantoue, apprit le deffein d'André Squarcione, peintre Padouan. Il fut fait Chevalier & appellé à Rome par le Pape Innocent VIII, qui le fit travailler au Belvédere. Il fervit plufieurs autres Souverains, dont il fut eftimé & récompenfé ; mais ce qui fait le plus d'honneur à fa mémoire, eft d'avoir été le maître du fameux Correge. Il vécut jufqu'en l'année 1517.

*

BERNARD CAMPI, né à Crémone en 1522, alla à Mantoue étudier dans l'école de Jules Romain, & mérita d'être confidéré comme un des meilleurs élèves de cet habile maître.

※

Lavinie Fontana, fille & difciple de Profper, née à Bologne, en 1522. Elle parvint à fe faire une maniere fi agréable, que les Dames fe difputoient entr'elles l'avantage de la fervir, pour en obtenir leurs portraits.

※

Pelegrino, de Bologne, de la noble maifon de Pelegrini, dite *Tibaldi*, naquit à Bologne en 1522. Quelques-uns ont cru qu'il étoit élève de Bagna Cavallo & de Perino del Vaga; mais il le fut en effet de Michel-Ange. Le Carrache le nommoit *le Michel-Ange réformé*. Il fut auffi bon architecte, & en cette qualité, il fut chargé de nombre de grands ouvrages, dont les fuccès ont également concouru à établir fa réputation. Il paffa en Efpagne, où Philippe II, pour honorer fes talents, lui donna le titre de Marquis.

※

Augustin, de Bologne, furnommé *des Perfpectives*, pour le talent fingulier avec lequel il repréfentoit toutes fortes d'objets d'architecture, & auxquels il donnoit tant de vérité, qu'il
trompoit

trompoit les hommes & les animaux. Il vivoit en 1525.

✷

ANDRÉ DEL GEBBO, de Milan, florissoit du tems du Correge, il fut bon coloriste, & fit beaucoup d'ouvrages dans les Eglises, & particulierement à Pavie, où il vivoit en 1530.

✷

BOCACINO BOCCACCI, de Crémone, peignit dans la maniere de Perugin, il vivoit en 1540, & mourut à cinquante huit ans.

✷

GIACINTO BERTOIA, né à Parme, fut élève du Parmesan; il imita sa maniere, & fut chargé de faire des desseins pour peindre les vîtres de la Cathédrale de la même ville. Il mourut en l'année 1550.

✷

AMICO ASPERTINO, de Bologne. Il étoit appellé *Maestro Amico du due Penelli*, parce qu'il peignoit en même tems des deux mains; l'une donnoit les clairs, & l'autre l'obscur. Ses ouvrages, qui sont bien empâtés de couleur, se sont conservés jusqu'à ce jour; ils font connoître sa facilité & le rang qu'il tenoit dans son art.

Y

Il vécut soixante-dix-huit ans, & mourut en 1552.

*

Marcel Venuti, de Mantoue, fut disciple de Perin del Vaga, & de Michel-Ange. Il a fait beaucoup d'ouvrages dans les Eglises & dans les palais de Rome.

*

Jean-Baptiste Viola, naquit à Bologne en 1576. Il fut ingénieux dans ses compositions, & joignit la douceur du pinceau de l'Albane, dont il étoit parent, à un dessein assez correct. Il étoit poëte, musicien & grand improviseur.

*

Lorenzino, de Bologne, de la noble maison Sabatini, fut fait, pour ses talents, par le Pape Grégoire XIII, Surintendant des peintures du Vatican, & son premier peintre. Il travailla à la Chapelle Pauline, à la Salle Ducale, & dans les galleries du Palais Papal. Il mourut en 1577.

*

Jean-Jacques Sementi, né à Bologne en 1580, fut disciple de Denis Calvart; il eut une si grande facilité dans le dessein & dans l'intelligence du coloris, qu'il fut confidéré par les artiftes, comme un des meilleurs peintres de fon tems.

✳

EMILLE SAVONANZI, noble citoyen de Bologne, naquit dans la même ville, en 1580. Il joignit à l'éducation d'un gentilhomme, l'étude du deffein, & eut pour maîtres les Carrache & le Guide. Il imita la maniere de ce dernier à un tel point, que fes ouvrages furent comparés à ce grand maître. Il apprit l'anatomie, l'architecture & la perfpective, & fçut, par des allégories ingénieufes, réunir l'hiftoire & la fable. Après plufieurs voyages en Efpagne, & dans d'autres pays, il retourna dans fa patrie, où il mourut autant regretté pour fes talents, que pour fes qualités perfonnelles.

✳

FRANÇOIS GESSI, né à Bologne de noble famille, en 1588, fut écolier & ami du Guide, & imita fa maniere.

✳

CÉSAR BAGLIONE, de Bologne, fut eftimé entre les peintres d'architecture, en 1590.

✳

AMBROISE FIGINO, de Milan, fut un très bon peintre d'histoire & de portrait. Il vivoit en l'année 1590.

※

CHARLES MÉDA, de Milan, fut bon peintre d'histoire, dessinateur & coloriste; il vivoit en 1595.

※

AUGUSTIN TASSI, de Bologne, fut un des meilleurs élèves de Paul Bril. Il travailla avec le Chevalier Ventura-Solibeni à Gênes & à Rome à de grands paysages qui lui donnerent beaucoup de réputation. Il mourut en 1610.

※

FRANÇOIS CAVAZZONE, de Bologne, élève de Passaroti, & ensuite des Carraches, vivoit en 1616.

※

ANDRÉ GHIZZI, étudia chez l'Albane, & ensuite dans l'école de Lucio Massari. Il voulut découvrir la quadrature du cercle; & après avoir ainsi perdu son tems, il se mit chez le Dentone, où il apprit l'architecture & la perspective, & devint un des plus habiles dans ce genre. Il vivoit vers l'an 1620.

※

FRANÇOIS CARRACHE, nommé *Franchino*, étoit frere d'Annibal & d'Auguſtin. Il fut un des plus corrects deſſinateurs d'académie de ſon tems, & auroit, par ſes talents dans la peinture, égalé ſes freres aînés, ſi ſa conduite trop dérangée, n'eut abregé ſes jours à l'âge de vingt-ſept ans, dans l'année 1621.

*

ANTOINE SCAVALTI, de Bologne, étudia chez Jacques Lauretti, qui le conduiſit à Rome, où il travailla conjointement avec lui par ordre de Sixte V, dans les Salles & dans la Bibliothéque du Vatican, qu'il avoit lui-même fait bâtir. Ce peintre qui étoit bon deſſinateur, avoit le talent ſingulier de faire la caricature de ceux qu'il connoiſſoit, d'une façon qui lui étoit particuliere. Il mourut à ſoixante-trois ans, en 1622.

*

LEONELLO SPADA, de Bologne, paſſa de la miſere à une aſſez grande fortune, par les talens qu'il acquit chez Baglioni, & dans l'école des Carraches. Il imita la maniere forte du Caravage, & fut appellé à Modene, à Ferrare, à Régio, & à Parme, où il fut magnifiquement récompensé par le Duc qui chérissoit ses talens. Il mourut à quarante-six ans, en 1622.

*

LAURENT FRANCHI, écolier de Camillo Brocaccino, imita dans de petits tableaux, la maniere de Samachino & de Sabbatino, & le grand style du Carrache. Il mourut aux environs de l'année 1630.

*

BARTHELEMI MARESCOTTI de Bologne, fut un des meilleurs élèves du Guide. Il mourut de la peste en 1630.

*

BENOIST POSSENTI de Bologne, écolier des Carraches, fut bon paysagiste; il réussit aussi à faire des batailles, des marches d'armées, & des sujets pittoresques. Il vivoit en 1630.

*

ALEXANDRE ALBINI, fut, entre les élèves du Carrache, un des plus ingénieux & des plus faciles. Il mourut vers l'an 1630.

*

ANTONIA PINELLI de Bologne, fut élève de Louis Carrache. Elle se fit une maniere qui lui mérita d'être placée entre les Peintres célèbres ; elle épousa Jean-Baptiste Bertalio, peintre distingué. Elle vécut jusqu'en 1630.

※

BARTHELEMI CESI GRAMMERIEN de Bologne, devint bon peintre en étudiant chez Nosadella, les ouvrages de Tibaldi, & de Passarotti. Il vécut soixante-dix-neuf ans, & mourut en 1635.

※

ALEXANDRE GRIMALDI, fut fils & élève de Jean-François de Bologne, fameux paysagiste ; il se distingua en suivant la maniere de son pere, il vivoit en 1636.

※

BALTHAZAR CROCE de Bologne, écolier d'Annibal Carrache, travailla à Rome, à S. Jean de Latran, au Vatican & dans plusieurs Eglises. Il mourut en 1638.

※

ANTOINE-MARIE PANICO, élève d'Annibal Carrache, prit si bien la maniere de ce grand maître, que plusieurs de ses ouvrages passerent pour être de lui. Il vivoit dans l'année 1640.

※

Jean-Baptiste Ruggieri de Bologne, surnommé Sébastien del Gessi, acquit tant de facilité & un coloris si agréable, que son maître en fut jaloux, & l'on dit même que le fameux Guide ne pût se garantir de cette foiblesse en voyant ses ouvrages. Il vivoit en 1646.

*

Marc-Antoine Franceschino, vit le jour à Bologne en l'année 1648 ; il fut élève de Charles Cignano chez lequel il acquit un beau coloris & une belle maniere de peindre à fresque & à l'huile. Il voyagea en Allemagne, en France & en Espagne, où ses talens furent estimés & récompensés.

*

Barthelemi Manfredi de Mantoue, suivit la maniere du Caravage, & parvint à imiter les ouvrages de ce maître si parfaitement, qu'ils se confondent avec les siens. Il mourut à Rome à la fleur de son âge vers l'an 1650.

*

Bernard Ciceri, né à Pavie en 1650, fut élève de Charles Sacchi ; il étudia à Rome, & retourna dans sa patrie, où il vécut très-consideré pour ses talens dans la peinture.

*

ACHILLE CALICI de Bologne, écolier de Prosper Fontana, fut grand admirateur de la maniere des Carraches, & imita particulierement celle de Louis.

✶

MARC-ANTOINE CHIARINI, né à Bologne en 1652, fut écolier de François Quaini, & de Dominique Santi. Il fut estimé entre les Peintres de perspective de son temps.

✶

JEAN-JERÔME BONESI, naquit à Bologne en 1653. Il fut élève de Jean Viani & de Carlo Cignani, dont il imita la maniere. Ses ouvrages sont répandus dans les Eglises & les Palais, non-seulement dans sa patrie, mais chez les Princes étrangers, où ils ont acquis beaucoup de réputation. Il vécut soixante-douze ans, & mourut en 1735.

✶

LAURENT GARBIERI, neveu du Carrache, dont il étoit chéri, joignit au talent de la peinture, dans lequel il s'étoit acquis un rang distingué, tous les arts agréables, quoique son génie parut le porter à des sujets tragiques, & quelquefois effrayans. Il mourut à soixante-quatorze ans, en 1654.

✶

JOSEPH ROLI, né à Bologne en 1654, fut très-bon peintre d'architecture, de figure & de perspective. Il fut appellé chez un Prince d'Allemagne, où il a fait beaucoup d'ouvrages.

✶

AURELIO PASSAROTI, fils & disciple de Bertolini, s'appliqua à la miniature, & devint ensuite Ingénieur. Il fut employé en cette qualité par Rodolphe II, & par Clément VIII. Il vivoit en 1656.

✶

ANDRÉ PORTA, naquit à Milan en 1656. Il étudia de lui-même les ouvrages de Legnanino, & se forma un coloris si vigoureux & si agréable par l'effet de ses belles lumieres, qu'il fut estimé dans cette partie un des plus habiles de son temps, & en conséquence il fut très-recherché & très-occupé. Il eut un fils en 1689, nommé Ferdinand, qui fut son élève, & qui suivit sa maniere avec succès.

✶

ANTOINE BURINO, né à Bologne en 1660, ne fût pas moins considéré par ses talens pittoresques, que son maître Dominique Canuti. Il sçut joindre à la correction du dessein un beau coloris & une grande facilité d'exécution; il fit nombre d'ouvrages dans les Eglises & les Palais de plusieurs villes d'Italie.

*

FRANÇOIS-ANTOINE PIELLA, né à Bologne en 1661, se fit une maniere qui lui réussit pour peindre à Gouache des perspectives, des ports de mer, & des paysages.

*

JACQUES ALBORESI de Bologne, reçut les principes de son art, d'Augustin Metelli, il fut occupé par le grand Duc, qui le favorisa beaucoup, & mourut à Florence en 1664.

*

JOSEPH CARPI de Bologne, eut un génie particulier pour l'architecture & la perspective.

*

CHARLES BOLOGNESE, né en 1665, étudia les principes du dessein chez Moro-Aldrovandini, & à peindre à fresque de Giulio Trogli, nommé le Paradosso. Il réussit particulierement dans l'architecture & la perspective.

*

GIACINTE GAROPALINO, naquit à Bologne en 1666; il fut éleve de son oncle Maro-

Antoine Franceschini, & se fit une maniere légere & facile pour la fresque, où il réussit singulierement bien. Ses ouvrages à l'huile ne lui ont pas acquis autant de réputation.

*

Joseph Crespi, nommé l'Espagnol, naquit à Bologne dans l'année 1666. Il fut élève d'Angelo-Michel Toni. Il fut facile dans le dessein, & très-expéditif dans ses ouvrages, quoiqu'il les terminât avec soin.

*

Alexandre Tiarini, naquit à Bologne en 1577; il joignit au talent distingué qu'il avoit dans son art, celui des lettres, & devint un des hommes des plus célèbres de son temps. Il réussit également bien dans tous les genres de peinture, & particulierement dans le portrait. Il joignit dans son coloris à la force & à la fraîcheur, une touche légere & fondue, qui lui merita une grande réputation. Il vécut jusqu'à l'âge de quatre-vingt-onze ans, & mourut en 1668.

*

Maria Elena Panzacchia, née à Bologne en 1668, d'une noble famille; elle eut pour maître Emilio Taruffi, sous lequel elle s'appliqua à peindre le paysage, où elle réussit singulierement bien.

*

Hercule Gaetano Bertuzzi, né en 1668, dans la ville de Bologne, fut bon peintre de portrait.

*

Remond Monzini, qui naquit à Bologne en 1669, fut un des plus ingénieux artistes de son temps. Il joignit à une très-profonde connoissance de l'architecture & de la perspective, le goût des arabesques & des ornemens. Il sçut aussi peindre, en miniature, avec une vérité singuliere, les oiseaux, les poissons, les plantes, les fleurs, & les autres curiosités naturelles. Il fut, en considération de ses talens, crée peintre du Sénat de Bologne. L'Empéreur Leopold l'eut en telle considération, qu'il lui donna une chaîne d'or, avec son portrait sur une médaille.

*

Aurelio Luini de Milan, écolier de Bernardino, doué de toutes les dispositions qui doivent former un artiste, ne tarda pas à les faire connoître dans sa patrie & chez les étrangers, où il fit nombre d'ouvrages à l'huile & à fresque. Ses compositions ingénieuses, étoient soutenues d'un beau coloris. Il vivoit en 1673.

✳

AURELIANO MILANI, né à Bologne en 1675, fut élève de Paffinelli & de Céfar Gennari. Il étudia dans fa patrie les ouvrages des Carrache, & fe forma une maniere particuliere qui lui fit obtenir la plus grande confidération entre les artistes de son temps.

✳

PIERRE-FRANÇOIS CAVAZZA, né en 1675, dans la ville de Bologne, apprit à deffiner & à peindre de Jean Viani, & de Dominique-Marie, enfuite il chercha la maniere du Guerchin, & de Paul Veronèfe, & prit une force de coloris qui le diftingua des autres artiftes, & qui lui procura les entreprifes les plus confidérables.

✳

HERCULE BROCACCINO, gentilhomme Bolognois, chef de la fameufe École de Bologne, dont la famille fut depuis tranfportée à Milan, auroit été regardé comme un artifte des plus diftingués, s'il n'eût point été en concurrence

ÉCOLE LOMBARDE.

avec les Carrache. Il vécut jufqu'à l'âge de quatre-vingt ans, & mourut en 1676.

✴

LUCIE CASALINA, naquit à Bologne en 1677; elle eut les premiers principes du deffein de Charles Cafaline, élève d'Emilio-Taruffi, & enfuite elle fut élève de Jean-Jofeph *del Sole*. Son heureux génie lui fit mettre à profit ces utiles leçons, elle s'appliqua au portrait, & fit auffi quelques tableaux d'hiftoire. Elle époufa Felice Torelli, un des meilleurs Peintres de fon temps.

✴

POMPÉE-AUGUSTIN ALDROVANDINI, Bolognois, naquit en 1677. Il eut pour pere, Mauro, célèbre peintre d'architecture & de théâtre, dont il fuivit la maniere.

✴

BASTIEN GRATI, né à Bologne, en 1678, fut élève de Jean-Jofeph *del Sole*, & devint un des plus agréables & des plus ingénieux artiftes de fon temps.

✴

ANGELO-MICHEL MONTICELLI, naquit à Bologne en 1678; il fut écolier de Dominique-*Maria* Viani, qui lui apprit à peindre avec force & légereté. Il choisit les batailles, les marchés, & fit aussi des paysages, avec de petits sujets si agréablement traités, qu'ils lui ont mérité une place distinguée entre les artistes.

✶

CANDI DA VITAL, naquit à Bologne en 1680; il apprit de Laurent Passineli à peindre l'histoire, mais son génie le porta à faire des fleurs, des fruits & des animaux, où il mit autant de légereté & de finesse, que de vérité.

✶

CHARLES-ANTOINE PROCACCINI, de Bologne, fils & élève d'Hercule Procaccino & frere de Camille & de Jules-César, ne traita point l'histoire, mais il s'appliqua aux animaux, aux fleurs & aux fruits, & parvint à les rendre avec tant de vérité, qu'ils sont estimés & recherchés comme les plus précieux ouvrages en ce genre. Il vivoit en 1682.

✶

JERÔME DOMINI, né à Correge en 1687, fut élève de Joseph *del Sole*, & ensuite de Charles Cignani; il prit dans cette école une maniere vague & légere, qui a fait chérir ses ouvrages.

✶

JULES-CÉSAR

ÉCOLE LOMBARDE.

JULES-CESAR MILANI de Bologne, parvint à copier si parfaitement les tableaux des grands maîtres, que ses copies se vendoient comme originaux. Il mourut à cinquante-sept ans, dans l'année 1687.

❖

JACQUES BUONI, né à Bologne en 1690, fut élève de Marc-Antoine Franceschini. Ses progrès furent si rapides, qu'il fut choisi étant très-jeune, pour peindre conjointement avec Giacinto Garofalino, l'Eglise des Peres Celestins de Bologne, où il fut regardé comme un des meilleurs artistes, autant pour la facilité de son génie, que pour son dessein & son agréable coloris.

❖

ANTOINE ROLI, né à Bologne en 1643, fut disciple de Colonne, qui lui apprit l'architecture & la perspective. Son frere Joseph, qui étoit bon peintre d'histoire, s'associa avec lui pour peindre les figures. Il mourut en 1696.

❖

BARBARA BURINI, née à Bologne en 1700, fut élève de son pere, & fit tant de progrès dans la peinture, qu'elle mérita d'être mise au rang des plus célébres artistes de son temps.

❖

LAURENT PASINELLI, naquit à Bologne en l'année 1629. Il apprit la peinture dans l'école de Simon Cantarino, & enfuite chez Flaminio Torre. Il paffa à Venife, où il chercha à imiter la grande maniere & le beau coloris de Paul Veronèfe. Il retourna dans fa patrie pour recueillir le fruit de fes études, & il y vécut confidéré jufqu'en l'année 1700.

❧

MARCO ODDI, né à Parme, alla étudier à Rome fous Pierre de Cortone; il retourna dans fa patrie, où fes ouvrages l'ont fait regarder comme un des meilleurs peintres de fon temps. Il fut auffi architecte, & chargé en cette qualité des bâtimens & des palais du Duc. Il mourut à foixante-trois ans en l'année 1702.

❧

CESAR FIORI, citoyen de Milan, fut peintre de portrait & architecte. Il travailla autant pour les Princes étrangers, que pour fa patrie; où il mourut à l'âge de foixante-fix ans, en 1702.

❧

AMBROISE BEZOZZI, naquit à Milan en 1648; il eut pour maître Jofeph Danedi, furnommé Montalte. Il alla à Rome, où il étudia fous Ciro Feri, & prit la maniere de l'Ecole Romaine.

Il retourna à Milan, où il fut occupé à peindre dans les Eglises & dans les Palais; sa maniere vague & légere le fit regarder comme un des plus célèbres artistes de son temps. Il vécut jusqu'en l'année 1706.

ANGE-MICHEL TONI, né à Bologne en 1640, fut d'abord maître Ecrivain; ensuite il s'appliqua à la miniature avec succès. Il imita les diverses manieres des meilleurs maîtres, & se forma un talent particulier qui fit rechercher ses ouvrages. Il étoit d'une force extraordinaire, & soulevoit des fardeaux immenses. Il mourut dans sa patrie en 1708, âgé de soixante-huit ans.

DOMINIQUE-MARIE VIANI, né en 1668, dans la ville de Bologne, fut élève de son pere Jean Viani; il eut pour parrein, Charles Cignani, dont il suivit la maniere; il chercha aussi celle du Guide, & fit connoître par son coloris vague & lumineux, combien il s'attachoit à imiter ce grand maître. Bologne & les villes d'Italie sont ornées des ouvrages de cet artiste, qui mourut en 1711.

ANDRÉ LAUZANO de Milan, élève de Louis Scaramuccia, & enſuite de Carlo Maratti. Après avoir donné des preuves de ſon ſçavoir dans ſa patrie, il fut demandé par l'Empereur, qui le fit Chevalier. Il étoit noble & ingénieux dans ſes compoſitions, & dans l'ajuſtement de ſes figures; ſon coloris étoit clair & vigoureux. Il vécut dans la plus grande conſidération, & mourut en l'année 1712.

BENOIST GENNARI, neveu du fameux Guercino, naquit à Bologne en 1633. Ses talens le firent chérir de Charles II, Roi d'Angleterre, & de Jacques I, qui le fit ſon premier peintre. Il mourut à Rome en 1715.

CHARLES VIMERCALI de Milan, élève de Procaccini, a mérité d'être placé entre les bons artiſtes qui ont peint l'hiſtoire de ſon tems. Il mourut à cinquante-cinq ans, en 1716.

JOSEPH GAMBARINI, né en 1680 à Bologne, fut eſtimé entre les artiſtes, pour ſon coloris & ſon deſſein. Il mourut en 1724.

PIERRE-FRANÇOIS CAVAZZA, né en 1667, fut élève de Jean Viani, & un des

ÉCOLE LOMBARDE.

peintres de Bologne qui sçut le mieux imiter la maniere des grands peintres de cette école. Il termina sa vie en 1733.

Jean-François Negri de Bologne, surnommé le Ritratti, par la facilité qu'il s'étoit acquise dans le portrait, en faisant quelquefois de mémoire seulement. Il étoit bon Poëte, & traduisit en Bolognois la Jerusalem du Tasse. Il fut un grand antiquaire, & fondateur de l'Académie des Indomiti. Il vivoit en 1735.

L'année 1737, vit mourir Seraphin Brizzi, bon peintre d'architecture & de perspective.

François Monti fut un des meilleurs peintres des derniers temps de l'Ecole de Lombardie. Il étoit né à Bologne en 1675, & vivoit en 1740.

Angelo-Maria Crivelli, peintre d'animaux, fut si excellent dans ce genre, que les plus sçavans artistes cherchoient à se procurer de ses ouvrages, pour la beauté du coloris, la finesse de la touche, & la vérité singuliere qu'il mettoit dans tous les objets qu'il vouloit représenter. Il vivoit encore en 1740.

DONATO CRETI, né à Crémone en 1671, fut élevé dans l'école de Laurent Pafinelli, où il devint en peu de temps l'un des plus célèbres peintres de fon temps, il étoit né avec un génie facile qui fe remarque dans le grand nombre d'ouvrages dont il fut chargé. Il mourut âgé de foixante-onze ans, en 1742.

César Gennari de Bologne, neveu du Guerchin, né en 1742; Il imita la grande maniere de fon oncle dans l'hiftoire, & s'appliqua au payfage où il réuffit également bien. Il mourut à l'âge de quarante-fept ans.

Victorio Bigari, l'un des plus ingénieux peintres de l'École Lombarde, né en 1692, vivoit encore en 1760.

Antoine Rossi naquit à Bologne en l'année 1700; il fut élève de Laurent Borgonzoni, & enfuite du Chevalier Francefchini. Il fut prefque toujours occupé pour les Eglifes, & vécut jufqu'en 1773.

PEINTRES
GÉNOIS
ET
NAPOLITAINS.

Les Peintres Génois & Napolitains ont pris assez généralement le goût des différentes Écoles d'Italie, sans incliner fortement vers celui d'aucune en particulier.

Cependant d'habiles Maîtres se sont rendus illustres parmi ces Nations. Le précis de leur vie, leurs noms & des observations sur leurs ouvrages, suffiront pour en convaincre les Lecteurs.

PEINTRES GENOIS.

NICOLAS DE VOLTRI,

Nicolao da Voltri.

ENTRE les premiers Peintres qui parurent à Gênes à la renaissance des Arts, Nicolas de *Voltri* s'eſt particulierement diſtingué. Il ſe rendit célèbre, en 1401, par un tableau de l'Annonciation, placé à la *Madona* de la Vigne. Il repréſenta auſſi dans la même Egliſe, les Myſtéres de nôtre Religion, & pluſieurs Saints, qu'on voit dans différents compartimens, diſtribués ſelon l'uſage de ce tems.

On remarque dans ſes ouvrages un bon goût de couleur, une maniere de peindre extrêmement terminée, de la délicateſſe, & du moëlleux dans la touche, de la légéreté & de la fineſſe dans les draperies; ſes attitudes & ſes caractères de tête expriment parfaitement les fentimens de la plus grande piété. Il eſt ſorti des mains de ce peintre, nombre de tableaux placés dans différentes Egliſes, où l'on reconnoît, malgré la maniere un peu gothique de ces premiers tems, des principes qui ont éclairé les artiſtes dans les ſiécles qui leur ont ſuccédé.

Quoique ſes travaux paroiſſent peu conſidérables en comparaiſon de ceux des peintres qui l'ont ſuivi, ils ſont toujours précieux à l'hiſtoire & aux progrès des arts, dont ils marquent les époques.

L'année de la mort de Nicolao de Voltri ne nous eſt pas connue.

FRANÇOIS-MARIE BORZONI,

Francesco-Maria Borzoni.

LE nom de *Borzoni* est fort connu dans la peinture ; quatre artistes de ce nom s'y sont distingués. François-Marie *Borzoni* naquit à Gênes en 1525 ; quoiqu'il eût les mêmes principes que ses freres, son goût fut bien différent. Il s'attacha au payfage, peignit des marines, des tempêtes, des naufrages, variant tour-à-tour sa maniere de peindre, tantôt dans le goût du Guafpre, tantôt dans celui de Claude Lorrain, & de Salvator Rofe. Ses tableaux font beaucoup d'effet ; sa couleur est tendre & suave, sa touche délicate & légere.

Il fut attiré en France par Louis XIV, & reçut de ce Monarque des récompenfes & des distinctions très-honorables.

Borzoni travailla beaucoup dans les appartemens du Louvre, sur-tout dans celui qu'on nomme les Bains de la Reine, où il a peint à l'huile neuf grands morceaux de payfages, d'une fraîcheur & d'une vérité inimitable ; les rochers font faits dans la maniere de Salvator Rofe, ainsi que les souches & le feuiller de ses arbres, les eaux y sont transparentes & limpides ; le vague de l'air & la perspective aërienne, sont traités avec autant d'intelligence que de vérité.

Borzoni a peint aussi dans le château de Vincennes, plusieurs différents paysages, des ports de mer & des orages.

Il retourna dans sa patrie, & mourut à Gênes en 1679, âgé de cinquante quatre ans.

LUCAS CANGIAGE,

Luca Cambiasi.

LUCAS Cangiage, ou *Cambiasi*, naquit à Moneglia dans les Etats de Gênes, en 1527, & mérite d'être placé entre les Peintres qui se sont le plus distingués dans cette République. Il reçut de son pere les premiers principes de son art, où il fit bien-tôt des progrès étonnans. Sa réputation s'accrut avec son âge. Il fut choisi pour orner plusieurs Eglises & nombre de Palais. Il étoit si facile dans l'exécution, & s'étoit fait une si grande pratique de peindre, qu'il exécutoit à fresque les plus grands morceaux, sans en faire de desseins ni de Cartons. Il arrêta cependant la fougue de son pinceau, & dût à Galeasso Alessi, la réforme de sa premiere maniere, qui étoit trop négligée & peu correcte; il se rendit à Florence, & de-là il alla à Rome, où la vue des ouvrages de Raphaël & de Michel-Ange, contribua à changer sa façon de dessiner.

Il passa en Espagne, où il donna l'essor à son génie dans plusieurs grands plafonds qu'il exécuta au Palais de l'Escurial. Le Roi & la Reine qui le venoient voir souvent travailler, admiroient la facilité avec laquelle il changeoit & varioit les caractères de ses figures. Il mourut à l'Escurial en 1589, à l'âge de cinquante-huit ans.

Ce peintre étoit si fort maître de son art, qu'il a changé trois fois de maniere, la premiere étoit gigantesque & peu naturelle, dans la seconde il consultoit plus la nature, & faisoit des cartons & desseins pour arrêter sa pensée avant de se mettre à peindre; la derniere tenoit uniquement de la pratique, & étoit fort expéditive, mais très-manierée. *Cangiage* avoit un coloris vague & agréable; il étoit assez correct, & excelloit dans les racourcis : heureux s'il eût sçu joindre à la fécondité de son génie, plus de grace & de légéreté dans le choix de ses figures.

Ses principaux élèves ont été *Orasio Cambiasi*,

son fils, qui a suivi toute sa maniere, *Lazare Tavarone*, & *Gio Battista Paggi*.

On voit au Palais Royal de la main de ce Maître :

L'Amour endormi.
Venus & Adonis.
Et une Judith.

JEAN-BAPTISTE PAGGI,

Gio-Battista Paggi.

JEAN-BAPTISTE PAGGI, fils d'un noble Génois des plus qualifiés, naquit à Gênes en 1554. Il fut par son pere, destiné au commerce, dont la profession, dans ce pays ne déroge point. Mais son inclination pour la peinture s'étant manifestée, il eut le courage de la suivre, malgré la résistance & les oppositions de ses parens. Sans principes & sans maître, conduit par la nature & sans connoître les couleurs, il défia un peintre qui lui avoit montré un médiocre portrait, & peignit la même personne avec tant de succès, que Lucas Cangiage, alors dans la plus grande réputation, en fut émerveillé, & l'encouragea à suivre un talent pour lequel il paroissoit choisi par la nature.

Il se rendit à Florence, où il fut bien reçu, & traité avec distinction par François de Médicis, Grand Duc de Toscane. Il y fit les portraits des Princes & des Princesses, & un nombre considérable de sujets d'histoire & de tableaux d'Eglise.

De retour dans son pays, il l'orna d'un grand nombre de ses productions, & de plusieurs tableaux d'autel. Il fut non-seulement chéri des Princes d'Italie, mais encore de l'Empereur Rodolphe & du Roi de France, auxquels il avoit envoyé ses ouvrages. Ces Souverains lui firent des offres considérables pour se l'attacher ; mais les guerres continuelles qui désoloient alors l'Europe, l'empêcherent d'accepter les graces qui lui étoient offertes. A son départ de Florence, le Grand Duc Ferdinand de Médicis tira de son doigt un diamant d'un grand prix, en lui recommandant de le porter toujours pour se souvenir de lui.

Jean-Baptiste *Paggi* fut ingénieux dans ses compositions, sçavant dans le dessein, & bon coloriste. Il exerça avec succès la sculpture & l'architecture. Il fut estimé & chanté par les Auteurs de son tems, après avoir été auteur lui-même, ayant composé un Livre sur la Peinture. Il mourut en 1629, âgé de soixante-treize ans, avec la considération & l'attachement de ses concitoyens. On lui fit des obséques magnifiques, & une oraison funébre.

Entre ſes diſciples, on compte pluſieurs artiſtes diſtingués, tels que Jean-Dominique *Capellino*, *Caſtellino Caſtello*, *Sinibaldo Florza*, *Auguſtin*, & les freres *Montanarez*.

LAZARE TAVARONE,
Lazzaro Tavarone.

UN pauvre citoyen Génois donna naiſſance, en 1556, à Lazare *Tavarone*. Son inclination pour la peinture s'étant fait connoître dès ſon enfance, ſon pere le fit entrer dans l'école de Luca Cangiagi, dont il gagna l'affection à un tel point, qu'il devint plutôt ſon compagnon & ſon ami que ſon élève. Il le ſuivit à Madrid, & le ſeconda dans ſes plus grands ouvrages, & ſe diſtingua tellement, qu'il ſuccéda à ſon maître dans tous les travaux qui lui étoient deſtinés.

Après avoir employé neuf années à terminer toutes les peintures qui lui avoient été demandées, il fût magnifiquement récompenſé par le Monarque Eſpagnol, & retourna dans ſa patrie en 1594, où il fut occupé aux entrepriſes les plus conſidérables qui ſe préſenterent alors, dans leſquels il ſe diſtingua tellement, qu'il obtint la premiere conſidération dans ſon art. Son deſſein,

ſans

sans être correct, tient du bon goût de l'Ecole Lombarde. Quoique ses draperies paroissent négligées, elles ont de la légéreté & de la finesse. Son coloris à fresque est aussi fort & aussi empâté, que les tableaux à l'huile les plus vigoureux.

Ses compositions sont faciles & ingénieuses, particulierement dans les sujets d'histoire de son pays, qu'il a traités avec grandeur & dignité, tels que l'arrivée de Christophe Colomb dans les Indes, où il a exprimé avec toute la force de l'imagination la plus vive, la frayeur & les différentes passions de ces peuples. Il a peint aussi les combats & les victoires des Génois dans différents pays, & plusieurs actions mémorables de ses concitoyens.

Il étoit parvenu, par son application, à connoître parfaitement toutes les parties de son art, & sçavoit les réunir à propos. On trouvoit ses portraits d'une vérité & d'une ressemblance frappante. Son goût pour la peinture lui avoit fait assembler un très-grand nombre de desseins des meilleurs maîtres, dont il faisoit ses amusemens dans les derniers tems de sa vie, en réunissant ses amis pour s'entretenir avec eux sur les diverses beautés qui en constituoient le mérite.

Il finit ses jours à Gênes, en l'année 1641, âgé de soixante-quinze ans.

BERNARD CASTELLI,

Bernardo Castelli.

LA naissance de Bernard *Castelli* est fixée, par les Biographes, à l'année 1557. Ses parens ayant remarqué ses dispositions pour la peinture, le recommanderent à André Séminio, & le mirent dans son école, où il fit beaucoup de progrès. Enchanté de la facilité de Cangiage, il profita de ses leçons, & devint bon dessinateur. Il joignit à ce talent un beau ton de couleur. Son génie facile étoit propre aux plus grandes compositions; aussi fut-il bien-tôt occupé ouvrages considérables dans son pays.

Sa réputation se répandit dans toute l'Italie, & parvint à Rome, où elle lui fit des amis très-distingués. Il se rendit dans cette ville, où il fut singulierement accueilli par le Souverain Pontife qui le chargea de faire un tableau pour l'Eglise de S. Pierre.

Il fut ensuite appellé chez le Duc de Savoye, qui, pour lui marquer son estime, lui fit présent d'une chaîne d'or, d'un prix considérable.

Les Poëtes les plus diftingués de fon tems, avec lefquels il étoit lié d'amitié, l'ont tous célébré. Il fit des deffeins pour le Torquato Taffo, qui ont été gravés & placés devant chacun des Chants de la Jérufalem délivrée.

Il revint dans fa patrie; mais fe difpofant à retourner à Rome, fes infirmités l'arrêterent, & terminerent fa vie en 1629, à l'âge de foixante-douze ans.

Ses élèves ont été fes fils, *Gio-Maria Caftelli, Ferdinando Caftelli, Valerio Caftelli,* & *Gio-Andrea da Ferrari.*

BERNARD STROZZI,

Bernardo Strozzi.

CE Peintre qui fut furnommé *le Prêtre Génois*, naquit à Gênes l'an 1581. Il fortit d'une pauvre, mais honorable famille, & fut mis dans l'école de Pierre Sorri, peintre Siennois. A peine eut-il fait connoître le rang diftingué qu'il devoit tenir dans la peinture, qu'il s'engagea dans l'ordre de Saint François, & fe fit Capucin. Il ne fut pas long-tems fans reffentir le poids de cet engagement, dont il voulut s'affranchir; ce qu'il n'obtint qu'avec peine & en faveur de sa mere, qui avoit besoin de ses secours pour subsister.

Ce peintre se distingua dans nombre de tableaux de dévotion placés dans différentes Eglises des villes d'Italie, & particulierement dans celles de Gênes. Il fut ingénieux & fécond dans les sujets historiques, & principalement dans ceux de l'Histoire Romaine, qu'il traita avec beaucoup de dignité. Il donnoit de la force & de la légéreté à son coloris, sur-tout dans la peinture à fresque. Sa maniere de dessiner est facile. Ses figures sont bien ensemble, mais quelquefois manierées dans leurs contours; leurs attitudes & leurs expressions ont de la vérité, & les caractéres de ses têtes sont bien variés.

Il jouissoit de la plus grande réputation, & vivoit dans l'indépendance, lorsqu'il perdit sa mere, pour le soutien de laquelle il avoit obtenu la liberté de vivre hors de son monastére; mais les Moines, jaloux des talents de cet habile artiste, se sommerent de reprendre l'habit de leur religion. Il fut pris & enfermé par ses malheureux confreres dans une étroite prison. Il parvint cependant à s'en affranchir, & se sauva à Venise, où il trouva de puissants protecteurs qui le défendirent contre l'oppression de ses Moines.

Ses talents furent estimés dans cette grande

ville, il y fit un nombre considérable de tableaux d'autel, & plusieurs pour le Palais de S. Marc. Ses ouvrages ont mérité d'être placés au rang de ceux des grands maîtres qui se sont distingués dans l'Ecole Vénitienne.

Cet artiste vécut soixante-treize ans, & mourut à Venise dans l'année 1644.

Ses disciples furent Jean-André *de Ferrari*, & Antoine *Travi*, communément nommé *le Sourd de Sestri*.

JEAN-ANDRÉ ANSALDO,

Giovanni-Andrea Ansaldo.

VOLTRI fut la patrie d'André *Ansaldo*; il y prit naissance l'an 1584. Ses parens connoissant son inclination pour la peinture, le conduisirent à Gênes, & le mirent chez Orazio Cambiage. Il fit en peu de tems les plus grands progrès dans le dessein, prit un bon goût de couleur, & une belle maniere de peindre, en copiant des tableaux de Paul Veronèse. Il fut fort occupé dans sa patrie, dont il orna plusieurs Eglises, ainsi que nombre de Palais.

Etant un jour allé à Cortone pour le mariage d'une de ses niéces, les citoyens de cette Ville, fort embarassés pour avoir un tableau de leur Patron dont la fête étoit très-prochaine, prierent *Ansaldo* de leur procurer cette satisfaction : ce qu'il fit en deux jours par la facilité qu'il s'étoit acquise dans son art.

Il avoit de l'élégance dans son dessein, & de la vivacité dans ses compositions. Il sçavoit dégrader avec art ses lumieres, & orner ses sujets de nobles & grandes architectures. Il peignoit parfaitement bien le métal, les vases, & le luisant des armes, & rendoit les ustensiles d'or & d'argent de la plus grande vérité.

Il eut le malheur de tomber deux fois des échaffauds sur lesquels il étoit monté pour travailler à ses grands ouvrages. Il fit une de ces chutes, en peignant la coupole de l'Annunciata del Guastalo. Pendant qu'il étoit obligé de garder le lit pour ses blessures, il s'occupoit à écrire, étant aussi ingénieux dans la poësie que dans la peinture.

Il finit ses jours le 20 d'Août 1638, dans la cinquante-quatrième année de son âge.

Il eut pour élève, *Orazio da Ferrari* son neveu, *Giovacchino Assereto*, *Joseph Bardarocce*, & *Bartholomé Basso*, qui fut bon peintre de perspective.

DOMINIQUE FIASELLA,

Domenico Fiasella.

ON donna à ce peintre le surnom de Sarzana, qui fut le lieu où il naquit, le 12 Août 1589. Il commença à apprendre à dessiner d'Aurelio Lomi, & ensuite de Jean-Baptiste Paggi. Il alla ensuite à Rome, où il se forma d'après les tableaux des grands maîtres, & sur les sculptures antiques; il se perfectionna en peu de tems, au point d'être mis en concurrence avec le Passignani, & le Cavalier d'Arpino.

Après dix années d'études dans la ville de Rome, il retourna dans sa patrie, où on lui offrit les plus grandes entreprises. Il orna plusieurs Eglises de tableaux d'autel, & peignit un nombre infini de sujets d'histoire dans différens Palais.

En 1635, il se rendit à Mantoue, où la Cour lui fit offrir une pension pour le fixer, ce qu'il refusa, comme il avoit fait celle que lui avoit offerte le Prince de Massa.

La peste qui avoit affligé son pays, étant finie en 1657, il y retourna, & fit encore plusieurs grands ouvrages. Etant avancé en âge, il fit son portrait à la sollicitation de ses amis, & mourut quelques tems après, en 1669, âgé de quatre vingt ans.

Fiasella fut exact imitateur de la nature, ingénieux & expressif dans ses inventions, suave & vigoureux dans son coloris; il réussissoit mieux aux sujets héroïques qu'à ceux d'un genre moins élevé.

Il fut fort estimé des hommes de lettres de son temps, & chanté dans leurs vers.

Il eut une école nombreuse, dont il sortit plusieurs bons artistes, lesquels furent *Bernardo di Bernardini*, François *Gentelechi*, Vincent *Zerbi*, Jean-Etienne *Verdura*, Lazaro *Villannova*, Charles-Etienne *Penone*, & André *Potesta*.

JEAN CARLONE,
Giovanni Carlone.

JEAN CARLONE, fils de Taddeo, Sculpteur, naquit à Gênes, vers l'an 1590. Il fut élève de Pietro Sorri de Sienne; il paffa enfuite à Rome pour y acquérir le vrai goût de la peinture, par l'étude des meilleurs tableaux & des figures antiques; de-là il alla à Florence dans l'école de Paffignani, où il apprit à peindre à frefque. A fon retour à Gênes, on le chargea de plufieurs ouvrages, dont il s'acquitta avec tant de diftinction, que fa réputation fe répandit dans les principales villes d'Italie, & parvint à Milan, où il fut demandé par les Peres Théatins, pour peindre leur Eglife; mais à peine en eut-il fait la moitié, que fes infirmités l'arrêterent, & terminerent fa vie, à l'âge de quarante ans, en 1630.

Jean *Carlone* avoit une facilité finguliere pour la compofition des plafonds, il entendoit bien les racourcis, & avoit une maniere de deffiner affez correcte; fes têtes étoient gracieufes, quoi qu'un peu manierées, il entendoit bien le clair-obfcur, & fon coloris étoit frais & vigoureux.

Sa famille a donné à la ville de Gênes, plufieurs bons Peintres, & d'habiles Sculpteurs.

LUCIEN BORZONI,

Luciano Borzoni.

CE fut à Gênes que naquit, en 1590, Lucien Borzoni; il eut les premiers principes du deffein de Philippe Bartoloto fon oncle, peintre de portrait. Il entra enfuite dans l'école de Cornelio Cort, où il deffina d'après nature, apprit l'anatomie, & copia des eftampes. Il peignit dans le commencement en miniature, mais dans la fuite il exerça fes talens dans de grands ouvrages, & fit un nombre confidérable de tableaux d'Eglife & de fujets d'hiftoire. Ses travaux fe répandirent, & établirent fa réputation dans la Lombardie, dans le Piémont, à Milan, & chez plufieurs Souverains des principales villes d'Italie. Ses compofitions étoient majeftueufes, fes figures animées & pleines d'expreffions, fon deffein affez correct, & fon coloris ferme & vigoureux.

Il jouiffoit de la plus grande confidération, & étoit généralement eftimé de tous fes concitoyens, lorfqu'une chute funefte termina fa vie à l'âge de cinquante-cinq ans; il tomba d'un échafaud fur lequel il étoit élevé, pour peindre un tableau de la Nativité de Notre Seigneur, dans l'Eglise de l'*Annonziata del Guastalo* à Gênes, ayant en cela une malheureuse conformité avec Ansaldo, qui, dans la même Eglise, eut un pareil accident.

Cet artiste peignoit parfaitement bien le portrait de grandeur naturelle, il en fit aussi d'assez petits pour mettre dans des bagues; il faisoit ses plaisirs des belles-lettres, de la poësie & de la musique.

Il eut pour élèves ses trois fils, Jean-Baptiste *Borzoni*, qui s'étoit attaché à peindre l'Histoire, & qui mourut fort jeune en 1657; & son frere *Carlo Borzoni*, qui peignit le portrait, & cherchoit à imiter son pere dans l'Histoire, mais il mourut pendant la peste en 1657; le troisieme, François-Marie *Borzoni*, est celui qui a le plus vécu, & qui s'est le plus distingué.

LE BENEDETTE,

Gio Benedetto Castiglione.

Benoist Castiglione, connu sous le nom du Benedette, né à Génes en 1616, commença à étudier sous Gio Battista Paggi, élève du Cangiage; de-là il passa dans l'école de Jean-André Ferrari, où il se distingua par son application, & par une maniere de peindre qu'il se forma, & qui lui devint particuliere. L'arrivée de Vandyck à Gênes, fut pour lui un nouvel objet d'émulation; il se mit dans son école, où il acheva de perfectionner son coloris & sa maniere de peindre. Ce fut sous ce dernier maitre qu'il apprit à connoître ces tons précieux, & cette couleur légere, qui distingue Vandyck de tous les autres peintres. Il voyagea ensuite dans les villes les plus considérables d'Italie, & s'arrêta à Venise, où il fit encore de nouvelles études d'après le Titien, Paul Veronèse & le Tintoret. Après avoir établi sa réputation par un grand nombre d'ouvrages, & fait connoître sa capacité dans des tableaux d'Eglise, & d'histoire profane, il se rendit à Mantoue, où il fut favorablement accueilli du Duc Charles I, qui le gratifia d'une pension considérable, & le logea dans son Palais.

Ce Peintre a également bien réussi dans les portraits, & dans les sujets d'histoire. Il faisoit parfaitement bien le paysage. Son inclination naturelle le portoit à représenter des pastorales, des marchés & des animaux, dont il avoit fait une étude particuliere. Personne n'a réussi mieux que lui dans ce genre de peinture. Son dessein est élégant, sa touche sçavante, & son coloris très-vigoureux. Il avoit une intelligence parfaite du clair-obscur. Ses compositions étoient bisares, mais agréables, variées, pleines de chaleur & d'actions, & d'un goût vraiement pittoresque.

Il unit à son talent celui de la gravure, & nous a laissé plusieurs planches à l'eau-forte, faites dans le goût du Reimbrant.

Cet habile artiste termina sa vie en 1670, dans la ville de Mantoue, à l'âge de cinquante-quatre ans.

Ses élèves ont été François *Castiglione* son fils, & son frere *Salvator*, qui n'ont pu faire revivre sa grande réputation.

Le Roi a de ce Maître ;

Une Nativité.

Notre Seigneur qui chasse les Marchands du Temple.

Deux Paysages, représentans des roches & des animaux.

M. le Duc d'Orléans a aussi de cet Artiste ;

Le Portrait d'une Femme avec une coëffure bizarre, ornée de plumes blanches.

VALERE CASTELLI,

Valerio Castelli.

CE Peintre naquit à Gênes en 1625, & commença à étudier fur les deffeins de fon pere Bernard *Caſtelli*, qu'il perdit étant encore jeune. Il entra dans l'école de Dominique Fiafella, qui fut étonné des difpofitions qu'il lui trouva pour la peinture. Il alla à Milan voir les ouvrages de Procaccini, & de Perrin del Vaga ; enfuite il fe rendit à Parme pour étudier ceux du Correge & du Parméfan. Il retourna dans fa patrie, où il fit admirer fes nouveaux progrès, ce qui lui fit obtenir les principales entreprifes qui fe trouverent à faire dans les Palais & dans les Eglifes. Les étrangers rechercherent fes tableaux, & il en fit un grand nombre pour la France & pour l'Angleterre.

Son génie étoit fécond & facile, il donnoit à fes figures des tours fléxibles, & les deffinoit d'une bonne maniere ; fon coloris étoit tendre & tranfparent, particulierement dans les frefques. Il aimoit furtout à peindre les batailles, où il réuffiffoit parfaitement bien. Il avoit la vivacité du Tintoret dans ses compositions, ses chevaux sont sçavamment dessinés, il en connoissoit l'anatomie, & en faisoit bien ressentir les muscles. Les grands sujets d'histoire qu'il a peints dans les Eglises, tiennent beaucoup de la maniere de Paul Veronèse. Le fameux Puget, pendant son séjour à Gènes, alloit souvent contempler les ouvrages de *Valerio Castelli.*

Quelqu'un lui ayant représenté qu'il étoit peu correct, il répondit qu'il falloit louer dans les habiles artistes, jusqu'à leurs incorrections.

Ce peintre mourut au milieu de sa carriere, à Gènes, à l'âge de trente-quatre ans en 1652.

Ses disciples furent *Gio-Paolo Cervetto, Stefano-Magnasco, Bartolomeo Biscaïno,* & *Gio-Baptista-Merano.*

LE BACHICHE,

Gio Battista Gauli.

JEAN-BAPTISTE GAULI, dit le *Bacici*, chez les Italiens, & le Bachiche chez les François, par une corruption du nom de *Battista*, naquit à Gênes, en 1639. Il étudia d'abord dans l'attelier de Borgonzoni, & alla ensuite à Rome, où, après avoir travaillé quelque temps, il fit connoissance avec Mario di Fiori, & avec le Cavalier Bernin. Ils le firent connoître des grands de Rome qui lui donnerent entrée dans leur Palais, & lui firent faire plusieurs portraits. Gauli se livra à ce genre, quoiqu'il fût plus propre à peindre l'histoire, & que son génie convînt mieux aux grandes entreprises, comme il le prouva depuis.

Le Bernin auquel il s'étoit attaché, le favorisa de tout son crédit, & lui fit avoir par préférence les principaux ouvrages de Rome, tels que la grande voûte du Jesus, & plusieurs coupoles, dans lesquelles il fit connoître son intelligence & la magie des racourcis. Il entendoit parfaitement bien les distributions des lumieres & du clair-obscur, & fut sans contredit, le meilleur coloriste de son temps.

Ses figures ont une action si vive, & tant de force, qu'elles sortent de leur fond : cependant elles sont quelquefois incorrectes & un peu lourdes ; ses draperies sont trop manierées.

Il a travaillé dans nombre d'Eglises & de Palais de Rome. Il a fait différens ouvrages pour les villes d'Italie, & pour des Princes étrangers, dont il s'est acquis la considération, ainsi que celle des Papes, sous les pontificats desquels il à travaillé. Il mourut à Rome, en 1709, âgé de soixante-dix ans.

Il eut pour disciple, *Pietro Bianchi*, Jean-Marie *delle Piane*, nommé *il Molinaretto*, peintre de portrait, Henry Vaymere, le Chevalier Louis d'Orviette, & Jean *Cdazzi*, dont les fresques sont estimées.

Le Roi a de ce Maître ;

Une Prédication de S. Jean.

On voit de lui au Palais Royal ;

Un petit Portrait ovale, d'un jeune homme jouant du luth, avec un gros bonnet à l'Allemande.

LE MOULINARET,

Gio-Maria delle Piane.

JEAN-MARIE DELLE PIANE, surnommé *il Molinaretto*, naquit à Gênes, en l'année 1660.

Ayant montré avant l'âge de dix ans, son goût particulier pour la peinture, il fut mis dans l'école de Jean-Baptiste Gauli, qui, charmé de ses heureuses dispositions, le regardoit comme son fils, & le fit étudier à Rome d'après les meilleurs maîtres.

De retour dans sa patrie, il y fut d'abord occupé à faire le portrait du Doge & de sa famille; ensuite il exécuta plusieurs grands tableaux d'histoire, qu'on voit dans les Eglises de Gênes, & dans différentes villes d'Italie. Il alla plusieurs fois à Parme, peindre le Duc & la Duchesse, & se rendit aussi à Milan pour faire le portrait de la Princesse Elisabeth Christine de Wolfembutel, qui alloit épouser Charles III, Roi d'Espagne, & depuis Empereur. Il alla à Parme, & fut appellé à Naples par le Roi des deux Siciles, qu'il peignit, ainsi que la Reine. Ce Prince l'attacha auprès de sa personne, & lui assura une pension.

Le Moulinaret étoit ingénieux dans les sujets d'histoire, & sçavoit particulierement bien distribuer le clair-obscur. Son dessein est assez correct, ses airs de têtes spirituels, quoiqu'un peu manierés, il drapoit & ajustoit parfaitement ses portraits, & il les peignoit d'une maniere franche & pâteuse.

Sa grande réputation le fit demander par tous les Princes d'Italie, qui vouloient être peints de sa main; il en fut généreusement récompensé. Sur la fin de sa vie, il devint aveugle, & mourut le 28 Juin de l'année 1745, âgé de quatre-vingt-cinq ans.

Il eut pour disciples, Jean-Baptiste *Grondona*, & André *delle Piane*.

GRÉGOIRE FERRARI.
Gregorio Ferrari.

LE Pont Maurice eſt la patrie de cet artiſte. Il vint à Gênes où il fut placé dans l'école de Dominique Fiaſella. Il fut appellé à Parme par le Duc Ranuccio II, qui l'occupa d'abord à copier les ouvrages du Correge, dont il ſçut ſi bien profiter, qu'il parvint à en imiter parfaitement la maniere. Après avoir paſſé pluſieurs années au ſervice de ce Prince, il revint à Gênes, où il fit un très-grand nombre de tableaux d'Egliſes, des coupoles & des galleries dans les palais de cette ſuperbe ville. La fécondité de ſon génie le rendoit également propre à l'hiſtoire ſacrée & à l'hiſtoire prophane. Il donnoit aux ſujets de ces deux genres la gravité & la dignité qu'ils exigent, & répandoit ſur ceux qu'il tiroit de la Fable, l'enjoûement & les graces dont ils ſont ſuſceptibles. Quoique ſon deſſein ne ſoit pas toujours aſſez correct, les autres parties agréables qui ſe trouvent dans ſes ouvrages, ſemblent compenſer ce défaut. Il étoit né en 1644 ; il vécut ſoixante-deux ans, & mourut en 1706.

BARTHELEMI GUIDOBONO,
Bartolomeo Guidobono.

CE Peintre, surnommé *le Prêtre*, naquit à Savone en 1654. Il fut étudier d'après le Correge à Parme, & d'après le Titien & Paul Veronèse à Venise, & se forma une maniere particuliere qui le fit considérer comme un des meilleurs peintres de son temps, quoiqu'il n'ait été guères occupé que pour les Couvents, & les Eglises de sa patrie; mais ayant été appellé à Turin par Victor-Amedeé, il fit tous les portraits de la Famille Royale, où il réussit très-bien. Ses ouvrages sont très-terminés & d'une belle couleur. Il mourut de froid, étant sorti de sa maison, dans l'hiver de 1709.

AUTRES PEINTRES GÉNOIS.

LE MOINE de l'Isle d'Or ou d'Hiers, naquit à Gênes en 1346, de la noble famille de Chibo. Il s'appliqua dans sa jeunesse à la poësie, & fit des vers en langue Provençale; le goût & la proximité l'engagerent à prendre l'habit des Moines de Lérins. Il s'adonna à la miniature, dont il orna plusieurs livres selon l'usage de ce tems; il fit des paysages, des fruits & des animaux d'une maniere à lui mériter un nom entre les artistes. Ce peintre fut fort consideré du Roi d'Aragon Ildefonse II, Comte de Provence, & de la Reine, son épouse. Il mourut en 1408.

✻

LOUIS BREA, dont le maître qui lui a montré son art est inconnu, a mérité un rang entre les bons peintres d'histoire Génoise, par le grand nombre d'ouvrages dont il a orné cette superbe ville. Il naquit à Nice en 1483, & mourut dans un âge avancé.

✻

ANTOINE SÉMINO naquit à Gênes en 1485. Il étoit élève de Louis Brea, & fit l'hiftoire & le payfage avec fuccès.

*

ANDRÉ MORINELLO, né à Gênes, en 1490, a fait nombre de tableaux d'hiftoires, d'une maniere vraie & légere.

*

JEAN CANGIAGE, né à Gênes en 1495; étudia d'après le Pordenone, Perin del Vaga & Becafumi, qui travailloient dans le Palais Doria, & devint, par fon application, bon colorifte, tant à frefque qu'à l'huile ; fa grande facilité & la fécondité de fon génie, lui ont peut-être fait trop négliger la partie du deffein ; ce qui l'auroit, fans doute, égalé aux plus grands maîtres.

*

LAZARE CALVIO, fils d'Auguftin Calvi, naquit à Gênes en 1502, il fut difciple de Périn del Vaga, dont il fçut affez profiter pour mériter d'être infcrit au nombre des bons artiftes.

*

ANDRÉ SÉMINO fut difciple de fon pere avec Octave fon frere, il les envoya à Rome, pour se perfectionner dans leur art. André se forma sur les statues antiques, une manière correcte & facile qui le fit considérer entre les peintres d'histoire de son tems. Il vivoit en 1552. Octave alla exercer ses talents dans la Lombardie & à Milan, où il fut très-employé & très-considéré. Il retourna à Gênes qu'il embellit d'un grand nombre d'ouvrages.

*

FRANÇOIS SXPEZZINO, élève de Luca Congiage & de Jean-Baptiste Castelle de Bergame, se distingua dans l'histoire, & mourut jeune, en 1579.

*

SINIBALDO SCORZA, né en l'année 1589, fut élève de Poggi, & s'appliqua à peindre les animaux, le paysage, & particulierement les fleurs; il réussit aussi passablement dans l'histoire.

*

JEAN-ANDRÉ DE FERRARI, né en 1598, eut pour premier maître Bernard de Castel; il entra après dans l'école de Strazzi, où son génie se développa, & fit connoître les talens qu'il avoit pour l'histoire. Dans cette partie, il réunit à des compositions ingénieuses, un coloris vague

& vigoureux. Il eut pour disciples le Castiglione, Valerio Castello, & Bernard Carbone, qui se distingua dans le portrait. Jean-Baptiste Mérano, Jean-Baptiste Croce, & Sébastien Cervetto, furent encore ses élèves.

※

Jules Bensone, dans l'année 1600, fut disciple de Paggi. La facilité de son pinceau, son coloris & ses compositions pittoresques, l'ont fait considérer comme un des meilleurs maîtres de l'Ecole de Gênes. Les Eglises & les Palais de cette ville, sont en grande partie, ornés de ses ouvrages. L'on compte entre ses éléves, Jean-Baptiste Mérano, Benso, & Jérôme Impériale.

※

Pierre-Marie Gropallo, noble Genois, naquit en 1610. Il fut élève de Paggi, & sçut mêler l'exercice de la peinture, où il excella, au soin du gouvernement de la République.

※

Jean-Marie Bottalla, surnommé *il Raffaellino*, naquit à Savone, dans l'année 1613. Son pere connoissant son inclination pour la peinture, l'envoya à Rome ; il fut recommandé au Cardinal Saquelli qui le plaça dans l'école de Pietre de Cortone, dans laquelle il fit les plus grands progrès. Il s'appliqua à la maniere de Raphaël, & fçut tellement en approcher, qu'il fut furnommé *Rafaellino, le Petit Raphaël*. Il fit un voyage à Naples, où on le chargea de très grands ouvrages, & il revint enfuite dans fa patrie, où il mourut regretté généralement.

※

JEAN-BERNARD CARBONE, né en 1614, fut fous la difcipline de Jean-André de Ferrari, pour les principes de fon art. Il traita l'hiftoire avec fuccès, & s'attacha à faire des portraits dans la maniere de Vandyck, où il réuffit fi bien, que fes ouvrages dans ce genre, font fouvent confondus avec ceux de ce grand maître.

※

JEAN-BAPTISTE MERANO, fut un très-bon peintre à frefque. Il étoit auffi ingénieux dans fes compofitions, que dans le clair-obfcur; la facilité de fon exécution lui fit produire un nombre infini de tableaux d'hiftoire. Il fut très-occupé par le Duc Ranuccio Farnèfe à Parme. Il étoit né à Gênes en 1632; fa mort a pour époque le commencement de ce fiécle.

※

MARC-ANTOINE BOTTA, d'une noble famille de Gênes, s'appliqua à la peinture & à la fculpture. Il étoit né en 1572; la facilité de fon génie fe développa fous les yeux de Bernard Azzolino Napolitain, il s'appliqua à l'hiftoire & au portrait. Il voyagea en France, où il perfectionna fes talens: de retour dans fa patrie, il l'orna de fes ouvrages, & en fit les délices. Il mourut en 1648.

✻

JEAN-BAPTISTE MUNERO, fut difciple de Lucien Borzone, il ne s'attacha qu'à faire le portrait, où il réuffit. Ce peintre mourut de la pefte en 1657.

✻

JEAN-PAUL ODERICO, d'une famille noble de Gênes, né avec peu de fortune, ne crut pas deshonorer fon nom en cherchant à la réparer par le fecours des arts. Son génie fe fentant entraîner vers la peinture, il fut fecondé par fon pere qui approuvoit fes vues, & qui étant lié d'amitié avec Fiafella, le mit fous la conduite de ce maître; fes progrès rapides annoncerent la fupériorité de fes talens, & le rang qu'il devoit tenir entre les artiftes de l'École de Gênes. Il fit nombre de tableaux d'Eglife, & traita des fujets tirés de la fable, qui lui ont mérité de juftes éloges, ainfi que fes portraits qu'il faifoit d'une vérité & d'une couleur qui lui étoit particuliere ; il eût fait fans doute beaucoup plus d'ouvrages, fi la pefte, qui défoloit fa partie, dans l'année 1657, ne l'eût enlevé à l'âge de quarante-quatre ans. Les fujets des tableaux de ce maître portent un caractère férieux, & les figures qui les compofent, refpirent un air de grandeur & de majefté. Ses ouvrages font rares & très-recherchés.

※

CESAR CORTE, peintre & ingénieur, qui vit le jour à Gênes, en 1554, s'appliqua a l'étude de la peinture, réuffit dans l'hiftoire, & fit particulierement bien le portrait. Il voyagea en France & en Angleterre, où fes ouvrages le firent beaucoup confidérer, & engagerent la Reine à lui demander fon portrait. Il fut chéri de plufieurs Princes à qui les talens qu'il avoit pour l'architecture militaire, furent très-utiles. Il mourut attaqué de la pefte en 1657.

※

CLÉMENT BOCCIARDO, furnommé le Clémentone, fut diftingué par la fécondité de fon génie, & par la légéreté & la force de fon coloris. Il naquit à Gênes, en 1620, & mourut à Pise dans l'année 1658.

※

ANTOINE MARIE VASSALLO, fut considéré pour la fraîcheur de son coloris. Il vivoit en 1660.

※

ROLAND MACHELLI, né à Gênes, en 1664, est compté entre les bons peintres d'histoire de cette nation.

※

RAPHAEL SOPRANI, noble Génois, naquit en 1612. Il fut d'abord élève de Jules Benso, peintre d'architecture, qui lui enseigna la perspective, ensuite il étudia chez Sinibaldo Scorza, & prit des leçons de Godefroi Vals, peintre de paysage Flamands; il se distingua dans cette partie qu'il auroit portée au plus haut point de perfection, si les affaires de la République ne l'en avoient détourné. Son nom qui sera toujours précieux aux artistes, est à la tête d'un ouvrage qu'il a composé, & qui a pour objet les vies des peintres célébres, des sculpteurs & des architectes de la nation. Il mourut généralement regretté, à l'âge de soixante ans, en 1672.

ANDRÉ CARLONE, fils de Jean-Baptiste Carlone, naquit à Génes, en l'année 1639, & reçut de son pere les premieres leçons de son art. Il alla se perfectionner à Rome & à Venise, & revint dans sa patrie, où il fut employé pour les Palais des Princes & dans les Eglises. Les études qu'il fit à Rome, avoient perfectionné son dessein, & celles qu'il avoit faites à Venise, avoient fortifié son coloris. Il finit sa vie à Gènes en 1697.

✴

DOMINIQUE PIOLA, naquit à Gênes en 1628. Il étoit frere de Pellegro, qui fut d'abord son maître; aprè sa mort il entra chez Cappellino, & s'attacha à suivre la maniere de Benedette de Castiglione; il fit de très grands ouvrages pour les Eglises & pour les Palais. Sa maniere de dessiner est peu correcte, mais le coloris & l'intelligence du clair-obscur, compensent en quelque sorte les négligences. Il mourut en 1703.

✴

JEAN-BAPTISTE MERANO, peintre estimé dans son art, fut le maître de Jean-Marie delle Piane, surnommé *le Molinaretto*. Il s'appliqua particulierement au portrait, où il réussit d'une maniere singuliere : ce qui le fit rechercher par les Rois de Sardaigne & d'Espagne, & par plusieurs Princes d'Italie. Il fit aussi des paysages & des marines, & mourut dans sa quarante-sixieme année, en 1712.

*

JEAN - RAPHAEL BADARACCO, mort en 1726, à l'âge de soixante - onze ans, fut un peintre plus ingénieux que correct; ses ouvrages néanmoins méritent, par la fraîcheur du coloris & la facilité de l'exécution, d'être placés au rang des meilleures productions des bons artistes.

*

JEAN-ETIENNE ROBATTO, citoyen de Savone, né en 1649, fut un des meilleurs élèves de Carlo Maratti; il fut correct dans le dessein, vrai & simple dans ses compositions, & sçut exprimer singulierement bien les passions. Les Couvents & les Eglises de Gênes, sont la plupart ornés de ses ouvrages; sur la fin de sa vie, l'intérêt dégrada ses talens. Il mourut en 1733.

*

PELEGRINO PIOLA, surnommé Pellegro, pere de Paul-Baptiste, qui étoit parent de deux célébres artistes Jean - François & Jean-Grégoire

Grégoire Piola, naquit à Gênes en l'année 1617. Il eut pour maître Dominique Capellino, mais il s'attacha particulierement à suivre la maniere du Parmesan, qu'il imita si parfaitement dans la composition & dans le coloris, qu'il fut nommé le Parmegianino. Ses talens ayant excité la jalousie des artistes qui lui étoient inférieurs, ils l'attaquerent l'épée à la main, & le firent succomber à la fleur de son âge, en 1640.

*

DOMINIQUE PARODI, peintre, sculpteur & architecte, fit honneur à l'Ecole Génoise, particulierement dans la peinture; il étoit né en 1668, & fut très-occupé dans les différens arts qu'il exerçoit, soit dans sa patrie, soit chez les étrangers. Il mourut en 1740.

*

FRANÇOIS CAMPORA, disciple de Dominique Parodi, a mérité par ses talens dans la peinture, & particulierement pour son coloris & ses ingénieuses compositions, d'être placé au rang des meilleurs artistes Génois. Il mourut très-regretté, dans l'année 1763.

*

JEAN-BAPTISTE CHIAPPE eut pour maître Joseph Paravagna, artiste peu connu; il alla à Rome passer quelques années, & retourna ensuite dans sa patrie, où il commença à se faire connoître par des portraits; ensuite il développa les talens qu'il avoit pour un genre plus élevé, & fit plusieurs tableaux d'histoire sacrée & profane, qui lui ont mérité, quoique foibles en coloris, le nom de bon peintre. Il mourut à Novi à l'âge de quarante-deux ans, l'an 1767.

※

ANTOINE TRAVI, surnommé il Sestri, fut élève de Strozzi, & ensuite de Vals qui lui apprit à faire le paysage, genre dans lequel il sçut joindre à la légereté & à la finesse du pinceau, un coloris vague & lumineux. Il sçut aussi orner ses sites, de petites figures, où l'on reconnoissoit la maniere de Strozzi. Il vécut cinquante-sept ans, & mourut en 1768.

※

NICOLAS CORSO, est encore compté entre les bons peintres Génois, pour la finesse de son coloris, & la légéreté de son pinceau.

※

JEAN-ETIENNE ROSSI, après avoir étudié sous les freres Semini & sous Sorri, fut chez Strozzi; sorti des écoles de ces maîtres, il mit à profit les sçavantes leçons qu'il en avoit reçues. Il fit nombre de tableaux d'Eglife, & traita des fujets pris dans la fable, qui lui obtinrent un rang diftingué entre les bons artiftes.

✱

FRANÇOIS MERANO, furnommé le Poggio, difciple de Dominique Fiafella, fut fidele obfervateur des régles de fon art.

✱

JEAN-BAPTISTE BAIARDO, florif-foit du temps de Vaffallo, & mérita d'être placé entre les bons artiftes.

PEINTRES
NAPOLITAINS.

ANTOINE DE MESSINE,
Antonio da Meſſina.

CE Peintre, né ſur la fin du treizieme ſiécle, prit le nom de la ville qui lui donna naiſſance, & fut le premier des Italiens qui ait eu connoiſſance de la maniere de peindre à l'huile. Il vit à Naples un tableau que le Roi Alphonſe avoit reçu de Flandres, & fut frappé de l'éclat & de la force du coloris; mais il le fut bien davantage, quand on lui apprit que les couleurs de ce tableau n'étoient pas ſuſceptibles d'être effacées avec de l'eau. Il conçut tant d'admiration pour cette nouvelle maniere de peindre, qu'il quitta tout, & partit pour aller à Bruges chercher Jean Vaneik, l'auteur de cette invention. Pour ſe le rendre favorable, il lui porta quantité de deſſeins des meilleurs maîtres d'Italie, & gagna tellement l'esprit de cet artiste, qu'il apprit de lui la manière de préparer les couleurs & de peindre à l'huile. Pénétré de reconnoissance, il ne voulut plus quitter Jean Vaneik, & demeura à Bruges tant qu'il vécut ; mais après sa mort, il alla s'établir à Venise, où il fit part de son secret à un nommé Dominique, son élève. Il retourna dans sa patrie, y demeura quelque tems, & la quitta pour retourner à Venise, où il mourut. En considération de ses talents, on a gravé sur sa tombe une épitaphe qui contient son éloge.

LE CHEVALIER STANZIONI,

Massimo Stanzioni.

STANZIONI, né en 1585, se rendit célèbre dans la peinture & dans l'architecture. Il fut disciple de Fabrice Santa-Fede, & ensuite de Jean-Baptiste Caracciolo, qui suivoit la manière du Carrache, & qui avoit étudié à Rome d'après les statues antiques. Il désira de profiter par lui-même des merveilles de cette fameuse ville, & voyagea dans l'Italie; il alla à Bologne, où il fit connoissance avec le Guide, & vit beaucoup d'ouvrages des Carraches. De retour dans sa patrie, il chercha à mettre à profit les études qu'il avoit faites dans ces voyages, & à en orner les tableaux qu'on lui demandoit ; il les embellit de la brillante couleur qu'il imita du Guide, & de la correction qu'il avoit acquise en méditant les ouvrages des Carraches. Il construisit aussi plusieurs Eglises & beaucoup de palais dans Naples & dans d'autres villes d'Italie. Le Chevalier Stanzioni vécut quatre-vingt-seize ans, & mourut en l'année 1681. Il a écrit en quatre Livres, pleins d'utiles réflexions, la Vie des Peintres & des Sculpteurs de son pays. Entre ses disciples, qui ont été en très-grand nombre, les plus distingués sont *Léonard de Poussole, Don François Gaetano, Don Joseph Piscopo, & le Chevalier Jean-Baptiste Spinelli.*

ANIELLO FALCONE.

CE Peintre, qu'on a nommé l'*Oracolo delle Bataglie*, naquit à Naples en l'année 1600. Il fut disciple de Ribera; son génie le porta à peindre des batailles, des marches d'armées, des camps & autres sujets pittoresques dans ce genre. Il les dessinoit & les peignoit avec esprit, d'une couleur claire & vigoureuse, & les terminoit avec une touche fondue & légére, observant les caractères des peuples, leur costume, leurs armes & leur maniere de combattre. Il fut fait Capitaine de la Compagnie de la Mort, dans la révolte de Masaniel, & fut obligé après de se retirer à Rome. De-là il vint en France, où sa personne fut très-accueillie, & ses ouvrages fort recherchés. De retour à Naples, il continua d'y exercer ses talents. Il imita Salvator Rose son ami, & servit d'exemple au Bourguignon. La preuve la plus sûre de son mérite, est l'estime qu'en faisoient les artistes célébres de son tems, qui voulurent tous avoir de ses ouvrages. Il mourut à quatre-vingt ans, en 1680.

Dans le nombre de ses disciples, il eut deux bons élèves qui imiterent sa maniere; l'un se nommoit *Joanino*, & l'autre *Domenico*; ils moururent de la peste à Naples, étant encore très-jeunes.

MARIO DI FIORI.

Mario Nuzzi.

LE nom de *Mario di Fiori* fut donné à cet artiste, parce qu'il peignoit excellemment les fleurs. Il naquit à *Penna* dans le Royaume de Naples, en 1603, & fut élève de son oncle Tomazzo Salini. Il alla ensuite à Rome, où ses ouvrages furent très-recherchés. On y trouvoit une vérité qui s'éloignoit peu de la nature, & une légéreté inconcevable. Il mourut à Rome, en 1673, âgé de soixante-dix ans, sur le point d'être nommé Prince de l'Académie de S. Luc. Il fut extrêmement regretté.

Il a eu plusieurs élèves, outre ses deux enfans, entr'autres, *Laura Bernasconi*, qui a hérité d'une partie de ses talents.

LE CALABROIS,

Matthia Preti.

LE CAVALIER MATTHIA PRETI DA TAVERNA, furnommé *il Calabrese*, prit naissance, en 1613, à Taverne en Calabre, Province du Royaume de Naples, il étoit d'une famille noble & ancienne. Son frere Gregorio, chef de l'Académie de S. Luc à Rome, lui donna les premiers élémens de son art; ses talens lui mériterent dans la suite les bonnes graces d'Urbain VIII, qui le fit Chevalier, ainsi que son frere. Il le quitta pour aller étudier à Bologne, sous le Guerchin, dont il fut très-bien reçu. Il se fixa quinze ans dans son Ecole, & passa ensuite à Venise pour voir les ouvrages de Paul Veronèse, qui ne l'étonnerent pas moins que ceux du Titien & du Tintoret. Il alla à Parme admirer les chefs-d'œuvres du Correge, & à Gênes les grandes compositions du Cangiage. Le principal but de ses voyages étoit de s'instruire: ce fut ce qui le détermina encore à venir voir en France les ouvrages de Voüet, de le Brun, & des deux Mignart. L'impression que lui fit la gallerie du Luxembourg, le détermina à aller en Flandres, pour y lier connoiffance avec Rubens. Ce grand Peintre lui donna un tableau d'Herodiade qui tient la tête de S. Jean. Il paffa de-là en Allemagne, où il trouva peu d'habiles gens. Enfin il revint à Rome, où il s'appliqua encore à faire de nouvelles études.

Il y a peu de peintres qui ayent autant aimé à voyager que le Calabrois : mais fouvent de fâcheufes affaires occafionnerent fes voyages. Il peignit jufqu'à l'âge de quatre-vingt-quatre ans, & mourut à Malte en 1699, âgé de quatre-vingt fix ans. Il étoit Commandeur de Syracufe, & jouiffoit d'une penfion confidérable, qui le mettoit en état de fe foutenir avec dignité. On l'enterra dans la Cathédrale; fon corps fut porté par des Commandeurs, & on lui fit ériger un maufolée dans la croifée de S. Jean ; il étoit devenu très-dévot dans fes dernieres années, étoit fort charitable, & ne travailloit alors que pour fecourir les pauvres.

Le Calabrois fera toujours eftimé pour la grandeur, la majefté de fes compofitions, & la correction de fon deffein, la varieté, la richeffe de l'invention, & la force du coloris. Ses tableaux font d'un grand relief, & font beaucoup d'effet; mais ils font quelquefois noirs & durs : fouvent même il étoit incorrect, fans graces, fans choix,

& plus propre à peindre un plafond à fresque, qu'à traiter un sujet aimable dans un tableau de Chevalet ; aussi choisissoit-il toujours des sujets tragiques, plus susceptibles d'inspirer l'horreur, que toute autre passion.

Ses élèves sont le Cavalier *Domenico Viola*, *Giuseppe Trombatore*, *Gio Battista Caroliti*, Maltois ; *Raimondo de Domenici*, & *Suor Maria* sa sœur.

Le Roi posséde de ce Maître :

Un Tableau représentant le Veau d'Or.

On voit de lui au Palais Royal,

Le Martyre de Saint Pierre.

SALVATOR ROSA,

Salvator Rosa.

CET homme devenu célèbre par sa réunion de plusieurs talens, naquit à Renella près de Naples, en 1615. Il reçut de son oncle Paolo Greco, quelques leçons de peinture, après quoi il entra dans l'école de Francesco Francanzano, son beau-frere, qu'il quitta pour suivre Joseph Ribera avec lequel il alla Rome. Il y fit de tels progrès, que le grand Duc voulut l'avoir à sa Cour, & lui demanda plusieurs tableaux. Ayant été magnifiquement récompensé par ce Prince qui lui donna une chaîne d'or avec son portrait, il quitta Florence après un séjour de neuf années, & retourna à Rome, où son mérite & ses talens lui acquirent la plus grande considération. Plusieurs Souverains voulurent se l'attacher; mais il préfera sa liberté aux offres avantageuses qu'ils s'empressoient à lui faire.

Salvator Rosa, ne vouloit point vendre ses tableaux, qu'il estimoit des prix excessifs Quoique le paysage soit le genre dans lequel il se soit le plus éminemment distingué, il avoit une si grande idée de la supériotité de l'histoire, sur toutes les autres parties de la peinture, qu'il se fâchoit lorsqu'on le qualifioit du titre d'admirable paysagiste. Il a toujours traité l'histoire d'une maniere qui lui étoit particuliere. Il choisissoit assez ordinairement des sujets peu connus, & qui n'avoient été traités par aucun artiste. Il fit des batailles & des siéges, où il mit tout ce que l'imagination la plus échauffée, peut exprimer de plus frappant.

L'universalité de ses talens lui faisoit varier ses sujets autant que ses tableaux; il faisoit quelquefois des marines, des chasses, des animaux. Mais ce qui paroissoit le plus analogue à son génie, ce sont ces fameux déserts qu'il a si bien représentés, & où il a caractérisé la nature sauvage, l'apreté des rochers, & les eaux stagnantes. La maniere spirituelle & légere avec laquelle il rendoit la feuille, les branches, l'écorce, la mousse des arbres, lui étoit absolument particuliere.

Moins attaché aux beautés de l'antique, qu'à la nature simple & ordinaire, il prenoit ses modeles dans le commun du peuple: ce qui convenoit assez aux sujets qu'il a traités, dont la plûpart ne sont que des caprices. Il peignoit extrêmement vîte; souvent il commençoit & finissoit dans le même jour un tableau de moyenne grandeur.

Entre les ouvrages les plus connus de cet artiste, on vante particulierement le supplice de Regulus à Carthage. Ce morceau qu'on ne peut voir sans une sorte d'étonnement par la variété des ajustemens & des caractères, présente à l'imagination des mœurs barbares, & un costume jusqu'alors inconnu dans les tableaux de ce genre.

Il s'occupa aussi à graver un nombre assez considérable de planches, dans lesquelles il a mis autant d'esprit & de feu, qu'on en trouve dans ses tableaux.

La poësie & la musique partageoient ses loisirs ; il a fait de très-bonnes comédies & des satyres, qui seules pouvoient faire la réputation d'un homme de lettres.

Il termina ses jours à Rome, en 1673, âgé de cinquante-huit ans.

Ses élèves ont été, son fils Auguste *Rosa*, Bartolomeo *Torregiani*, Jean *Grisolfi* de Milan, Marzio *Masturzo*, & Nicolas *Massaro*.

Le Roi a deux Tableaux de ce Maître.

Une Bataille, & Saül consultant l'ombre de Samuel chez la Pythonisse.

LUCAS JORDANE,

Luca Jordane.

LE pere de cet artiſte étoit un peintre aſſez médiocre qu'on appelloit Antoine Jordane. Son fils, qui naquit à Naples en 1632, fut mis en bas âge chez Joſeph Ribera, où il fit de ſi grands progrès, que dès l'âge de ſept ans, on vit de lui des choſes ſurprenantes. Neuf ans après, il quitta ſon maître, & s'évada ſecretement de Naples, pour aller voir les chefs-d'œuvres de Rome & de Veniſe. Il s'attacha d'abord à la maniere de Pietre de Cortone, & ſe propoſa enſuite Paul Veronèſe pour modele. Son pere l'alla joindre, & parcourut avec lui différentes villes d'Italie, où Lucas fit un nombre prodigieux d'eſquiſſes & d'études, d'après les plus grands maîtres; Antoine, qui vendoit cher les deſſeins & les eſquiſſes peintes de ſon fils, le preſſoit vivement de travailler, en lui diſant à tout moment, *Luca fa preſto*, Lucas, dépêche-toi. Cette parole lui a ſervi de ſurnom, Jordane ayant été appellé *Luca fa preſto*.

Ses nombreuſes études lui acquirent une facilité ſurprenante, & développerent ſon imagination.

tion. Lucas se forma un goût qui tenoit de tous les maîtres; sa réputation s'établit de façon qu'on lui confioit tous les ouvrages publics, qu'il conduisoit avec autant de facilité que de sçavoir. Il avoit la mémoire si heureuse, que sans avoir présens les tableaux des grands maîtres, il en imitoit la maniere à s'y méprendre; plusieurs Princes employerent son pinceau, & le récompenserent magnifiquement, & principalement le Roi d'Espagne qui l'attira à sa Cour en 1690. Il y travailla plusieurs années, comblé de bienfaits & d'honneurs de la part de ce Prince, & de Philippe V, son successeur, qui le fit Chevalier.

Lucas, de retour dans sa patrie, vit son école bien-tôt remplie de disciples qui y accouroient de tous les côtes. Personne n'a tant peint que lui, sans excepter même le Tintoret; aussi ses travaux qui lui avoient fait beaucoup d'honneur, le rendirent très-riche. Naples perdit ce grand peintre, en 1705. Il étoit âgé de soixante-treize ans.

On compte parmi le grand nombre de ses disciples, Paul *de Matteis*, *Nicolo* & *Aniello Rossi*, *Matteo Pacelli*, *Giuseppe Simonelli*, il *Cavalier Nicolo Malinconico*, fils d'André, *Domenico di*

Marino, Antonio di Simone, Gio-Baptista Lama, Onofrio Avellino.

On voit de lui au Palais Royal,

Les Vendeurs chassés du Temple.
Et la Piscine.

LE JOSEPIN,

Giuseppe-Cesare d'Arpinas.

JOSEPH-CÉSAR D'ARPINAS, dit le Josepin, naquit au château d'Arpinas, dans la Terre de Labour, au Royaume de Naples, en 1556. On l'envoya à Rome à l'âge de treize ans, où le Pape Grégoire XIII lui donna les moyens de faire ses études.

Josepin se mit sous la conduite du Cavalier Pomeranci, qui avoit beaucoup de réputation, quoiqu'il fût maniéré & de mauvais goût. Ses essais furent heureux; les compositions de Josepin sont nobles & assez ingénieuses; & quoiqu'il peignit tout de caprice, sa maniere franche & vague lui a fait des partisans. Il fit beaucoup de grands tableaux au Capitole, qu'il fut quarante ans à terminer, étant souvent détourné de cette entreprise par d'autres ouvrages pour des particuliers.

Quoique cet artiste eut un goût maniéré, un coloris froid & languissant, & que les attitudes de ses personnages fussent roides & forcées, il ne laissa pas de se faire un nom fameux, & d'attirer beaucoup d'élèves dans son école; sa maniere étoit directement opposée à celle du Caravage, son contemporain & son ennemi.

Il finit ses jours à Rome, comblé de biens & de faveurs, en 1640, âgé de quatre-vingt ans, & ayant vécu sous dix Papes. Le Pape Clément VIII l'avoit fait Chevalier de Christ, & Henri IV lui avoit donné le cordon de S. Michel. Malgré tous ces honneurs, le Josepin fut toujours mécontent de son état : il étoit si prévenu de son mérite, qu'il en agissoit durement avec les Princes même; Clément VIII principalement eut lieu de se plaindre de son manque de respect. Ce peintre ambitieux avoit, pour ainsi dire, usurpé sa réputation, & à sa mort, ses ouvrages furent peu recherchés.

Le Roi possède trois Tableaux de ce Maître:
Une Nativité du Sauveur.
Diane & Actéon.
Et l'Enlévement d'Europe.

M. le Duc d'Orléans a de lui :
Une Susanne.

FRANÇOIS SOLIMENE,
Francesco Solimeno.

FRANÇOIS SOLIMENE, d'une ancienne famille, originaire de Salerne, prit naissance, en 1657, dans la ville de Nocera de' Pagani, territoire de Naples. Son pere Angelo, qui étoit peintre & homme de lettres, trouva en lui un *génie* propre à toutes les sciences. Il lui permit de suivre son goût pour la peinture, & lui en donna les premieres leçons. L'envie de se perfectionner le détermina à venir à Naples, où il se mit sous la direction de *Francesco di Maria*, qui passoit pour un excellent dessinateur; mais il n'y fut que peu de tems. Les ouvrages de Lanfranc & du Calabrois, le guiderent dans la composition & le clair-obscur; ceux de Pietre de Cortone & de

Lucas Jordane, lui fervirent de bouffole pour le ton de couleur; enfin il confultoit les tableaux du Guide & ceux de Carle Maratte pour la belle maniere de draper. Eclairé par tous ces maîtres, Solimène fe forma un goût fûr, & cet illuftre peintre laiffa derriere lui tous ceux de fon fiécle.

Solimene réuffit également en petit comme en grand, à l'huile comme à frefque, dans l'hiftoire, le portrait, le payfage, les animaux, les fleurs, les fruits, la perfpective & l'architecture. On admire la fraîcheur de fes teintes, particulierement dans fes frefques qui ont tant de force, qu'on les croit peintes à l'huile. Il y mêloit fouvent des ornemens à Gouache. Solimene étoit gracieux, correct, bon colorifte & auffi vigoureux qu'agréable; il faifoit tout d'après nature, & ne s'affujetiffoit pas entierement à l'antique.

Sa réputation étoit auffi grande chez les étrangers que dans la ville de Naples; plufieurs Papes, l'Empereur, le Roi de Portugal, celui de Sardaigne, l'Electeur de Mayence, le Prince Eugene de Savoye, les Républiques de Venife & de Gênes, exercerent tour-à-tour fon pinceau; les Rois de France & d'Efpagne lui firent propofer les conditions les plus avantageufes, mais il ne voulut point quitter fa famille. Cet habile homme termina fa carriere dans une de fes maifons de campagne proche de Naples, en 1747, âgé de quatre-vingt-dix ans, ayant peint presque jusqu'à la fin de ses jours, & fait une quantité innombrable de différents ouvrages.

Il partageoit ses loisirs entre la poësie, la musique & les leçons qu'il donnoit à ses disciples. Il les regardoit comme ses meilleurs amis. Son école fut toujours remplie d'élèves qui y étoient attirés de différents pays. Les principaux sont : *Giacinto Corrado*, *Sebastien Conça*, *Francesco de Mura*, *Giuseppe Guera*, *Nicolo-Maria Rossi*, *Joseph de Castelmare*, & le Comte *Ferdinande San-Felice*.

NUNZIO FERAJUOLI

De' Afflitti.

POUR distinguer *Nunzio Ferajuoli* de plusieurs familles du même nom, établies dans sa patrie, on le surnomma de' *Afflitti*. Il vit le jour dans la petite ville de *Nocera de' Pagani*, éloignée de Naples d'environ dix-sept milles, en l'année 1661. Il fut disciple de *Luca Jordane*; & se distingua dans les commencemens, par des sujets d'histoire. Il paroissoit devoir se fixer à ce genre ; mais son génie s'ouvrit une nouvelle carriere, où il s'eſt diſtingué par les plus grands ſuccès. En s'appliquant à étudier le payſage, il eſt parvenu à imiter toutes les manieres des plus habiles peintres, qui s'y ſont ſignalés, tels que Paul Brill, l'Albane, le Pouſſin, Salvator Roſe, & Claude le Lorrain.

Ferajualt s'eſt fait connoître par une touche qui lui eſt particuliere, & par une couleur lumineuſe. Ses ſites variés & ingénieuſement diſpoſés, ſont ornés d'arbres, diſtingués chacun dans leur eſpece, & qui reçoivent les diverſes impulſions des vents, ſelon le ſujet des ſçènes qu'il vouloit repréſenter. Une dégradation de teintes auſſi bien entendue ſur les premiers plans, que dans les lointains, donne de la profondeur & de la ſéduction à ſes tableaux, toujours ornés de figures ſpirituelles & de ſujets agréables, choiſis dans la fable qu dans l'hiſtoire.

La réputation de cet artiſte habile, a fait rechercher ſes ouvrages, non-ſeulement des habitans de Bologne, où il s'étoit fixé, mais encore des étrangers.

Il finit ſes jours en cette ville, dans un âge avancé, très-regretté de ſes concitoyens, qui eſtimoient autant ſes qualités perſonnelles, que ſes talents.

D d iv

SÉBASTIEN CONCA,
Sebastiano Conca.

ENTRE les célèbres artistes de l'Ecole Napolitaine, Sébastien *Conca* peut être placé avec distinction. Ce peintre naquit à Gaëte en 1680, d'une honnête famille, qui l'appliqua d'abord à l'étude des belles-lettres; mais ayant montré du goût pour le dessein, il fut envoyé à Naples, & confié aux soins du célèbre François Solimene, sous la direction duquel on le vit faire en peu de tems, les plus grands progrès. A l'âge de dix-huit ans, il fit connoître par ses premiers ouvrages d'invention, le rang distingué, qu'il devoit tenir dans son art.

Il fit voir pendant l'espace de seize années, par un nombre considérable de tableaux, tant à fresque qu'à l'huile, combien il avoit sçu profiter des sçavantes leçons de Solimene.

Voulant se perfectionner par la vue des chef-d'œuvres anciens & modernes, Conca se rendit à Rome, où les statues antiques & les travaux de Michel-Ange & de Raphaël, fortifierent en lui le goût du dessein. Plein de ce zèle toujours inséparable des vrais talents, il établit dans sa maison une Académie, où tous les jours il posoit un modele, & donnoit à ses élèves, non-seulement de sçavantes leçons, mais encore, l'exemple de l'application & de l'assiduité.

Il fut choisi par Clément XI, pour exécuter plusieurs grands tableaux, tant à fresque qu'à l'huile, dans l'Eglise de S. Clément, que ce Pontife faisoit orner. Ses succès ayant augmenté sa réputation, il fut chargé des travaux les plus considérables pour les principales Eglises, & les Palais de Rome, & particulierement pour celui des Papes, dont ses ouvrages ornent encore les galleries.

Les villes d'Italie & les pays étrangers, ont également exercé ses talens, & lui ont procuré des moyens de les étendre, & de les faire connoître.

Conca avoit un génie heureux, ses compositions sont aussi sages que bien entendues. Son pinceau est facile, & son coloris vrai & vigoureux ; le dessein dans lequel il s'étoit rendu très-habile, le faisoit singulierement considérer, & lui avoit acquis l'estime des Romains, toujours délicats sur cette partie essentielle à la perfection des arts.

Cet artiste mourut à Rome, dans un âge avancé, ayant fait un grand nombre d'élèves, mais qui n'ont pas soutenu sa réputation.

CHARLES CORADO,

Carlo Corado.

PARMI les élèves du célèbre Solimene, l'on distingue particulierement Charles Corado, né en 1693; le jeune disciple sçut si bien profiter des sçavantes leçons de cet habile maître, qu'il parvint à en imiter les graces & le coloris, la touche fine, moëlleuse, & une forte d'empâtement de couleurs, particulier à Solimene.

Après avoir fait l'essai de ses talens à Naples, il vint à Rome, où s'étant fait connoître par plusieurs tableaux d'autels, il fut choisi pour peindre la voûte de l'Eglise des Buon-Fratelli dans l'Isle du Tibre, où il représenta Jesus-Christ dans sa gloire au milieu des Saints. Cet ouvrage fut généralement applaudi, & fit regarder Corado comme un des premiers peintres de Rome; ce plafond qui est peint à fresque, est considéré pour la force, la suavité & le brillant de son coloris, comme la plus agréable des productions modernes de cette fameuse capitale.

Les travaux qu'il avoit exécutés, tant pour Rome que pour différentes villes d'Italie, l'ayant fait connoître des peintres étrangers, il fut appellé en Espagne, où le Roi lui accorda une pension de 3000 liv. semblable à celle qu'il donnoit à Ranc & à Michel Vanloo. Après quelques années passées à Madrid dans la plus grande considération, sa santé un peu dérangée, & le desir de revoir Rome, le ramenerent en Italie; & s'y étant bien retabli, il retourna en Espagne. Il y fut toujours occupé pour le Roi, jusqu'au moment où il se trouva trop incommodé pour continuer ses ouvrages. L'amour qu'il avoit pour son pays, l'engagea à s'y fixer; il y porta les bienfaits qu'il avoit reçus du Monarque Espagnol, dont il ne jouit que tres peu de temps, étant mort en 1768, six mois après son arrivée.

Corado dessinoit facilement, & d'une bonne maniere; ses compositions sont ingénieuses & variées, & tiennent de l'esprit & de la vivacité de son pays; son pinceau moëleux & léger, paroît particulierement tenir de la maniere de son maître, son coloris est frais & brillant, & donne de la vie à ses figures.

FRANÇOIS DE MURA,

Francesco de Mura.

CET Artiste, surnommé *Francisquello*, né à Naples, s'instruisit d'abord dans l'école du Chevalier Dominique Viola, & ensuite dans celle de Solimene, où il fit bien-tôt connoître les dispositions qu'il avoit pour la peinture, & mérita d'être regardé par ce grand maître, comme le meilleur de ses élèves. Il exposa en public, à l'âge de dix-sept ans, un Christ expirant sur la croix, avec un S. Jean à ses pieds, qui annonça les progrès qu'il fit depuis. La réputation de ses talents s'étant accrue par ses nombreux ouvrages dans la ville de Naples, il fut demandé par le Roi de Sardaigne. Ce Prince le traita avec la plus grande distinction, & lui fit faire plusieurs ouvrages considérables pour orner les Eglises de Turin, & les galleries de son palais : il peignit dans l'une l'histoire d'Achille, & dans une autre les différents combats qui se faisoient autrefois aux Jeux Olympiques. Il représenta aussi les principales actions de Thésée, & enfin il fit plusieurs grands portraits du Roi de Sardaigne & de la famille royale.

De retour à Naples, il fut chargé des principaux ouvrages de cette grande ville, & d'un nombre considérable de tableaux pour les villes d'Italie, & pour les Princes étrangers. Entre ses différens travaux, l'on distingue particulierement la voute de l'Eglise de Sainte Claire, où cette Sainte est représentée faisant fuir les Sarazins en leur montrant la sainte Hostie. Il fut choisi par le Roi des Deux Siciles pour faire son portrait, & ce prince lui donna l'entreprise des principaux ouvrages qu'il fit exécuter.

François de Mura composoit dans la maniere noble & pittoresque de Solimene; son coloris dans ses fresques, sans être tout-à-fait aussi brillant que le sien, conservoit dans ses ouvrages à l'huile, une fraîcheur qui l'égaloit à son maître. Son dessein qui est quelquefois peu correct, est d'une grande maniere, & tient plus de la nature, que du beau ideal de l'antique. Cet artiste qui florissoit encore en 1756, a mérité, par sa générosité & ses talents, les plus grands éloges de ses concitoyens, & des artistes étrangers, qui ont toujours été reçus chez lui, comme ils l'étoient chez Solimene, c'est-à-dire, de la maniere la plus honnête.

AUTRES PEINTRES NAPOLITAINS.

EN 1270, les deux freres *Pierre & Thomas de Stefani* firent à Naples fortir les arts des ténébres fous la protection de Charles I, & de fon fils Charles II. Ils peignirent plufieurs fujets tirés de l'Evangile, dans les Eglifes & dans les Monafteres, dont l'on trouve encore quelques reftes qui montrent les talents de ces premiers artiftes. Pierre de Stefani mourut en 1310.

*

FILIPPO, ou PIPO DEL TESAURO, naquit en 1260, & fut confidéré comme un des meilleurs peintres de fon fiécle; & en conféquence il fut chargé d'un très grand nombre de tableaux, dont quelques-uns exiftent encore. Il vécut foixante ans, & mourut en 1320.

*

L'on compte encore entre les anciens peintres Napolitains, maître *Simon*, né en 1325. Il étudia les ouvrages de Pipo del Tefauro. Il peignit par ordre du Roi Robert, l'Eglife de Sainte Claire,

& plusieurs autres de Naples, & fit encore plusieurs ouvrages pour les Princes & pour la Reine Sanche, qui établirent sa réputation. Il mourut à la fleur de son âge, en 1346.

*

Le Roi Robert protégea encore maître *Janvier di Cola, & Etienne Fanone :* le premier né en 1320, vécut jusqu'en 1390, Etienne mourut plusieurs années avant Janvier di Cola.

*

AGNELO FRANCO fleurit en 1400. Il fut élève de maître Janvier di Cola, & compté au nombre des bons peintres de son tems.

*

COLA ANTONIO DEL FIORI, naquit en 1352. Il fut disciple du fils de maître Simon, & vécut jusqu'en l'année 1444. Ses talents dans la peinture, lui ont mérité la protection de Jeanne I, & un rang entre les artistes distingués. L'on voit encore aujourd'hui un S. Jérôme de sa main dans l'Eglise de S. Laurent.

*

Antoine Solario, Serrurier, surnommé *le Zingaro*, né en 1382, devint amoureux de la fille de Cola Antonio, qui dédaignant son état, lui dit qu'il la lui donneroit, lorsqu'il seroit aussi habile peintre que lui. Antoine Solario voyagea dans les plus grandes villes d'Italie, étudia & parvint, par ses talents, à épouser celle pour laquelle il s'étoit fait peintre. Il fut employé & protégé par la Reine Jeanne, par les Papes Eugene, & Nicolas V, qui le firent travailler à Rome au Vatican & à Saint Jean de Latran. Solario étoit encore bon architecte. Il vécut 73 ans, & mourut en 1455, laissant nombre de disciples qui sont devenus de bons artistes, entre lesquels sont les deux freres, *Donzello*, *Agnalino*, & *Boca de Rame*, *Bono de Boni*, *Silvestre de Figlio*, *Simon Popa*, *Nicolas de Vito*, & nombre d'autres de talents inférieurs.

✳

Pierre Hypolite del Donzello, peintre & architecte, naquit à Naples en 1405, & fut élève de Cola Antonio. Il se distingua également dans la peinture & dans l'architecture. Il travailla pour le Roi Alfonse & pour la Reine Jeanne à *Poggio Reale*, & dans plusieurs Eglises du Royaume de Naples. Il vécut jusqu'en l'année 1470.

✳ André

ANDRÉ de Salerne, eſtimé un des meilleurs peintres Napolitains de ſon temps, étoit auſſi très-bon architecte. Il naquit à Salerne en 1480, & voyagea dans l'Italie, où il fit connoiſſance avec Raphaël qui l'aida de ſes conſeils & l'employa. Il retourna à Salerne, qu'il enrichit de ſes ouvrages.

*

En 1480, floriſſoit à Naples entre les peintres, *Raimo Epifanio*, neveu de Teſauro. Il fut diſciple de Silveſtre Buono.

*

NICOLAS DELVITO, eſtimé entre les peintres Napolitains, naquit en 1435. Il fut élève d'Antoine Solario, & mourut en 1498.

*

SILVESTRE BRUNO, né en 1503, élève de Jean Bernard, fut eſtimé pour ſes talens dans la peinture.

*

JEAN BERNARD LAMA, peintre & architecte Napolitain, né en 1508, alla à Rome étudier les ouvrages de Raphaël, & s'aſſocia avec Polidore : ce qui ſuffit à ſon éloge.

*

E e

PIRRO LIGORIO, peintre & architecte Napolitain, connu par ses ouvrages de peinture & d'architecture, vivoit en 1520.

*

JEAN-ANTOINE AMATO, né en 1535, fut compté entre les bons peintres de l'Ecole Napolitaine.

*

CÉSAR TURCO, né en 1540, fut disciple de Perugin.

*

MARIE-ANGELA CRISCUOLO se distingua dans la peinture, & fut comprise dans la classe des bons artistes. Elle naquit en 1548, vécut très-considérée pour son mérite & pour ses vertus, & mourut dans un âge avancé.

*

FRANÇOIS GRIMALDI, Napolitain, fut très-ingénieux dans ses compositions & bon coloriste; il fut élève du Dominiquin, & réussit également dans l'architecture. Il fut choisi pour faire la Chapelle du Tréfor, en 1590, préférablement aux architectes Romains.

*

François Cozza, né en 1605, fut considéré comme un des bons peintres de l'Ecole Napolitaine.

✶

La Sicile a donné naissance à *Jean-Louis Rodrigue*, fils d'un Officier Espagnol en garnison à Palerme, qui connoissant son inclination pour la peinture, le conduisit au commencement de 1610 à Naples, où il le mit chez un peintre Grec, nommé Belisaire Conrenzio qui, jaloux des succès de son disciple, lui donna un poison lent qui le fit périr.

✶

Hypolite Borghese, d'une noble famille de Naples, étudia les principes de la peinture chez François Curia. Il alla à Rome, où il se perfectionna par l'étude qu'il fit des ouvrages des grands peintres de cette école, & par la vue des statues antiques. Ses succès le firent estimer assez pour être choisi entre les plus célèbres artistes, pour orner de ses ouvrages plusieurs Eglises de cette fameuse ville. Il étoit exact & recherché dans le dessein, ses teintes étoient vagues & fraîches, & ses idées ingénieuses. Il florissoit en 1620.

✶

François di Maria, né en 1623, fut élève du Dominiquin, pendant son séjour à

Naples. Il imita depuis la maniere du Calabrois, & fut compté entre les meilleurs peintres Napolitains.

*

FABRICE SANTAFEDE, peintre & antiquaire, né en 1560, vécut confidéré dans fon art, jufqu'en l'année 1636.

*

JEAN-BATTISTELLO CARACCIOLI, l'un des plus habiles peintres Napolitains, après avoir étudié à Rome fous les Carraches, vint enrichir fa patrie de fes talens, & y mourut en 1641.

*

ANDRÉ BELVEDERE, qui naquit en 1646, dans la ville de Naples, fut un excellent peintre de fleurs & de fruits.

*

JOSEPH RUOPPOLI, difciple de Jean-Baptiftello, fit très-bien les fleurs & les fruits. Il vivoit en 1650.

*

BELISARIO CONRENZIO, de la Province d'Albanie, qui appartenoit au Royaume de Naples, fut un peintre inégal dans fes ouvrages, les uns étant du premier rang, & les autres médiocres. Il fut ennemi irréconciliable du Dominiquin, par jalousie de sa supériorité, & vivoit en 1650.

*

BERNARD CAVALLINO, naquit en 1622. Il fut élève du Chevalier Massino, & chercha la maniere du Catrache; il devint un des meilleurs dessinateurs de l'Ecole Napolitaine, & mourut à l'âge de trente-sept ans, en 1659.

*

PAUL DE MATEIZ, né en 1662, travailla avec facilité, & fit une infinité d'ouvrages auxquels on peut reprocher la trop grande promptitude avec laquelle ils sont faits.

*

ANDRÉ VACCARONI, né en 1598, vécut jusqu'en l'année 1670. Il reçut les premiers principes de Bellizario, & suivit la maniere du Caravage. Il fut en concurrence avec Lucas Jordano.

*

LE CHEVALIER GIACINTO del Populo, fut aussi élève du Chevalier Massino, & considéré comme un des plus habiles peintres de son temps; il vivoit en 1673.

*

JOSEPH MARTELLO, né à Cafal, vint étudier à Naples chez le Chevalier Maffimo. Il alla à Rome, & reforma fur l'antique, fa maniere de deffiner. Il vécut jufqu'en l'année 1685.

✸

FRANÇOIS PACECCO DI ROSA, élève du Chevalier Stanzioni, fut très-exact iminateur de la nature, fon coloris étoit vague & harmonieux; il fut eftimé un des meilleurs artiftes de fon temps, & vivoit encore en 1692.

✸

LAURENT VACCARO fut peintre, fculpteur & architecte; il naquit en 1655 dans la ville de Naples, qu'il enrichit de fes ouvrages, tant en peinture qu'en fculpture, & en architecture. Il fit la ftatue équeftre en bronze, de Philippe V, & en orna le pié-deftal de bas-reliefs de marbre. Il imita la maniere de peindre de Solimene, & la fit reconnoître encore dans la fculpture. Il fut affaffiné à la campagne, où il avoit une maifon de plaifance. Deux fcélerats apoftés par la fureur jaloufe de fes ennemis, commirent ce crime en 1706.

✸

LE CHEVALIER JACQUES FARELLI fut un des premiers difciples d'André Vaccaro. Il imita la maniere du Calabrois, à qui il reffembloit, & fit un nombre prodigieux d'ouvrages dans les Eglises de Naples & d'Italie. Il vécut jusqu'en l'année 1733.

✶

DON NICOLAS de Salerne, fut un écolier des plus distingué de l'école de Solimene. Il vivoit en 1746.

✶

FERDINAND DE SANFELICE, Chevalier Napolitain, l'un des meilleurs élèves de Solimene pour la peinture, fut aussi grand architecte. Naples & plusieurs villes du Royaume des deux Siciles, sont ornées de ses ouvrages. Il vivoit en 1750.

✶

ANNA DI ROSA, surnommé Annella di Massina, du nom du maître qui lui enseigna son art, peignit l'histoire avec le plus grand succès, & mérita les éloges des plus fameux artistes de l'Ecole Napolitaine, tels que Jordano, le Chevalier Calabrois, & le fameux Solimene. Elle périt à trente-six ans de la main d'Augustin Beltrano son mari, abusé par de faux soupçons d'infidélité.

✶

JACQUES DELPO, peintre, architecte & ingénieur, naquit à Naples, & fut élève du Dominiquin; il se fit une maniere facile & peu correcte, mais la bisarrerie de ses compositions & son coloris lumineux, lui procurerent un grand nombre d'entreprises.

✳

BERNARD fut un des meilleurs dessinateurs de l'Ecole de Solimene; il a suivi sa maniere, & a beaucoup travaillé pour les villes d'Italie. Il mourut en 1734.

✳

SIMON CAPPELLA, neveu du Chevalier Dominique Viola, fut au nombre des écoliers de Solimene, & a été un de ceux qui a le mieux imité son coloris, la finesse & la touche de son pinceau. Il vivoit en 1760.

✳

ROMOALDO POLVERINO fut compagnon de Simon Cappella dans l'école de Solimene. Il mourut à trente ans, en 1731.

✳

JOSEPH BONITO fut encore élève de Solimene, mais il ne soutint pas le talent des autres disciples de ce maître, quoiqu'il fut ingénieux dans ses compositions, & facile dans l'exécution. Il vivoit encore en 1759.

PEINTRES
ESPAGNOLS.

LA maniere de peindre des Espagnols tient de celle de Lombardie & de Venise, autant par le ton de couleur, que par la touche du pinceau.

Leurs compositions sont ingénieuses & graves comme eux. Ils ont traité l'Histoire Sainte avec une vénération religieuse, avec une piété affectueuse & tendre.

On sera convaincu de la vérité du jugement que nous portons, par la vue du petit nombre des tableaux qu'on en trouve dans les cabinets des curieux.

PEINTRES ESPAGNOLS.

ALONSO BERRUGUETE,
Alonzo Berrugueto.

VERS le milieu du quatorzieme siécle, *Alonso Berruguete* naquit à Paredes de Nava, près de Valladolid. Cet artiste passa à Florence dans la fameuse école du grand Michel-Ange, où il étudia de compagnie avec André del Sarto & Baccio Bandinelli. Il continua ses études à Rome sur les restes célèbres de l'antiquité, & fut le premier qui fit connoître en Espagne la symétrie & les proportions du corps humain. Sa maniere de peindre tient de l'Ecole Florentine, & son dessein de celui de Michel-Ange. Plusieurs de ses ouvrages ornent les Eglises de Tolede & de Valladolid. Il joignit à ses talents ceux de la sculpture & de l'architecture, & fit élever sur ses desseins le Palais

Royal de Madrid, qu'il orna de ſtatues & de tableaux.

Il fut conſidéré de l'Empereur Charles-Quint, qui le fit Chevalier, & lui donna la clef de Chambellan.

On doit particulierement à cet artiſte la gloire d'avoir porté dans ſon pays le goût des arts, & détruit la maniere barbare ſous laquelle *il étoit* anéanti.

Alonſo Berruguete mourut à Madrid dans un âge avancé, en 1545.

ESTEVAN MARC,

Eſtevano Marco.

VALENCE fut le lieu de la naiſſance d'*Eſtevan Marc*, qui vit le jour vers la fin du quatorziemo ſiécle. Il fut diſciple de Pierre Orrente, & ſe diſtingua dans ſon école, où il développa bientôt ſon génie bizarre, & le talent particulier qu'il avoit pour les batailles. Il raſſembla dans ſon laboratoire un nombre prodigieux d'armures de toutes eſpeces, pour les pouvoir peindre d'après nature ; ſon plus grand plaiſir étoit de s'entretenir de combats ſinguliers, de ſieges, &

grandes batailles; souvent il en venoit aux démonstrations, & prenoit un cimetere, ou quelqu'autre instrument militaire, avec lequel il s'exerçoit & frappôit de toutes ses forces sur ce qu'il rencontroit, aussi férieusement que s'il eût été bien en colere. Cette maniere d'étudier son art, marque combien il en étoit pénétré, & doit faire juger de la chaleur qu'il mettoit dans ses ouvrages.

Il fit un grand tableau de la Cêne de Notre Seigneur, pour la Chapelle de la communion de l'Eglise paroissiale de S. Jean du Marché, où il a fait connoître qu'il eut aussi bien réussi dans les sujets de dévotion, que dans les batailles.

Les ouvrages d'*Estevan* annoncent l'imagination la plus échauffée & la plus vive; tout exprime en lui le feu dont il étoit animé; la force de son coloris & la maniere spirituelle & légere avec laquelle il touchoit les armures, leur donnoit autant d'éclat que de vérité. Son expression & son dessein répondent parfaitement au caractère animé qu'il a répandu dans tous les sujets qu'il a traités.

Ce peintre d'une humeur difficile & bizarre, vécut dans un âge avancé, & mourut à Valence en 1660.

Il eut pour disciple Jean *Conchillos*, qui s'est acquis avec raison une grande réputation dans la peinture.

PAUL DE CESPEDES,
Pablo de Cespedes.

PAUL DE CESPEDES, né à Cordoue, vers le commencement du quinzieme siècle, s'est autant distingué dans les belles-lettres que dans les arts. Il fut surnommé le Pere *Cespedes*, étant coadjuteur & rationaire de l'Eglise de Cordoue. Il étudia à Rome sous Frédéric Zuccaro, & dessina beaucoup d'après les ouvrages de Michel-Ange & de Raphaël. Il s'appliqua successivement aux trois arts de peinture, sculpture & architecture, & y réussit également bien. Il peignit à fresque dans l'Eglise de la Trinité du Mont à Rome, la naissance de Jesus-Christ, avec plusieurs Prophêtes; il fit aussi une statue de marbre représentant Séneque son concitoyen. De retour dans sa patrie, il s'occupa particulierement à la peinture, & fit plusieurs grands ouvrages dans son Eglise de Cordoue, entre lesquels on remarque un tableau de la Cêne, où il a réuni à un beau coloris clair & vigoureux, le bon goût de deſſein qu'il avoit puiſé chez les grands maîtres de l'Ecole Romaine. Il fit auſſi un nombre conſidérable de différens tableaux de l'Ancien & du Nouveau Teſtament dans la ville de Séville. Il a écrit ſur la comparaiſon de la Peinture Antique, avec la Peinture Moderne, & ſur la Théorie & la Perſpective pratique. Il ſe diſtingua dans la poëſie & dans la connoiſſance des langues étrangeres. Il mourut en 1608, à Cordoue, où il fut généralement regretté, autant pour ſes talens, que pour ſes qualités perſonnelles.

Ses élèves ſont Jean-Louis *Zanbrano*, Jean de *Penaloſa*, Antoine de *Contreas*, & Antoine *Mohedano*, qui ſe ſont très-diſtingués dans leur art.

FERDINAND GALLEGOS,

Fernandès Gallegos.

Gallegos, s'acquit vers le milieu du quinzieme siecle, une grande réputation dans la peinture. Il naquit près de Salamanque, & alla étudier dans l'école d'Albert Durer. On reconnoît par sesouvrages, placés dans nombre d'Eglises & de Chapelles de son pays, la maniere de ce maître, qu'il a si parfaitement imitée, que ses tableaux ont été pris souvent pour des originaux d'Albert-Durer; Salamanque conserve avec vénération plusieurs ouvrages de *Gallegos*. On y voit à la Cathédrale un très-beau tableau de la Vierge & de l'Enfant Jesus, qu'il a mis par anachronisme, entre des Apôtres.

Sur l'autel principal de l'Eglise de l'Université, il y a un S. Jerôme que l'on admire autant pour la beauté du coloris, que pour la légéreté & la finesse de l'exécution.

Gallegos mourut à Salamanque en l'année 1550. On ignore son âge & les noms de ses élèves.

*

FRANÇOIS CAMILO,

Francisco Camilo.

Vers la fin du quinzieme siécle, François *Camilo* naquit à Madrid. Son pere qui étoit d'une noble famille d'Italie, lui donna une éducation convenable à son origine & au goût qu'il fit paroître pour le dessein. Il le mit sous la conduite de Pierre de Las Cuevas, peintre en réputation, & qui avoit autant de théorie que de pratique dans son art. *Camilo* fit de si grands progrès, qu'il parut bientôt en état de se distinguer dans les plus grandes entreprises. Plusieurs personnes de la premiere considération desirerent d'avoir de ses ouvrages. Il fit nombre de tableaux d'Eglise pour les villes d'Ascala, de Salamanque, de Ségovie & de Tolede. On y trouve le pathétique de l'expression uni à la plus grande dignité. Il réussit également dans l'histoire profane, & peignit plusieurs fables tirées des Métamorphoses, où il mit de la grace & de la légéreté.

Camilo étoit né avec beaucoup de facilité pour l'exécution des plus grandes machines ; son coloris est brillant & vigoureux, à fresque comme à

F f

l'huile. Il eût été à souhaiter qu'il se fût appliqué à l'étude des statues antiques, il auroit donné plus de noblesse & plus de correction à son dessein.

Cet artiste finit ses jours à Madrid, en 1672. Il fut autant regretté pour ses talents, que pour ses qualités personnelles. Il eut nombre de disciples, entre lesquels, François Ignace, qui fut peintres de Sa Majesté Catholique, & André de *Vergas*, sont ceux qui se sont le plus distingués.

BLAISE DE PRADO,

Blas de Prado.

CE Peintre naquit près de la ville de Tolede, en 1487, sous le regne de Philippe II; il fut disciple de Berruguete, dont il ne tarda guères à égaler les talents. Il fut envoyé par la Cour de Madrid, chez un Roi Maure, qui l'avoit demandé pour faire le portrait de sa fille. Il y réussit si parfaitement, qu'il s'attira l'admiration de ce Monarque & de toute sa cour, & revint comblé de riches présens.

De retour à Tolede, il fit nombre de tableaux d'Autel pour la principale Eglise de cette ville, dans lesquels l'on remarque le goût du Parmesan, auquel il s'étoit fort attaché. Sa manière est légere & spirituelle, son coloris vague, transparent & vigoureux. Il réussit parfaitement à faire des Vierges avec l'Enfant Jesus. Il leur donnoit des graces & de la dignité; ses têtes de vieillards sont touchées avec force, & sont pleines d'expression. Un de ses plus beaux ouvrages est une Descente de Croix que l'on voit dans l'Eglise paroissiale de S. Pierre, ainsi que le Martyre de S. Jean dans la chaudiere à la Porte Latine.

Cet artiste peignit supérieurement les fleurs & les fruits, dont il ornoit & entouroit quelquefois ses tableaux.

Blaise de *Prado* mourut à Tolede, âgé de soixante-dix ans, en 1557.

MORALES.

ON ignore le nom de baptême de *Morales*, que l'on croit né à Badajoz, en 1519 ; il fut furnommé, pour la beauté de fes ouvrages, *le divin Morales*. Ce peintre ne traita jamais que *des fujets de l'Hiftoire Sainte*, ou *de dévotion*. Il a fouvent repréfentée des *Ecce Homo*, des flagellations, des *Mater dolorofa*, des Sainte Véronique, & autres femblables objets, dans lefquels il mit toute l'expreffion pieufe & tous les fentimens religieux dont il étoit pénétré.

Morales fut difciple de Pedro Campana de Séville, qui avoit été élève de Raphaël d'Urbin. Il fe fixa quelques années dans l'école de ce maître, & fit enfuite à Séville dans plufieurs Eglifes & Couvents, des ouvrages confidérables.

Il fut appellé par Philippe II pour peindre à l'Efcurial. Après avoir fatisfait aux ordres de ce Monarque, & en avoir été noblement récompenfé, il fe retira à Badajoz, où il eut occafion de faluer ce Prince, lorfqu'il paffa pour aller prendre poffeffion du Royaume de Portugal. Ce Roi généreux voulut bien encore en mémoire de fes fervices, & en confidération de fes talents, lui accorder une penſion qu'il doubla par réflexion l'inſtant d'après, ne la croyant pas ſuffiſante pour le mérite de l'artiſte à qui elle étoit faite, ni digne de la grandeur du Monarque qui l'en gratifioit.

La partie qui diſtingue le plus *Morales* dans ſon art, eſt l'expreſſion, & particulierement celle de la douleur, où il a excellé ſupérieurement. Son coloris eſt clair & vigoureux, ſon deſſein eſt peu correct, mais vrai; ſes compoſitions ſont bien entendues, & d'une très grande ſimplicité.

Il mourut à Badajoz, en 1586, âgé de ſoixante-ſept ans.

Morales eut pour diſciple, Jean *Labrador* qui fut excellent peintre de fleurs & de fruits.

LOUIS DE VARGAS,

Luis de Vargas.

Louis de Vargas, né à Seville en 1528, se distingua en peu de temps dans la peinture; mais le desir d'atteindre au sublime de son art, l'attira en Italie où il demeura quatorze ans, à deux reprises différentes. Il s'occupa à y dessiner les ouvrages des plus célèbres peintres, & surtout ceux de Perin *del Vaga*. De retour dans sa patrie, il s'y fit une grande réputation; toutes les grandes entreprises lui furent confiées, & il s'en acquittoit avec un sçavoir peu commun.

Ce peintre a fait quantité de portraits, dans lesquels il n'a pas moins brillé que dans l'histoire. Sa vie fut toujours très-édifiante; ses austérités même hâterent la fin de ses jours. Il mourut à Séville en 1590, âgé de soixante-deux ans. On ne connoît aucun de ses élèves.

M. le Duc d'Orléans possède un tableau de ce Maître, qui représente S. Jean couvert d'une peau de chameau, assis & appuyé sur sa main, & tenant une Croix.

LE MUET.

Juan Fernandès Ximénès de Navaretta.

CE Peintre, connu sous le nom de *El Mudo*, le Muet, est appellé par les plus grands artistes, le Titien Espagnol.

Il naquit, vers l'an 1532, à Ligrono de parents nobles, & fut muet de naissance, ce que l'on attribue à sa parfaite surdité. Malgré cette infirmité, son génie pour le dessein se fit connoître dès sa plus tendre jeunesse, en traçant avec du charbon sur les murailles, tout ce que son imagination se pouvoit figurer. Il reçut les premiers principes d'un Religieux nommé Frere Vincent de S. Dominique, qui avoit la réputation d'être bon peintre.

Il passa en Italie, & vit d'un œil observateur les merveilles de Rome. Il alla à Naples & ensuite à Florence, à Milan & à Venise, où il entra dans l'école du Titien ; il y passa plusieurs années, & son extrême application lui fit faire les plus grands progrès.

La réputation de Fernandès étant parvenue à la Cour, il fut appellé par le Roi pour exercer ses talents dans le palais de l'Escurial ; cet artiste exécuta fous les ordres de ce Prince, nombre de grands tableaux de dévotion, & le martyre de plufieurs Saints, entr'autres la Décolation de S. Jacques, où il a mis tout le fentiment & l'expreffion que l'on peut defirer dans un fujet de cette nature.

Il avoit fouvent l'honneur d'être vifité pendant fon travail par Sa Majefté, qui prenoit le plus grand plaifir à le voir peindre, en lui donnant toutes les marques de fa bienveillance. Ce Monarque, pour récompenfe de fes talens, le fit Chevalier d'un de fes Ordres.

Un des ouvrages qui a le plus mérité à cet artifte la réputation d'imiter parfaitement le Titien, eft le martyre de S. Laurent, où il a non-feulement réuni toute la force & le brillant du *coloris* de fon maître, mais encore tout le fentiment néceffaire pour repréfenter un fujet auffi pathétique. Son deffein eft affez correct, fa maniere de draper eft fimple & vraie. Son coloris qui étoit fa principale partie, a toujours maintenu fes ouvrages dans le premier rang, parmi les plus célèbres artiftes qui ont travaillé en concurrence dans le palais de l'Efcurial.

Ses talents furent chantés par les plus fameux Poëtes Efpagnols.

Il mourut à l'Efcurial, en 1572, dans la quarantieme année de fon âge.

PAUL DE LAS ROELAS,

Paolo de las Roelas.

CE peintre naquit à Séville vers l'an 1550, & fut élève du Titien; il travailla beaucoup pour la Cour, & fit plusieurs grands tableaux pour les Carmes Déchaussés de la Miséricorde, dans lesquels il montra, comme dans ses autres ouvrages, le beau coloris qu'il avoit acquis dans la fameuse école du Titien. Il sçut joindre à ce talent précieux un dessein assez correct, une maniere de composer ingénieuse & beaucoup de grace & d'expression; celle de la douleur est caractérisée de la maniere la plus vive dans les tableaux de S. Isidore de Séville, dans lesquels il a représenté le martyre de plusieurs Saints, & entr'autres celui de Saint André. On admire dans ce beau morceau la force de son imagination, ainsi que dans la célèbre bataille de Clovis, où la confusion & le trouble des vaincus, fait un heureux contraste avec la fierté tranquille des vainqueurs.

Il étoit sçavant dans les mathématiques, & avoit une parfaite connoissance de la perspective & de l'anatomie. Il avoit étudié tous les mouvemens du corps humain, ainsi que la symmétrie & la proportion respective de toutes ses parties; harmonie admirable qui constitue le beau idéal, dont l'on trouve les exemples réunis dans les meilleures statues antiques.

Il fut fait Chanoine de l'Eglise Collégiale d'Olivares, & vécut en bon & sage Ecclésiastique, jusqu'à l'âge de soixante-dix ans. Estimé & considéré de la Cour & de ses concitoyens, il finit ses jours à Séville dans l'année 1620.

DIEGO VELASQUEZ.

DON DIEGO VELASQUEZ DE SILVA, né à Séville de parens illustres, originaires de Portugal, en 1594. Ayant un goût décidé pour la peinture, il obtint de son pere Rodiguez de Silva, d'entrer dans l'école de François Herrera, appellé le Vieux. Il passa ensuite dans celle de François Pachéco, homme distingué par ses poësies, comme par son pinceau.

Velasquez dessinoit tout ce qui se présentoit à lui, animaux, oiseaux, poissons, paysages, fruits, légumes, & les peignoit avec tant de vérité, qu'il se fit bien-tôt une grande réputation. Il aimoit à représenter des gens à table, des cabarets & des cuisines. Il se forma un goût nouveau pour ces fortes de fujets qu'il peignoit d'une touche fière, avec des lumieres & des tons de couleur extraordinaires, aimant mieux, difoit-il, être le premier dans ce genre ruftique, que le fecond dans un genre plus élevé; mais Pachéco ayant fait venir des tableaux d'Italie, leur vue annoblit les penfées de *Velafquez*, il quitta auffi-tôt les fujets bas pour s'attacher à l'hiftoire & au portrait, & y réuffit trés-bien; le Caravage fut fon guide pour le coloris, il fit une étude particuliere des ouvrages de Louis Triftan.

Velafquez étoit fçavant dans l'hiftoire & la fable, & avoit une connoiffance univerfelle des beaux arts. Etant venu à Madrid, en 1622, fon mérite ne tarda gueres à le faire connoître; Philippe IV, enchanté de fes talens, le nomma à la place de fon premier peintre, & lui en donna les gages & le logement. De nouveaux ouvrages qu'il fit lui mériterent quelque temps après d'autres bienfaits du Roi, qui l'honora de la clef-dor, & lui accorda la permiffion d'aller en Italie. Il en parcourut les Provinces en faifant des deffeins d'après tous les maîtres qui le frapperent le plus.

De retour à Madrid, il y travailla beaucoup, & fit connoître combien il avoit profité dans fon voyage.

Philippe IV qui avoit envie de faire un beau

cabinet, donna ordre à *Velafquez* de retourner en Italie, en 1648, pour acheter des tableaux, des antiques, & copier plufieurs morceaux qu'on ne pouvoit tranfporter. Il s'acquitta de fa commiffion en habile homme, il en revint avec de belles ftatues antiques, quantité de buftes de marbre & de bronze, & d'excellens tableaux, dont deux du Titien, deux de Paul Veronèfe, & l'efquiffe du paradis du Tintoret. Le Roi en arrivant, le nomma grand Maréchal des logis du Palais ; *Velafquez* remplit très-noblement cet emploi, ainfi que ceux qu'il avoit obtenus auparavant ; fa grande réputation & fon mérite perfonnel, le firent enfin nommer Chevalier de S. Jacques.

Ce peintre mourut à Madrid, en 1660, âgé de foixante-fix ans. On ne lui connoît pour difciple, que le fameux *Murillo*. On trouve dans fes ouvrages la correction des Romains, la douceur & le coloris des Vénitiens.

Velafquez ne fe contentoit pas de rendre fes portraits fort reffemblans, il vouloit encore faifir l'efprit & les mouvemens particuliers de la perfonne qu'il peignoit.

On voit de lui au Louvre à Paris, dans la Salle de Bains,

Les portraits des Princes de la Maifon d'Autriche, depuis Philippe I jufqu'à Philippe IV.

Il y a aussi de lui au Palais Royal, Un Moyse sauvé des eaux.

L'ESPAGNOLET.

Josefo Ribera.

JOSEPH RIBERA, dit l'*Espagnolet*, naquit dans le Royaume de Valence en 1589. Il alla tout jeune en Italie, où il entra dans l'école de Michel-Ange de Caravage, & y devint en peu de temps très-habile. Ayant perdu son maître, il alla exprès à Parme & à Modene, pour admirer & copier une grande partie des fameux ouvrages du Correge ; ce qui lui fit prendre une maniere tendre & agréable, à la place d'une plus dure qu'il avoit contractée chez le Caravage. Cependant le desir de s'enrichir, & l'envie de faire tomber les ouvrages du Dominicain dont il étoit devenu jaloux, lui firent reprendre à la maniere de Caravage. Cette nouvelle route rendit ce peintre sec & noir dans ses carnations. Son pinceau étoit moins moëlleux que celui du Caravage, son génie moins vigoureux ; mais il dessinoit plus correctement que lui.

Le nombre des grands artistes qui étoient alors à Rome, détermina *Ribera* à se retirer à Naples, où il fut bien-tôt regardé comme le premier peintre. Son rare talent lui fit beaucoup d'amis & de puissans protecteurs ; les peintres même lui faisoient la cour ; le Pape le fit Chevalier de Christ. Son génie naturel le portoit à rechercher les sujets terribles & pleins d'horreur.

Ribera a fait peu de grands tableaux, mais beaucoup de morceaux de chevalet, qui sont répandus dans toute l'Europe ; on dit qu'il disparut de Naples en 1649, sans qu'on sache ce qu'il est devenu ; d'autres prétendent qu'il y mourut âgé d'environ soixante-trois ans.

On lui connoît pour élèves, Jean *Do*, Henry le Flamand, *Bartelomeo Passanté*, *Aniello-Falcone*, & le fameux Lucas Jordane.

Le Roi possède de ce Peintre,

La Mort de la Vierge.
Une Bohêmiene disant la bonne avanture.

On voit de lui au Palais Royal,

Démocrite & Héraclite.
S. Joseph, demi-figure, tenant une tige de fleurs.

FRANÇOIS ZURBARAN.

Francifco Zurbaran.

FUENTE de Cantos dans le voifinage de Séville, fut le lieu de la naiffance de *François Zurbaran* vers l'an 1596. Il reçut dans l'Eftramadure les principes de la peinture d'un difciple du divin Morales. Il paffa enfuite à Séville dans l'école de Paul de las Roelas, où il fe perfectionna à un tel point qu'il parvint bien-tôt à la réputation de grand peintre.

Il fut fidele à la nature qu'il étudioit toujours, ne faifant jamais rien fans la confulter. Il drapoit fes figures fur des manequins, & les rendoit avec une vérité & une exactitude finguliere ; fes chairs font d'une fraîcheur & d'une vivacité qui paroît le difputer à la nature.

Plufieurs Eglifes & les Cloîtres des Monaftères de Séville, portent des témoignages de la fécondité de fon génie, & des talens qu'il avoit acquis en étudiant les Carraches, dont il avoit tellement pris la maniere que fes tableaux leur étoient fouvent comparés.

Après avoir répandu fes ouvrages dans différentes villes, il fut appellé à la Cour par le fameux Velasquez, qui lui fit peindre pour Philippe IV les travaux d'Hercule : ce Prince le venoit souvent voir travailler. Un jour, pour marquer sa satisfaction, il dit à *Zurbaran*, en lui frappant sur l'épaule : « Tu es le peintre du Roi, & le roi des peintres ».

Cet artiste finit ses jours à Madrid, dans la soixante-sixiéme année de son âge, en 1662.

FRANÇOIS PACHECO,
Francisco Pacheco.

FRANÇOIS PACHECO, naquit aux environs de Séville en l'année 1600. Il fut disciple de Louis Fernandès, & ensuite passa en Italie où il perfectionna ses heureuses dispositions sur les ouvrages des plus célèbres artistes de ce pays. Il revint dans sa patrie, où, après avoir donné des preuves de ses talens dans l'histoire sacrée & prophane, il écrivit sur la peinture, & fit un abregé de la vie des plus célèbres peintres, avec un détail circonstancié de leurs principaux ouvrages.

Dans le grand nombre de tableaux que *Pacheco* a laissés à Séville, à Ascola & dans nombre d'autres villes ville d'Espagne. On remarque dans Pacheco un goût de deſſein qui tient de l'Ecole Romaine, un coloris clair & aſſez agréable, & autant de génie dans la compoſition, que de fineſſe & de ſentiment dans l'expreſſion.

La famille de cet artiſte étoit illuſtre, & dans la plus grande conſidération à Séville. La diſtinction que lui donnerent ſes talens & ſes mœurs, le fit nommer Cenſeur des peintures ſacrées, & Chanoine de la Cathédrale.

Entre le nombre de ſes élèves, il eut le fameux *Velaſquez*, dont les talens ont fait tant d'honneur à l'Ecole d'Eſpagne.

François *Pacheco* mourut à Séville à l'âge de cinquante-quatre ans, l'an 1654. Il fut extrêmement regreté des artiſtes & des gens de lettres.

ANTOINE DEL CASTILLO,

Antonio del Caſtillo, y Saabedra.

CE Peintre naquit à Cordoüe en 1603, de parens nobles. Il fut élève d'Auguſtin *Caſtillo*, ſon pere, qui étoit eſtimé un des plus habiles peintres de ſon temps. Il paſſa à Séville, où il ſe perfectionna dans l'école de François Zurbaran.

Il fit enſuite pour Cordoüe, pour Séville & pour pluſieurs villes d'Eſpagne, un très-grand nombre de tableaux, tant à freſque qu'à l'huile, dans leſquels il fit connoître ſes talens. Il étoit ingénieux dans ſes compoſitions, aſſez correct dans ſon deſſein, & très-bon coloriſte. Ses expreſſions ſont variées & remplies de ſentiment, ſurtout dans les ſujets pathétiques, comme la Paſſion de Notre Seigneur, & les Martyres des Saints, où il a réuni, à la dignité des principaux caractères, la plus forte expreſſion de la douleur. Il faiſoit parfaitement bien les portraits, leur donnoit la plus grande reſſemblance, & touchoit leurs ajuſ-temens avec beaucoup de fineſſe & de légereté. Il traitoit le payſage, les fleurs & les fruits avec une égale perfection. Il avoit étudié & pratiqué l'architecture, & avoit une parfaite connoiffance de la perfpective, dont il fçavoit orner fes grands ouvrages.

On avoit deftiné un de fes tableaux à accompagner l'un de ceux d'Alfaro, peintre médiocre, qui paroiffoit vouloir le braver. *Caftillo* mit au bas du fien: *Cette peinture n'eft point d'Alfaro.*

Caftillo mourut à Cordoüe dans la foixantequatrieme année de fon âge, en 1667.

Il eut un très-grand nombre de difciples, entre lefquels Dom Jean d'*Alfaro* s'eft rendu recommandable par fes talens; on compte encore Pierre-Antoine & Emmanuel-François, qui fe font affez diftingués, fans néanmoins être parvenus à la célébrité de leur maître.

ALONSO CANO,

ALONSO CANO, dit *el Racionero*, naquit en 1610, dans la ville de Grenade, de parens nobles; ſes talens donnerent à l'Eſpagne un nouveau Michel-Ange. Il ſe diſtingua également dans la peinture, la ſculpture & l'architecture. Son pere qui étoit en réputation dans l'architecture, lui en donna les premiers élémens. Après avoir étudié la ſculpture, il paſſa à Séville, où il s'appliqua à la peinture.

Alonſo Cano étoit né avec cette heureuſe fécondité de génie qui fait les grands artiſtes, ayant exercé les différentes parties de ces trois arts avec la même facilité. Il fit pour Séville pluſieurs tableaux d'hiſtoire, où il réunit un deſſein *correct* à une belle couleur; ſes compoſitions ſont nobles & ingénieuſes, & tiennent beaucoup de l'Ecole d'Italie. Il a pareillement fait des ſtatues de marbre & de bronze, repréſentant différens Saints, où l'on remarque un bon goût de deſſein, & une maniere de draper bien jettée & bien entendue.

Il fut ſingulierement favoriſé du Roi Charles d'Autriche, qui le fit Racionaire de l'Egliſe de

Grenade ; ce Prince répondit à ceux qui lui repré‑
fentoient qu'*Alonfo Cano* n'étoit point propre à
cette place , qu'il n'y avoit que Dieu qui eut pu faire
un homme comme Alonfo Cano, & que les dons
qu'il en avoit reçus, le difpenfoient de ceux qui au‑
roient pu lui manquer dans fon emploi.

Après l'avoir rempli dignement , & avoir enri‑
chi de fes ouvrages plufieurs grandes villes, *Alonfo
Cano* mourut à Grenade en 1676, âgé de foixante‑
fix ans.

Ses difciples furent, Don *Pedro Mena* dans la
fculpture, & dans la peinture, Don *Juan Nino*,
Don *Pedro Atanaze Ciefar*, & un très‑grand
nombre d'autres, dont il eft fait peu de mention.

ENRIQUE DE LAS MARINAS.

ENRIQUE DE LAS MARINAS, naquit dans
la ville de Cadix, en 1610, où il étudia les pre‑
miers principes de la peinture. Il s'appliqua à re‑
préfenter des vaiffeaux, des barques de toutes
efpèces, à copier leurs différens mouvemens, la
fluidité des vagues, leur limpidité & leur tranf‑
parence. Il réuffit fi bien dans toutes les diffé‑
rentes parties de ce genre de peinture, qu'il fut
furnommé *Enrique des Marines*. Il paffa en Italie,

& en parcourut différentes villes ; les talens qu'il y fit connoître, lui donnerent beaucoup de considération. Il resta à Rome jusqu'à sa mort, en 1680, étant âgé de soixante dix ans.

Les tableaux de cet artiste sont autant estimés pour la suavité de la couleur, la légereté & la finesse du pinceau, que pour l'exactitude avec laquelle il a rendu toutes les différentes manœuvres des gens de mer. Les figures en sont peu correctes ; mais leurs actions sont justes & conformes à leurs différens exercices.

MURILLO,

Bartolomeo Murillo.

BARTHELEMI MURILLO, né dans la ville de Pilas, près de Séville, en 1613, étoit d'une famille riche & connue. Il eut pour maître son oncle Jean del Castillo, qui peignoit des foires & des marchés, genre de tableaux alors fort à la mode. *Murillo* alla ensuite à Madrid, où Velasquez, son compatriote, & premier peintre du du Roi, lui facilita les moyens de se perfectionner, en lui obtenant la permission de copier les ouvrages du Titien, de Rubens & de Vandyck.

Ces maîtres formerent le coloris de *Murillo*, qui joignit à cette partie essentielle de la peinture, la pratique de dessiner le nud dans les Académies, d'après les belles statues antiques.

Murillo, de retour à Séville, ne suivit plus que la nature, & les conseils de Valasquez, dont on pourroit dire qu'il fut en grande partie le disciple. Ses premiers ouvrages furent autant de chefs d'œuvres; il fit à Séville le fameux cloître du couvent de S. François, où l'on trouve la plus grande force de coloris, jointe à un dessein correct. Après ce grand ouvrage, qui accrut infiniment la réputation de *Murillo*, il ne s'occupa plus qu'à rendre ses ouvrages agréables, & choisit un ton de couleur plus clair. Il chercha la maniere de Paul Veronèse, & parvint à faire prendre ses tableaux pour ceux de cet habile maître. Il s'éleva dans son art à un tel dégré de perfection, qu'il fut regardé, non-seulement comme le plus grand peintre de son siécle, mais encore comme le premier entre les artistes de sa nation. On trouve dans ses ouvrages un pinceau moëlleux, des carnations vraies, une parfaite intelligence de couleur & de clair-obscur, & une vérité qui ne peut être surpassée que par la nature même. Son expression n'est pas toujours heureuse dans les sujets qu'il a représentés; un choix plus réfléchi l'auroit garanti des juftes reproches qui lui ont été faits à cet égard.

Murillo étoit humble & modefte, & recevoit volontiers des confeils fur fes ouvrages.

Le Roi Charles II, enchanté de fes talents, voulut l'attirer à fa Cour, & en faire fon premier peintre; mais il refufa cet honneur, & mourut à Séville, en 1685, âgé de foixante-douze ans.

On connoît pour fes élèves, fon fils *Jofeph*, & un Chevalier de Malte Efpagnol, nommé *Villavicienfo*, *Clement de Torres*, Don *Jean Simon*, *Etienne Marguez*, *Sebaftien le Mulâtre*, tous de Séville, & le *Navarois* du Port Sainte-Marie; ils n'ont point été enfeignés par *Murillo*, mais employés par lui dans les ouvrages qu'ils ont copiés avec beaucoup de foin, dans la vue de l'imiter.

Ses principaux tableaux font dans Séville, à Cadix, à Grenade & à Madrid.

ARELLANO,

Juan de Arellano.

JEAN DE ARELLANO, naquit dans la ville de Santorcas de l'Archevêché de Tolede, en 1614. Il étudia dans l'école de Jean de Solis, & ne fit que de médiocres progrès dans l'histoire; mais ayant rencontré des tableaux de Mario di Fiori, il se mit à les copier, & ensuite à peindre des fleurs & des fruits d'après nature, avec un tel succès, qu'il égala bien-tôt le maître dont il avoit copié les ouvrages, & développa ainsi le talent pour lequel il étoit né.

Ce peintre réussit parfaitement dans l'imitation des fleurs & des fruits, auxquels il donnoit la plus grande fraîcheur & les plus belles couleurs; ses tableaux ont toujours été estimés comme les plus parfaits dans ce genre.

Il mourut dans la soixante-quinzieme année de son âge, en 1689.

FRANÇOIS RICCI,

Francesco Ricci.

CET Artiste, né à Madrid en 1617, fit connoître, dès sa plus grande jeunesse, les dispositions qu'il avoit pour la peinture. Il fut disciple de Vincent Carduchi, chez lequel il se perfectionna en peu d'années. Ses premiers tableaux annoncerent ses talens, & firent multiplier ses ouvrages qui se répandirent dans les principales Eglises, & dans les Couvents des premieres villes d'Espagne. Il fit élever aussi sur ses desseins plusieurs grands édifices qu'il orna de ses tableaux, & où il peignit des coupoles & des chapelles, dans lesquelles il développa toute la fécondité de son génie. Sa couleur étoit vague & vigoureuse, son dessein peu correct; mais plein de feu, ses expressions étoient fortes & variées, sa maniere de draper large & d'un bon choix, & tous les ajustemens & les accessoires des figures étoient touchés avec autant de finesse que de légereté.

Sa réputation le devança à la Cour, où il fut appellé par Philippe IV, & fut ensuite attaché à Charles II. Il fit successivement pour ces deux

Rois, différens tableaux d'histoire, & fut chargé de la salle & des décorations des théâtres de la Cour de Madrid; entreprise dans laquelle il fit connoître l'universalité de ses talens.

Il mourut à l'Escurial en 1684, âgé de soixante-sept ans.

Jean-Antoine Escalante, & Don Vincent de Benavis, furent les plus distingués de ses élèves. Il eut encore Don *Isidoro Arredondo* qui fut peintre du Roi, & qu'il institua l'un de ses héritiers.

MATHIAS DE TORRES,

DOM MATHIAS DE TORRES D'ESPINOSA, né en 1631, apprit les premiers principes de la peinture d'un de ses parens qui étoit très-médiocre peintre; mais ensuite il étudia sous Dom Francisco de Errera, chef de la fameuse Académie de Séville, alors composée de célèbres artistes. Il s'appliqua non-seulement à l'histoire, où il fit paroître toutes les dispositions nécessaires pour s'y distinguer, mais encore au paysage, à d'autres petits sujets de différens genre, & même à des batailles pour lesquelles il montra beaucoup de talens.

Il avoit particulierement étudié la partie du clair-obscur qu'il entendoit supérieurement. Son dessein eût été plus correct, s'il se fût plus appliqué à l'étude de l'antique. Il auroit par-là donné plus de noblesse à ses principales figures, qui d'ailleurs réunissent les plus grandes beautés.

Il entendoit parfaitement la décoration des fêtes & des pompes funèbres, & il eut plusieurs fois occasion d'exercer ce talent à l'entrée & à la mort de plusieurs Reines, & surtout à la canonisation de Sainte Rose de Lima. Il fit élever sur ses desseins différens monumens, des autels & des palais, où il réunit la majesté de l'architecture antique, aux graces de l'architecture moderne. Il peignit aussi en miniature, & fit voir dans tous les genres de peinture, l'universalité de ses connoissances.

Cet habile artiste vécut jusqu'à l'âge de quatre-vingt ans, & mourut en l'année 1711, sans être parvenu après tant de grands travaux, à la fortune nécessaire pour subsister jusqu'à la fin de sa vie.

PEDRO DE NUNNÈS,

DOM PEDRO DE NUNNÉS de Villavicencio, naquit à Séville vers 1640, d'une famille illuftre très-eftimée de Charles II, qui ordonna qu'en confidération de fa naiffance, il fût fait Chevalier Grand-Croix de l'Ordre de Saint Jean de Jérufalem. *Nunnès*, fuivant l'inclination qu'il avoit pour la peinture, reçut les premiers principes de cet art à Séville, & enfuite à Malte, où il étudia dans l'école du Cavalier Matthias, furnommé le *Calabrefe*, qui étoit du même Ordre. Il fit de fi rapides progrès fous ce grand artifte, qu'il fut auffi-tôt regardé comme un des plus fameux peintres, & comparé à Murillo.

Il fit plufieurs tableaux d'hiftoire à Malte & à Séville, où l'on remarqua l'exactitude & la correction que l'étude de la nature donnoit à fon deffein. Il joignoit à cette partie effentielle de la peinture, un coloris ferme & vigoureux, une touche légere & fondue, & la plus grande expreffion. Ses compofitions tiennent beaucoup de a maniere du Guerchin, qu'il regardoit comme un de fes maîtres.

Il fit également bien les portraits, & peignit plusieurs fois Charles II, son protecteur, & les personnages les plus illustres, avec lesquels il a vécu.

Il mourut à Séville sa patrie, dans la soixantiéme année de son âge ; en 1700, généralement regretté.

JUAN DE ALFARO,

Don Juan de Alfaro, qui fut surnommé le *Vandyck* de l'Espagne, naquit à Cordoüe en 1640. Son pere qui étoit Notaire de l'Inquisition, ayant remarqué la singuliere inclination que son fils faisoit paroître pour la peinture, le plaça dans l'école de Castillo, alors en grande réputation, ensuite il alla à Madrid, avec de bonnes recommendations, & se mit sous la conduite de Don Diego Velasquez de Silva, premier peintre de Sa Majesté Catholique. Il copia dans cette fameuse école, nombre de tableaux du Titien, de Rubens & de Vandyck. Il se forma sur ces excellens modeles, une belle maniere de colorier, avec laquelle il se distingua particulierement.

Quoiqu'il pût occuper un rang honorable entre

les peintres d'hiſtoire, il ne dédaigna pas de s'appliquer au portrait. Ses carnations imitées des plus célèbres peintres Flamands, étoient vives & animées. Il avoit encore le talent du payſage, auquel il réuſſiſſoit parfaitement.

Il fut conſidéré & lié d'amitié avec les plus grands perſonnages de ſon temps, & mourut généralement regretté en 1680, dans la quarantieme année de ſon âge.

ALONSO DEL BARCO,

ALONSO DEL BARCO, né dans les environs de Madrid vers 1645, étudia la peinture dans l'école de Joſeph Antolines, qui, trouvant en lui peu des diſpoſitions néceſſaires à un peintre d'hiſtoire, lui conſeilla de chercher à ſe diſtinguer dans le payſage, pour lequel il lui avoit remarqué de l'inclination.

Alonſo del Barco réuſſit ſi parfaitement dans cette agréable partie de la peinture, qu'il devint en peu de temps, par ſon application, & par une étude ſuivie de la nature, un des plus ſuaves & des plus habiles peintres de payſage. Il ſçut par un coloris vague & tranſparent, répandre la lumiere du ſoleil dans ſes ſites, qu'il varia d'une maniere agréable & pleine d'intelligence. Il deffina bien les arbres, & toucha leurs différens feuillages avec beaucoup de légereté; ses fabriques approchent un peu de celles du Titien, & le vague de ses ciels tient de celui de Claude Gellée.

Alonso del Barco, après la mort d'une femme qu'il aimoit, prit l'habit eccléfiaftique, obtint un canonicat de l'Hôpital de Burgos, & mourut dans l'année 1685, âgé de quarante ans.

JEAN CONCHILLOS FALCO,

Juan Conchillos Falco.

JEAN CONCHILLOS FALCO, de famille noble, prit naissance dans la ville de Valence. En 1651 il reçut les principes de l'art de la peinture d'Eftevan Marc, peintre du premier mérite dans le genre des batailles; mais fon génie deftiné par la nature aux plus grandes chofes, fe porta vers le deffein. Il établit à Valence une Académie, où il fit une étude particuliere des ftatues antiques qui font raffemblées dans cette grande ville. La facilité qu'il acquit par fon application, le rendit l'un des meilleurs deffinateurs Espagnols.

Il

Il joignit à ce talent si nécessaire aux grands artistes, celui d'un coloris, qu'il sçut rendre frais & vigoureux. Son pinceau moëlleux & fondu conserve beaucoup de finesse & de légereté. Le nombre infini de tableaux qui sont sortis de ses mains, & qui se voyent dans les Couvents & les Eglises, prouvent la fécondité de son imagination, particulierement dans les histoires des différens Saints, où il a sçu réunir à de grandes & majestueuses compositions, autant de sentiment, que d'expression.

Cet artiste célèbre mourut à l'âge de soixante ans, en l'année 1711.

Il eut nombre d'élèves, & entr'autres, Don Jean Antoine, son fils, qui s'est distingué dans la peinture, & *Moses Vincent Bru.*

PIETRO DE PIETRL

PIETRO DE PIETRI, naquit dans la Navare en 1663. Il fut conduit à Rome à l'âge de quinze ans, chez un parent qui, connoissant son inclination pour la peinture, le mit chez Ghezzi son ami, où il demeura quelques temps, & ensuite il entra dans l'école d'Angelo Massarotti, peintre de la ville de Crémone, qui avoit assez de réputation.

Après y avoir passé deux années, il retourna chez Ghezzi, où il fit connoissance avec Carlo Maratti, qui voyant ses dispositions, lui proposa de le recevoir au nombre de ses disciples. Le jeune élève encouragé par les bontés de ce célèbre artiste, fit en peu de temps les plus *grands* progrès. Ses talens s'étant fait connoître, il fut choisi pour plusieurs ouvrages publics qui se voyent tant en son pays que dans les Eglises de Rome, & dans plusieurs villes d'Italie.

Sa réputation étant parvenue chez les étrangers, il fut sollicité, avec des offres très avantageuses, de passer en Angleterre; mais son attachement à l'exercice de sa religion, & la protection particuliere dont l'honoroit Clément XI, le déterminerent à refter à Rome, où ce Pontife ne cessoit de lui donner des marques particulieres de ses bontés. Il le choifit pour peindre le tableau d'autel de sa Chapelle du Palais Quirinal, où il a repréfenté la fainte Trinité. Le Pape dont le goût étoit éclairé, fut fi content de cet ouvrage, & de la dignité avec laquelle ce grand myftère étoit repréfenté, qu'il ordonna qu'on l'exécutât en tapifferie. Après en avoir témoigné fa fatisfaction à fon auteur, il le chargea de la principale partie des peintures de l'Eglife de S. Pierre & de S. Clément, qu'il faifoit alors reftaurer. Cet artifte furpaffa de beaucoup les concurrens avec lefquels cet ouvrage étoit partagé, & reçut de nouvelles marques de la bienfaifance de ce Pontife, qui continua de le protéger jufqu'à la fin de fa vie.

Ce peintre deffinoit correctement, avoit un grand ftyle dans fa maniere de compofer, & étoit très-ingénieux dans la difpofition de fes tableaux. Il entendoit particulierement les racourcis des plafonds, & des ouvrages expofés dans des lieux élevés. Son coloris eft harmonieux & plein de force.

Il ne quitta Carlo Maratti qu'à fa mort, & parut héritier de fa réputation; car il paffe pour

H h ij

celui qui, parmi ses élèves, ait le plus approché de sa maniere, mais la nature ne lui ayant point donné une complexion suffisante pour soutenir de longs travaux, il finit ses jours à Rome dans la quarante cinquiéme année de son âge, en 1708.

Il fut fort regretté du souverain Pontife, & de ses confreres de l'académie de peinture qui lui avoient donné la garde de leurs archives, & qui se disposoient à l'élire Prince de leur compagnie.

AUTRES PEINTRES

ESPAGNOLS.

ANTOINE DEL RICON fut le premier qui fit disparoître en Espagne la maniere gothique & barbare qui régnoit alors dans les arts. Il fut fait peintre de la Chambre du Roi Ferdinand, & de la Reine Isabelle, dont il fit les portraits avec tant de succès, qu'il obtint l'honneur d'être créé Chevalier de S. Jacques. Il mourut en 1500, âgé de cinquante ans.

※

JULES-ALEXANDRE, élève de Jean da Udine, étudia à Rome, où il prit la maniere de cette Ecole. Sa mort, dans les éloges des Peintres de Pacheco, est fixée à l'année 1530.

※

DIEGO DE ARROYO, Peintre de la Chambre de Philippe II, fit très-bien l'émail & la miniature. Il mourut en l'année 1551.

※

La peinture, la sculpture & l'architecture, furent également exercés par *Gaspard-Becerra*. Né en Andaloufie, il commença à recevoir les principes de fon art d'Alonfo Berruguete, il alla enfuite à Rome, où il étudia Raphaël & Michel-Ange. Il fçut fi bien fe former fur ces grands maîtres, qu'on retrouvoit leur goût dans fes ouvrages. Il fut fort occupé par la Reine Ifabelle, qui lui fit orner plufieurs Eglifes. Sa mort arriva l'an 1570.

*

Le divin MORALES fut le maître de *Jean Labrador*, qui vivoit fous le régne de Don Fernand & Ifabelle. Ce peintre a mérité d'être placé au rang des meilleurs artiftes de l'Ecole Efpagnole, quoiqu'il ne fit que des fleurs & des fruits. Il mourut en 1596.

*

CRISTOPHE ZARIÑENA fut difciple du Titien. Il mourut en 1600.

*

Fernando Yanez, éleve de Raphaël d'Urbin, mérita pour fes talens, d'être placé au nombre des bons artiftes de l'Efpagne. Il finit fa vie en 1600.

*

JEAN PANTOJA DE LA CRUZ, de Madrid, fut difciple d'Alonfo Sanchez Coello; il lui fuccéda dans l'emploi de peintre de la Chambre de Philippe II; fes talents le firent eftimer entre les peintres d'hiftoire, mais il s'attacha particulierement au portrait. Il mourut dans la cinquantieme année de fon âge, en 1610.

✷

BERTHELEMI GONZALES, né à Valladolid, eft confidéré comme un bon peintre d'hiftoire de l'Ecole Efpagnole. Il fut élève de Patrice Caxes, & mourut en 1611.

✷

JEAN DE CHIRINOS de Madrid, fut difciple de Louis Triftant. Il mourut en 1620.

✷

AUGUSTIN CASTILLO de Séville, peignit très bien à frefque, fon coloris eft très-vigoureux. Ses plus grands ouvrages font à Cordoue, où il fixa fa demeure. Il vécut jufqu'en l'année 1626.

✷

DIEGO DE ROMOLO CINCINATO né à Madrid, étoit fils de Romolo, peintre de Philippe II. Il fut envoyé avec l'Ambaffadeur d'Efpagne à Rome, par Philippe IV, pour faire le portrait d'Urbain VIII, où il réussit si bien, que le Pontife l'honora de la croix de l'ordre de Christ. Il mourut dans sa patrie en 1626.

✶

FRANÇOIS RIBALTA, né dans le Royaume de Valence, fut élève de son pere; il étoit ingénieux dans ses compositions & bon coloriste; une plus grande correction de dessein eut perfectionné ses ouvrages, & les eut fait égaler les plus grands maîtres. Il a particulierement été occupé pour les Eglises, & n'a fait que très-peu de tableaux d'histoire profane. Il mourut en 1630.

✶

JEAN-LOUIS ZAMBRANO, de Cordoue, fut disciple de Paul de Cespédes; il parvint par ses talents à la plus grande considération dans son art, & fut employé pour les Eglises & les maisons Religieuses qu'il a ornés de sujets d'histoire sainte. Il vécut jusqu'en l'année 1639.

✶

EUGENE CAXES, peintre de Philippe IV, fut disciple de Patrice Caxes, célèbre peintre & architecte, il étoit de Madrid, où il a laissé nombre d'ouvrages dignes des plus grands éloges, particulierement dans les Couvents & les Eglises, où il a repréfenté plufieurs fujets de l'Evangile, dans lefquels il a fçu raffembler autant de nobleffe que de gravité. Sa mort arriva en 1642.

✱

PIERRE ORRENTE de Murcie, fut difciple du Baffan; il fe fixa à Madrid, où les talens qu'il avoit pour l'hiftoire furent expofés au grand jour & très-recherchés. Entre les grands ouvrages qu'il a laiffés, on eftime particulierement un jugement univerfel, dont la compofition prouve la fécondité de fon génie. Son coloris qu'il tient de l'Ecole Vénitienne, donne à fes tableaux un caractère qui les fait comparer aux meilleurés productions des grands maîtres de l'art. Il mourut en 1644.

✱

Madrid a donné le jour à François Fernandès, difciple de Vincent Carducho; il profita fi bien de fes leçons, qu'il fut regardé comme l'un des plus heureux génies de fon fiécle dans la peinture. Son deffein, fans être correct, imitoit la nature, & fon coloris vigoureux donne à fes ouvrages un ton qui leur fait foutenir la comparaifon avec les premiers maîtres de cette Ecole. Cet artiste est mort en 1646.

※

Louis Tristan de Tolede, eut pour maître Dominique Greco; il fut regardé comme un des bons peintres de l'Ecole Espagnole. Il mourut en 1649.

※

Séville est la patrie d'Alonso Vasquez. Louis de Vergès fut son maître, & lui enseigna à peindre l'histoire, où il réussit assez bien, mais il se surpassa dans la représentation des comestibles, des fleurs & des fruits. Il mourut en 1650.

※

La ville de Cordoüe donna la naissance à Antoine de Contreras, qui fut disciple de Cespédes, & devint un des plus célèbres peintres de portrait de son temps. Il mourut en 1654.

※

Diego Paul le jeune, né dans la ville de Castille, fut disciple de Lanchares, & renommé entre les bons artistes Espagnols. Il finit ses jours en 1655.

※

François de Herrera, furnommé le Vieux, fut peintre, architecte & ciseleur. Il étudia la peinture fous François Pacheco, & fut très-confidéré pour l'univerfalité de fes talens. Il mourut en l'année 1656.

✳

Don Jean Calvan, Chevalier de l'Ordre de S. Jean, né à Saragoffe, de la noble famille Solariega du Royaume d'Aragon, fut un des meilleurs peintres de l'Efpagne. Sa mort eft marquée en 1658.

✳

Don Jean-Baptiste Crescencio, peintre de fleurs & de fruits, & architecte. Il fut fait Chevalier de l'Ordre de S. Jacques, & mourut en 1660.

✳

Don François Ximenés étudia à Rome, & mérita d'être placé au rang des peintres diftingués parmi les Efpagnols. Il vécut jufqu'en l'année 1666.

✳

Don Eugene de las Caevas, fut bon peintre d'hiftoire ; il joignit à ce talent l'architecture militaire, & servit en cette qualité Philippe IV. Il mourut à Saragosse en 1667.

※

PHILIPPE IV fit Sébastien Martinez peintre de sa chambre, après la mort de Velasquez Il étoit ingénieux dans ses compositions, & passoit pour bon coloriste. Il finit sa vie en 1667.

※

DON ANTOINE PEREDA DE VALLADOLID, élève d'Antoine Pereda son pere, a été considéré dans son temps, comme un trèshabile peintre d'histoire. Il mourut en 1669, à l'âge de soixante-dix ans.

※

JEAN DE PEREJA, esclave de Don Diego Velasquez, fut très-habile à peindre les portraits. Philippe IV, en voyant ses ouvrages, dit » qu'ils » ne pouvoient pas être d'un esclave ». Il mourut dans la soixantiéme année de son âge en 1670.

※

JEAN-BAPTISTE DEL MAZO, peintre de la chambre du Roi, réussit particulierement dans les portraits. Il vécut jusqu'en l'année 1670.

※

Les Espagnols comptent entre leurs meilleurs peintres d'histoire, Jean-Antoine Escalonti de Cordoüe. Les Eglises & les Couvents de plusieurs villes d'Espagne, sont remplis de ses ouvrages. Il mourut à l'âge de quarante ans, en 1670.

*

Don Sébastien de Herrera naquit à Madrid en 1610. Il fut élève d'Alonse Cano, peintre d'histoire, sculpteur & architecte; ses talens le firent considérer de Philippe IV, qui l'honora des premieres charges dans la ville, & près de sa personne. Il fit le portrait de ce Prince, & celui de Charles II. Il mourut en l'année 1671.

*

Burgos fut la patrie de Mathieu Ceresó. Il fut élève de son pere, & alla ensuite à Madrid, où il se mit sous la discipline de Carenno. Ensuite sa réputation s'étant répandue dans les différens Royaumes d'Espagne, il fit nombre de grands sujets d'histoire sacré pour la Castille. Il orna de ses ouvrages la ville de Valladolid, & particulierement sa patrie. Il mourut à Madrid en 1675, dans la soixante-cinquiéme année de son âge.

*

La ville de Cabra donna le jour, en 1610, à *Antoine Garcie Reynoso*, peintre & architecte. Il fut disciple de Sébastien Martinez, & obtint la plus grande considération dans les arts qu'il professa; & après avoir travaillé plusieurs années à Madrid, il se retira à Cordoüe, où il mourut en 1677. Sa maniere de dessiner étoit grande & correcte, & son coloris vigoureux.

✶

DON FRANÇOIS DE SOLIS, né à Madrid en 1629, fut élève de Pierre de las Cueras, & fit très-bien l'histoire & le portrait. Il écrivit la vie des plus célèbres peintres, architectes & sculpteurs Espagnols. Il sçut peu profiter de ses talens, & mourut en 1684.

✶

Séville fut la patrie de Don *François de Herrera*. Il apprit la peinture sous son pere, alla ensuite à Rome, & devint un des meilleurs dessinateurs de son temps. Il étudia aussi l'architecture, où il réussit également. Madrid & plusieurs villes d'Espagne, sont ornées de ses différens ouvrages. Il fut nommé pour ses talens, peintre & architecte du Roi Charles II, après la mort de Sébastien de Herrera. Il mourut à Madrid en 1685.

✶

DON FRANÇOIS RICI, peintre & architecte des Rois Philippe IV & Charles II, natif de Madrid, fut disciple de Carducho. Il fut très-ingénieux dans ses compositions, & harmonieux dans le coloris. Il fit nombre de tableaux d'autels, & des monumens considérables en architecture. Il fut aussi chargé des décorations & du théâtre de Buen Retiro, dont il s'acquitta à la satisfaction du Monarque, qui le combla d'honneurs & de biens. Il mourut à l'Escurial en 1685.

※

Don Jean Carenno, peintre de la chambre du Roi Charles II, naquit en l'année 1614, dans Abiles près Madrid. Il fut d'abord dans l'école de Pierre de las Cueras, & ensuite chez Barthelemi Roman, où il prit une maniere de peindre, facile & expéditive, tant à fresque qu'à l'huile. Son génie fécond étoit propre aux sujets sacrés & prophanes. Ses compositions portent le caractère qui convient aux tableaux de l'Evangile, & la gayeté qui distingue les sujets de la fable. Les villes d'Ascala, de Séville, de Ségovie, & les Palais du Roi, conservent ses ouvrages qui font autant d'honneur à sa mémoire, que sa modestie. Le Roi le voulant honorer de l'habit de l'Ordre de S. Jacques, il dit qu'il ne pouvoit le mériter, & qu'il ne le porteroit que pour faire honneur à la peinture. Le Prince répondit que la peinture n'en avoit nul befoin, & qu'elle étoit capable d'honorer tous les ordres. Il mourut généralement estimé & regretté, en 1685.

*

Don Joseph Donoso, peintre & architecte, fit ses premieres études sous son pere; il alla ensuite à Madrid, où il se mit sous la discipline de François Fernandez, ensuite il passa à Rome, & s'y perfectionna dans le dessein; il y apprit l'architecture & la perspective; de retour en Espagne il se fixa à Madrid, où il fut occupé pour les Couvents & les Eglises, où il a laissé des preuves de ses talens. Il mourut en 1686.

*

La ville de Grenade compte au rang de ses nobles citoyens, Don *Pierre-Athanaze*, qui fut un des meilleurs peintres d'histoire de l'Ecole Espagnole. Il mourut en 1688.

*

Don Sebastien Munnoz, peintre du Roi & de la Reine, Donna Marie-*Louise* d'Orléans, fut disciple de Claude Coelle; il fut

après

après se perfectionner à Rome dans le dessein, & revint dans sa patrie, où la Reine dont il avoit fait parfaitement le portrait, le combla d'honneurs & de bienfaits. Il vécut jusqu'en 1690.

*

En 1630, Don Jean de Valdes naquit à Séville, il étudia la peinture, la sculpture & l'architecture; il réussit dans ces trois arts, mais particulierement dans la peinture, à laquelle il s'appliqua par inclination. Les Eglises & les Monastères l'ont beaucoup occupé, & conservent ses ouvrages. Il finit sa vie en 1691.

*

Don Diego Gonzales de Vega, licentié, fut disciple de Don François Rici ; il ne s'occupa que de l'Histoire sacrée, & se fit un nom dans la peinture. Il mourut en 1697.

*

La ville de Malaga devint la patrie de Don Jean Ninno de Guerva. Quoiqu'il fut né à Madrid, son pere le conduisit dans son enfance dans le Royaume d'Arragon, où il mérita, par ses ouvrages, d'être placé au rang des bons peintres Espagnols. Il vécut environ soixante ans, & mourut en 1698. Il avoit été élève du Marquis Montebelo son cousin, qui étoit estimé un des meilleurs peintres de son temps.

*

Don Vincent de Benavides, né en Afrique dans la ville d'Oran, vint à Madrid étudier dans l'école de Rici; il s'appliqua à l'architecture des théâtres, où il réussit singulierement bien, ce qui lui mérita le titre de peintre du Roi. Comme il peignoit facilement à fresque, il a laissé plusieurs grands ouvrages. Il a vécut soixante-six ans, & est mort dans l'année 1703.

*

Don Pierre Ruiz Gonzales de Madrid, écolier de Jean-Antoine Escalante, & ensuite de Carreno, fut très-ingénieux dans ses compositions, il chercha le coloris du Titien & de Paul Veronèse, & sçut tellement l'imiter, que ses ouvrages ont été quelquefois pris pour être de l'école de ces maîtres. Il mourut à soixante-seize ans, en 1709.

*

Don Laurent Montero, né à Séville, s'appliqua avec succès à peindre les fleurs & les fruits, l'architecture & le paysage. Il finit sa vie à l'âge de soixante-dix ans, en 1710.

*

La ville de Valence eſt la patrie de Vincent Victoria, qui fut un des bons élèves de Carlo Taratti; ſon application aux différentes études néceſſaires à la peinture, le mit de bon heure en état de développer ſes talens. De retour dans ſa patrie, l'on le choiſit pour exécuter les plus grands ouvrages, dans les Égliſes & dans les Monaſtères; comme il étoit eccléſiaſtique, il fut récompenſé d'un canonicat de S. Philippe. Son temps étoit partagé entre la peiture & les belles-lettres, il écrivit un ouvrage qui avoit pour titre: Hiſtoire Pittoreſque, & une obſervation ſur le livre de la Demoiſelle Felſina, qui a écrit la vie des peintres. Il fut admis dans l'Académie des Arcades, à cauſe des connoiſſances qu'il avoit acquiſes ſur l'antiquité. Il mourut à Rome en 1712, âgé de cinquante-quatre ans.

Fin du premier Volume.

TABLE ALPHABETIQUE,

Contenant les Noms des Peintres mentionnés dans ce premier Volume.

A.

ABBONDINO [Alexandre] Page	164	Antiftius Labeo,	19
Action,	18	Antoine [Jean],	28
Albertinelli [Mariotto],	162	Antoine [Mario]	91
Agatharque,	7	Antonio,	143
Aglaophon,	9	Apaturius,	22
Albani [Alexandre],	344	Appelles,	19
Albani [François],	295	Appollodore,	10
Accius Priscus,	28	Arcefilaüs,	ibid.
Alberton [Paul],	94	Ardices,	5
Alborefi [Jacques],	349	Arellano [Jean de],	475
Alcifthene,	15	Arellius,	27
Aldrovandini [Pompée-Auguftin],	353	Ariftarerte,	15
		Ariftide,	17
		Ariftide,	18
Alexandre [Jules],	487	Ariftolaüs,	ibid.
Allori [Alexandre],	166	Ariftophon,	ibid.
Alfaro [Juan de],	480	Arquilini [Archangelo],	357
Amato [Jean-Antoine],	436	Arrozo [Diego de],	48
Amigoni [Jacob]	238	Afclepiodore,	27
Amphion,	18	Afpertino [Amico],	339
Amulius,	27	Avanzi [Nicolas],	252
André,	435	Auguftin,	87
Anfaldo [Jean-André],	375	Auguftin,	338
Antidotus,	20	Athanaze [Don Pierre],	478
Antiphyle,	21	Athenion,	20

B.

BACHICHI [le], Page	387	Bellin [Jean]	71
Badaracco [Jean Raphaël],	402	Bellori [Pierre],	98
Bagnacavallo [Barthelemi],	86	Bellucci [Jean-Baptifte],	87
Baglione [Céfar],	342	Belvedere [André],	438
Baiardo [Jean-Baptifte],	405	Benavides (Don Vincent de),	500
Baglioni [Jean],	92	Benedetto [le],	382
Baldovinetti [Aleffo],	161	Benefialo [Marc],	96
Baleftra [Antoine],	236	Benozzo,	169
Barco [Alonfo de],	481	Benfone [Jules],	396
Baroche [Fréderic],	48	Berna,	170
Barthelemi,	167	Bernard,	441
Bartolo [Taddeo],	161	Bernafconi [Laura],	94
Beccara [Gafpard],	487	Berroia [Giacinto],	339
Beccafumi [Dominique],	118	Bertuzzi [Hercule Gaëtano]	352

Berruguete [Alonso],	445	Botta [Marc-Antoine],	398
Bevilacqua [Ambroise],	336	Botalla [Jean-Marie],	396
Bezozzi [Ambroise],	356	Botoni [Alexandre],	94
Bianchi [Pierre],	83	Botticello [Sandro],	163
Bibiena [Ferdinand Galli],	325	Bramantino [Barthelemi],	335
Bigari [Victorio],	360	Brandi [Hyacinte],	72
Bigio [Francia],	163	Brea [Louis],	193
Billoni [Jean-Baptiste],	249	Briétes,	10
Boccacci [Bocacino],	339	Brocaccino [Hercule],	352
Bocciardo [Clement],	399	Bruno [Silvestre],	435
Bolognése [le],	311	Bufoni [Pompée],	96
Bolognése [Charles],	349	Bugiardini [Julien],	185
Bolognosi [Marc Zoppo],	336	Bularchus,	7
Bonesi [Jean-Jerôme],	347	Buonamico [Aristophane],	158
Bonito [Joseph],	442	Buonarota [Michel-Ange],	114
Borghése [Hyppolite],	437	Buonvicino [Alexandre],	100
Borzoni [Françoise-Marie].	365	Buoni [Jacques],	335
Borzoni [Lucien],	380	Burini [Barbara],	ibid.
Boscoli [André],	166	Burino [Antoine],	348

C

Cavas [Don Eugene de la] Paga	493	Carrache [Augustin],	278
		Carravage [Michel-Ange],	285
Calabrois [le],	412	Carrache [Annibal],	279
Calades,	16	Carrache [Louis],	275
Calavresse [Marc],	87	Carrache [François],	345
Caldara [Polidore],	265	Casalina [Lucie],	313
Caliari [Charles],	228	Casentino [Jacopo],	167
Caliari [Paul],	206	Castelli [Bernard],	372
Calici [Achille],	347	Castelli [Valere],	385
Callicles,	16	Castillo [Augustin],	489
Calvan [Don Jean],	493	Castillo [Antoine del],	468
Calvio [Lazare],	394	Cavalini [Pierre],	85
Culza [Antoine],	251	Cavallino [Bernard],	439
Calypso,	25	Cavazza [Pierre-François],	352
Cambera [Lactence],	225	Cavazza [Pierre-François],	358
Camilo [François],	451	Cavazzone [François],	342
Campi [Bernard],	337	Cavedone [Jacques],	299
Campora [François],	403	Caxès [Eugene],	490
Canal [Antoine],	254	Celio [Gaspato],	91
Canal [Fabio],	ibid.	Cephissodorus,	9
Cangiage [Jean],	324	Cercozzi [Michel-Ange],	60
Cangiage [Lucas],	366	Cereso [Mathieu],	495
Candasi [Joseph],	95	Cerini [Jean-Dominique],	94
Cano [Alonso],	470	Cerrini [Jean-Dominique],	62
Cappella [Simon],	442	Cespedès [Paul de],	448
Caraccioli [Jean-Battistello],	438	Charmidas,	6
Carbone [Jean-Bernard],	397	Chiari [Fabrice],	94
Carenno [Don Jean],	497	Chiari [Joseph],	95
Cariera [Rosa Alba],	237	Chiarini [Marc-Antoine],	347
Carlone [Jean],	379	Chiape [Jean-Baptiste],	403
Carlone [André],	401	Chirinos [Jean de],	489
Caroli [Pierre-François],	319	Christophe,	335
Carpi [Jerôme de],	91	Ciceri [Bernard],	346
Carpi [Joseph],	349	Cydias,	16
Carponi [Giulio],	252	Gignani [Charles],	316

ALPHABETIQUE. 507

Cimaboué [Jean],	99	Corona [Leonard],	113
Cimon,	6	Correge [Antoine],	261
Cincinato [Diego de Remolo],	489	Corso [Nicolas],	404
		Costa [Laurent],	88
Civoli [Louis],	139	Corte [Cesar],	398
Clianthe,	5	Cortone [Pietre de],	149
Cléophante,	6	Cozza [François],	437
Clésides,	22	Craterus,	24
Cola [Janvier di],	433	Credi [Laurent di],	164
Colantonino [Marzio di],	93	Crescencio (Don Jean - Baptiste),	498
Coliquicola [Jerôme de],	89		
Colonna [Ange-Michel],	53	Crespi (Joseph),	350
Commodo [André],	168	Crespi (Joseph-Marie),	227
Conca [Sebastien],	426	Cecti (Donato),	360
Conzenzio [Belisario],	438	Crisevolo (Marie-Angela),	436
Constance [Placido],	96	Crivelli [Angelo-Maria],	359
Contarino [Jean],	210	Croce (Balthasar),	345
Conteras [Antoine],	492	Cruz [Jean Pantoja de la],	489
Corado [Charles],	428	Ctesiloque,	
Cornelius Pinus,	28		

D.

D'Angelo [Baptiste], p.	249	De Vinci (Léonard),	107
Danti [Atoine],	94	Dinias,	6
Darezzo [Spinello],	160	Dionysius,	26
Darezzo [Lazaro-Vasari],	161	Domini [Jerôme],	354
Dello,	167	Dominique,	88
Delpo [Jacques],	441	Donati (Bortolo),	248
Del Sarto [André],	120	Donato,	244
Delvito [Nicolas],	433	Doni [Adone],	88
Démon,	10	Donoso (Don Joseph),	498
Demophile,	9	Dozello (Pierre Hyppolite del)	434
Denis,	9	Duccio,	159
De Saint-Marc [Barthelemi],	110	D'Urbin [Timothée],	86

E.

Echion,	page 16	Eumarus,	4
Epifanio (Raimo),	435	Euphranor,	25
Erigonus,	14	Eupompe,	12
Escalonti (Jean-Antoine),	495	Euxenidas,	ibid.
Evenor,	9	Etienne,	158

F.

Fabius,	page 26	Feti (Dominique),	56
Falcone (Aniello),	410	Fernandés (François),	495
Farinato (Paul),	201	Ferri (Ciro),	78
Falconetto (Jean-Marie),	244	Ferari (Gregoire),	391
Farinato (Paul),	251	Ferrari (Jean-André de),	395
Farelli (le Chevalier Jacques),	440	Ferajuoli (Nuntio),	424
Fabrino (Gentile),	246	Fioti (César),	356
Faoone (Etienne),	433	Fiésole (Frere Jean de),	165
Falvo (Juan Conchillas),	482	Fiasella (Dominique),	372

TABLE

Fiori (Mario di),	411	Franco,	335
Fiori (Cola Antonio del),	433	Franceschini (Antoine),	322
Figino (Ambroise),	342	Francia (François),	86
Franchi (Laurent),	344	Franceschino (Marc-Antoine),	346
Flore (Jacobello),	243	Franco (Agnelo),	423
Flore (Françoise),	ibid.	Francesca (Pierre de la),	162
Forbicini (Heliodore),	252	Franco (Baptiste),	250
Fontana (Prosper),	336	Franc (François),	257
Fontana (Lavinie),	338		

G.

GALLEGOS [Ferdinand], page 450		Giampelli [Augustin],	166
		Gherardi (Christophe),	87
Gadi [Gaddo],	157	Ghiberto [Laurent],	164
Garofalo [Benvenuto da],	141	Ghirlandajo [Dominique],	165
Garbieri [Laurent],	347	Ghirlandajo [Ridolfo],	165
Gambarini [Joseph],	358	Ghizzi [André],	342
Gaddi [Agnolo],	160	Gherardi (Christophe),	88
Gaddi [Taddeo],	162	Gorganus,	9
Garbo [Rafaellino del],	168	Gonzales [don Pierre Ruiz],	500
Garofalino [Giacinte],	349	Gonzales [Barthelemi],	489
Garzi [Louis],	79	Grimaldi [Alexandre],	91
Genga [Barthelemi],	86	Grimaldi [François],	436
Genga [Jérôme],	85	Grati [Bastien],	353
Gentileschi [Horace],	147	Grammerien [Barthelemi Coli],	345
Gennari [Benoist],	358	Grimaldi [Alexandre],	345
Gerard,	166	Gradizi (Pierre)	253
Gennari [Cesar],	360	Graunacci (François),	164
Gessi (François),	341	Gropallo (Pierre-Marie),	396
Gebbo [André del],	339	Guerva [Don Jean Ninno de]	499
Giacinto [le Chevalier],	439	Guidobono [Barthelemi]	392
Giorgion [le],	184	Guide [le],	288
Giotto,	101	Guerchin [le],	307

H.

HERRERA [Don François], page 496		Herrera [Don Sebastien de],	495
		Hercule,	87
Herrera [François de],	493	Hygiemen,	6

I.

JEUNE [Palme le] page 219		Josepin [le],	420
Jerôme,	90	Irene,	25
Jordane [Lucas],	418		

L.

LAPPOLI [Jean-Antoine], page 87		Lala,	25
		Lama [Jean-Bernard],	435
Labrador [Jean],	488	Laurati [Pierre],	157
Lauri [Philippe],	73	Leoni [Octave],	90
Lanzano [André],	358	Lemoine,	393
Lanfranc [Jean],	300	L'Espagnolet,	463

ALPHABETIQUE.

Lindaer [Jacques],	165	Lorenzerti [Ambroise]	159
Ligorio [Pirro],	436	Lotto [Laurent]	248
Lippi [Philippe],	104	Lorenzino	340
Lippi [Frere Philippe],	161	Longhi [Alexandre]	254
Lippo,	162	Ludius,	7
Literini [Auguftin],	250	Ludius,	27
Liberale,	245	Lucatelli [André],	81
Lomellina [Sofonisbe-Angosciola],	332	Lutti [Benoift]	155
		Lucatelli [Pierre],	94
Lorandé [Don],	158	Luini [Aurelio],	331

M.

Martinez (Sebaftien), page	494	Metelli (Auguftin (,	312
		Mortanini (Pierre),	92
Maratti (Charles),	75	Merano (Jean-Baptifte),	402
Mateix (Paul de),	439	Métrodore,	22
Martello (Joseph),	440	Melifi (Auguftin),	168
Machelli (Roland),	400	Meda (Charles),	342
Manchini,	95	Micon,	9
Maria (François di),	437	Milani (Aureliano),	352
Maganza (Alexandre),	245	Milani (Jules-Céfar),	355
Monticelli (Angelo Michel),	358	Montero (Don Laurent)	500
Malombra (Pierro),	246	Morto da Filtro,	89
Manfredi (Barthelemi),	346	Morinello (André),	394
Majaccio,	168	Monfihnori (Frere Joconde),	244
Mafuci,	96	Monfignori (François),	243
Marinas (Enrique de las),	471	Monti (François),	359
Mafo,	335	Morales,	454
Maggi (Jean),	93	Montemezzano (François),	247
Maggiotto (Dominique),	253	Mola (Pierre-François),	315
Mantegna (André),	337	Moroni (François),	244
Margitone,	159	Monzini (Remond),	353
Manteigne (André),	174	Moulinaret (le),	389
Marc (Eftevan),	446	Munnoz (Don Sebaftien),	498
Marescotti (Barthelemi),	244	Mutian (Jerôme),	205
Mazo (Jean-baptifte del),	494	Mura (François de),	430
Mechophane,	15	Murio (Antoine),	249
Melanthius,	17	Munero (Jean-Baptifte),	398
Merano (François),	405	Muet (le),	457
Merano (Jean-Baptifte),	397	Mugello (André Dalcaftagne di),	251
Metelli (Auguftin),	92		
Melchiori (Paul),	92	Murillo (Bartholomeo),	472

N.

Negri (Jean-François), pag.	359	Ninfe (Céfar della),	251
		Nicolas (Don),	441
Negri (Pietro),	252	Nicophane,	18
Nealcés,	23	Nicomaque,	15
Néfias,	9	Nogari (Paris),	89
Nicias,	20	Nunnés (Pedro de),	479
Micaner,	10		

TABLE

O.

Oderico (Jean-Paul), pag.	398	Orafi (Alexandre),	90
Oddi (Marco),	356	Orazi (Alexandre),	336
Olimpias,	25	Orsini (Antoine),	95
		Orrente (Pierre)	491

P.

Pamphile, page	14	Philoclès,	5
Panœus,	7	Pyreicus,	24
Pausias,	14	Pinturicchio [Bernard],	85
Pauson,	9	Pietri [Pietro de],	484
Pacuvius,	26	Pinturicchip [Bernardino],	89
Parrhasius,	12	Piombo [Sébastien del],	189
Paul [Diego],	492	Piella [François-Antoine],	349
Passaroti [Aurelio],	348	Pisanelli [Victor],	243
Panzacchia [Maria-Elena],	350	Piola [Pelegrino]	402
Passati [Joseph],	95	Piola [Dominique]	401
Pasinelli [Laurent]	356	Piazetta [Jean-Baptiste],	259
Parodi [Dominique],	403	Polygnotus,	8
Finelli [Antonia];	344	Pordénone,	187
Panico [Antoine-Marie],	345	Ponté [Jacques du],	193
Parmesan [François],	267	Porta [Joseph],	211
Puggi [Jean-Baptiste],	368	Pozzo [André],	229
Pacetti [Jean Baptiste],	93	Porta [André],	348
Palladino [Adrien],	Ibid.	Porta [Joseph],	243
Panini [Jean Paul]	330	Pontorme [Jacques],	124
Pacheco [François],	466	Ponte [Jean da],	159
Paticolo [Masolino da],	161	Possenti [Benoist],	344
Perugin [Pierre],	35	Poussin [Guaspre],	64
Peruzzi [Balthazar],	112	Polverino [Romualdo],	442
Penni [Jean-François],	122	Protogene,	21
Pellegrini [Jean-Antoine],	253	Procaccini [Camille],	272
Pelegrino,	338	Procaccini [Jules César],	274
Persée,	20	Procaccini [Charles-Antoine],	334
Peselli [Pesello],	168	Primatice [François],	259
Pereja [Jean de],	494	Prado [Blaise de],	452
Phrylus,	9	Paglia [Joseph],	93
Philoxene,	15	Puliga [Dominique],	163
Philiscus,	16		
Philocharès,	23		

Q.

Quaini [Louis], page	320	Quintus Pedius,	27

R.

Raphael d'Urbin, pag.	37	Ricci (Sebastien),	232
Reynoso (Antoine Garcie),	496	Ricci (Dominique),	246
Ricci (Don François),	497	Ricci (Felice),	248
Ricon (Antoine del),	487	Ridolfi (Charles),	247
Ribalta (François),	490	Ricci (Laurent),	167
Riccio (Felix),	217	Ricci (François),	476

Romanelli (Jean-François),	6	Rosselelli) Cosme),	162
Rondinello,	85	Rossi (Antoine),	360
Rosa (Anna di),	441	Rosa (François Pacecco di),	440
Rossi (Jean-Etienne),	404	Rossi (Paschale)	93
Rodrigue (Jean-Louis),	437	Roux (Maître),	126
Roncali (Christophe),	143	Roelas (Paul de las),	459
Roli (Joseph),	348	Romain (Jules)	45
Rolli) Antoine)	355	Ruggieri (Jean-Baptiste),	346
Rosa (Salvator),	415	Ruoppoli (Joseph),	438
Robatto (Jean-Etienne)	402		

S.

Sacchi (André). page	58	Sementi (Jean-Jacques),	540
San Felice (Ferdinand de),	441	Signorellida (Luc),	86
Santa Fede (Fabrice),	438	Siciolante (Jerôme),	90
Salviati (François),	133	Simon.	163
Salvioni (Rosalba Maria),	95	Solis (Don François de),	496
Saraccino (Charles),	247	Sosopolis,	26
Sali (Charles),	252	Soprahi (Raphael)	400
Savonanzi (Emile),	341	Solario (Antoine),	434
Scaramuccia (Louis),	66	Solimene (François),	422
Sorza (Sinibaldo),	395	Soggi (Nicolas),	167
Schiavone (André),	203	Sole (Joseph del)	324
Scaliger (Bortolo).	248	Sogliani (Jean-Antoine),	168
Scarpaccia (Victor),	144	Spinelli (Parri),	168
Schidone (le),	284	Spadarino (Antoine).	92
Scavalti (Antoine),	343	Spada (Leonello),	343
Sérapion,	24	Stanzioni (le Chevalier)	408
Semino (André),	394	Stephani (Pierre de),	432
Sepezzino (François),	395	Stefani) Thomas de),	432
Semino (Antoine).	394	Stornina (Gherardo),	160
Sesto (Cesar da),	336	Strozzi (Bernard),	373
Sebastien,	88		

T.

Taffi (André), page	161	Tintoret (Jacques).	197
Taraboti (Catherine),	249	Tinelli (Tibere),	226
Tavarone (Lazare),	370	Tintoret (Marie)	222
Taffi (Augustin),	90	Titiano (Lorenzino di)	247
Taffi (Augustin),	342	Timarette.	25
Tempeste (Antoine),	137	Tiarini) Alexandre).	350
Teste (Pietro),	153	Torres (Mathias de).	477
Tesauro (Filippo ou Pipo del),	432	Torelli (Cesar).	90
Théléphane,	5	Toni (Ange Michel).	357
Therimachus,	16	Torelli (Felice).	253
Theomnestes,	17	Tristan (Louis).	492
Thomas,	158	Trevisan (François).	231
Tibaldi (Pellegrino),	270	Travi (Antoine).	404
Timagoras,	8	Turpilius.	28
Timanthe,	12	Turco (Cesar).	436
Timomaque,	23		

V.

Valdes (Don Jean de). page 499	Vecelli (Titien). 176
Valladolid (Don Antoine Pereda de) 494	Veronèse (Alexandre). 234
	Vecelli (Orazio). 247
Valdambrino (Ferdinand). 91	Vecollo (Paul). 160
Vasquez (Lalonzo). 492	Venuti (Marcel). 340
Vaccaro (Laurent). 440	Verrochio (André). 105
Vaccaroni (André). 439	Velasquez (Diego). 460
Vasari (Georges). 135	Victoria (Vincent). 501
Vega (Perin del). 119	Vieux (Palme le). 215
Vannius (François). 145	Vimercali (Charles). 358
Varotari (Darius). 213	Viani (Dominique Marie). 357
Vaffallo (Antoine Marie). 400	Vincentino (André). 148
Varotari (Alexandre). 250	Vincent. 165
Vargas (Louis de). 456	Viola (Jean-Baptiste) 360
Vdine (Jean da). 192	Vital (Candi de). 554
Vega (Don Diego Gonzales de). 499	Volterre (Daniel de). 131
	Voltri (Nicolas de). 363

X.

Ximines (Don François). page 495

Y.

Yanes (Fernando). page 488

Z.

Zamerano (Jean-Louis), 490	Zelotti (Baptiste), 246
Zarinena (Christophe), 483	Zeuxis, 11
Zampieri (Dominique), 392	Zucchero (Frederic), 54
Zenon, 250	Zucchero (Taddée), 51
Zelotti (Jean-Baptiste), 249	Zurbaran (François), 465

Fin de la Table du premier Volume.

CPSIA information can be obtained at www.ICGtesting.com
Printed in the USA
BVOW05s1456020514

352403BV00008B/167/P